젠더프리

GENDER FREE

아이에게 세상의 절반 이상을 열어주는 법

젠더프리

카일 마이어스 지음 | 권은정 옮김

위즈덤하우스

이 책을 주머 코요테에게 바친다.
너로 인해 내 세상이 더욱 밝아졌으니,
이제 내가 너의 세상을 밝혀줄게.

• 차례 •

『젠더 프리』가 한국어로 번역되어 이제 지구 반대편에 계신 수백만 한국 독자분들이 읽을 수 있게 되었다니 영광입니다. 세계 어느 곳에 계신 분이든 제 이야기를 읽고자 기꺼이 시간을 할애해주심에 감사드립니다. 이 책은 부모나 젠더 프리 육아를 하는 이들만을 위한 책이 아닙니다. 한때 어린이였고, 아이들과 교감해봤으며, 젠더의 영향을 받는 문화권에서 살아본 경험이 있다면 누구나 읽어볼 만한 책입니다. 한마디로 모든 사람들에게 이 책을 권하고 싶습니다. 제 이야기를 읽다 보면 익숙하고 공감되는 부분도 있겠지만 한편으로는 완전히 낯설게 느껴지는 부분도 있으리라 생각합니다. 『젠더 프리』는 규범을 제시하는 책이 아니라, 독자로 하여금 자신의 어린 시절 양육 과정을 돌아보고, 젠더에 따른 기대와 기준들이 사회화 과정에 어떻게 녹아들어서 현재 자신의 정체성과 세상을 보는 관점을 형성하는 데 영향을 미쳤는지 생각해보도록 권유하고자 쓴 책입니다. 이 책이 독자 여러분의 마음속에 새로운 질문을 만들어주고, 젠더 평등이 모두에게 이롭다는 확신을 심어주고, 가정과 직장, 공동체뿐 아니라 스스로의 마음속에 깃든 편견과 억압에 맞서도록 영감을 주길 소망합니다.

저는 미국에서 나고 자랐습니다. 어머니는 다섯 자녀를 낳아 길렀고, 저에게는 아이가 하나 있습니다. 한국과 마찬가지로 미국에서도 현세대가 이전 세대보다 아이를 덜 낳게 되었습니다. 한국 가정의 가족계획 목표에 영향을 미치는 요인 대부분이 저의 가족계획에도 비슷하게 영향을 미치고 있습니다. 주택 및 학자금 대출금과 같은 수많은 비용들이 수입의 큰 부분을 차지하는 와중에 아이를 한 명 더 가지려면 경제적 비용이 상당한 걸림돌이 됩니다. 육아는 돈이 많이 드는 일이고, 조부모님은 보통 멀리 떨어져 사시거나 이미 다른 손주들을 돌봐주고 계시죠. 경제적·감정적 측면을 고려하면 육아를 위해 생업을 관두는 것도 쉽지 않습니다. 인구 보건 사회학자로서 저는 각 사회가 출생률 감소에 전전긍긍하기보다, 젠더 평등을 실현하여 LGBTQI(레즈비언, 게이, 양성애자, 트랜스젠더, 퀴어, 인터섹스) 사람들을 포함한 모든 사회 구성원이 가족계획 여부에 상관없이 각자의 인생 목표를 이루기 위한 자원 및 지원을 확보할 수 있는 환경을 구축할 방법을 모색하는 것에 초점을 맞춰야 한다고 생각합니다.

한국에서 흔히 쓰이는 말인 '현모양처'는 한국과 마찬가지로 여러 세기 동안 젠더에 따른 이념의 영향을 받아온 모르몬교 문화권에서도 친숙한 개념입니다. 저도 여성에게 결혼과 육아 외에는 달리 기대하는 것이 없는 모르몬교 공동체에서 자랐습니다. 저의 교육에 투자하거나, 훗날 남편이나 자녀 계획에 관계없는 장래희망을 가지도록 격려해주는 이는 아무도 없었습니다. 저는 이러한 문화와 잘 맞지 않았습니다. 청소년기를 지나면서부터는 여성이라는 이유로 저에게 요구되었던 운명에 저항해왔습니다. 열여덟 살에 집을 떠나 해외로 나가서 일자리를 구했으며, 20대 초반에는 결혼 대신 대학 생활을 선택했습니다. 저는 양성애자임을 커밍아웃했습니다(나중에는 성 정체성과 젠더 정체성 모두 퀴어임을 밝혔습니다). 사회학 박사 학위도 취득했습니다. 스물여덟 살에 결혼하기로 결심했을 때, 남편 브렌트와 저는 평등한 관계를 구축하기로 했고, 아이를 낳기로 결정하고 나서는 육아의 책임을 공평하게 분담하면서 각자 직업과 육아 사이에서 균형을 잡는 데 전념했습니다. 그렇게 저희는 좋은 부모이자 훌륭한 동반자가 될 수 있었습니다. 우리 모두에게는 가부장적 방식에 공모하거나 저항하는 데 있어 창의력을 발휘할 권리가 있습니다. 이러한 권리는 우리에게 낡아빠진 가부장제를 점검할 책임을 지우면서 스스로를 향해 질문을 던지게 할 것입니다. '희생하는 자는 누구이며, 그렇지 않은 자는 누구인가? 더 좋은 세상을 만들려면 어떻게 해야 하는가?'

아시다시피 저는 전체주의가 아닌 개인주의 사회에서 자랐습니다. 하지만 가족과 공동체에 도움이 되고자 애쓰고 있고, 부모님을 실망시키고 싶지도 않습니다. 저는 부모님께 양성애자임을 밝히기가 두려웠습니다. 결혼해서 성을 바꾸지 않기로 했을 때에도 시부모님께 실망을 안겨드리지 않길 바랐습니다. 임신하고 나서는 부모님이 손주와의 관계를 상상하며 품고 계셨을 젠더와 관련된 소망들을 짓밟게 될까 봐 겁나서, 부모님께 젠더 프리 육아 계획을 알리는 일을 미루기도 했습니다. 물론 생각지 못한 이야기에 충격을 받고 의견 차이를 보이긴 했지만, 양가 부모님 모두 젠더에 따른 관습을 초월하는 무조건적인 사랑과 지지를 보내주셨습니다. 부모님은 당연히 제가 착한 딸이길 바라시죠. 하지만 그와 동시에 저에게도 좋은 부모가 되고자 하십니다.

'전통'은 저에게 매우 흥미로운 개념입니다. 이는 의식과 관습, 신념을 통해 현재와 미래 세대에게 영향을 미치는 과거 조상들의 영향력을 의미합니다. 최근, 저의 한국계 미국인 친구가 딸의 백일 사진을 공개했습니다. 사진 속에서 세 살짜리 아기는 분홍, 노랑, 초록색이 들어간 색동 한복을 입은 모습으로 테이블 앞에 앉아 있었고, 그 주위를 자주색 장미와 떡, 사과, 오렌지, 신생아 때의 사진, 사랑하는 부모님이 에워싸고 있었습니다. 2020년에 미국에서 태어난 이 자그마한 아이는 아마도 다음 세기까지 이어지는 길고 건강한 삶을 살아가게 될 것입니다. 하지만 대부분의 아기들이 생후 100일을 넘기지 못했던 과거에 시작된 한국의 전통이 여전히 지속되고 있으니, 아마도 조상들은 그 아이의 행복을 무척 흐뭇하게 지켜봤을 테지요.

2019년, 한국에서는 30만 2676명의 신생아가 태어났습니다. 가장 건강하고 부유하며 교육을 많이 받은 세대이자 최근에 첫 생일을 맞았을 이 아기들 중에서 약 5000명은 (일반적으로 남성도, 여성도 아닌 생물학적 특성을 지니고 태어난) 인터섹스이고, 최소 6000명은 게이나 레즈비언, 양성애자, 퀴어, 혹은 아직 마땅한 용어가 정해지지 않은 다른 젠더일 것입니다. 이 아이들 중 수천 명은 10년, 20년쯤 뒤에 부모에게 자신이 트랜스젠더나 논바이너리임을 알리게 될 것입니다. 그들이 걸어갈 길은 오늘날 한국의 퀴어와 트랜스젠더 청년들 덕분에 한결 수월해졌습니다.

이 세대는 새로운 젠더 포용적 표현들을 알리고, LGBTQI 사람들을 보호하며 모든 국민을 위한 젠더 평등을 추진하는 정치 후보자(로 출마하거나)에 투표할 것입니다. 가족을 이루는 방식이나 관계의 정의도 재정립할 것입니다. 전업주부 아빠와 여성 CEO가 많아지고, 논바이너리 예술가나 군대에서 환영받는 트랜스젠더도 새삼스럽지 않은 세상이 되겠지요. 이 아이들은 성장하여 한국 보자기의 아름답고 선명한 무지개색 조각들을 대표하게 될 것입니다. 이 새로운 세대야말로 이전 세대와는 매우 다른 관점으로 젠더를 바라보게 될 것입니다. 오늘날 기성세대에게 주어진 책임은 마음을 열고 오랜 전통의 새로운 변화를 받아들이는 것입니다. 진보와 변화는 다소 불편하게 느껴질 수 있습니다. 그러나 모든 세대가 마땅히 누려야 할 평등과 포용을 위해 꼭 필요한 과정입니다.

『젠더 프리』의 출간을 맡아준 출판사 위즈덤하우스와 권은정 번역가에게 감사의 마음을 전합니다. 그리고 독자 여러분, 열린 마음으로 이 주제를 탐험하는 여러분의 의지에 무한한 감사를 표합니다.

2020년 12월 31일, 호주 캔버라에서
카일 마이어스

· 서문 ·

젠더 규범에 어떻게 맞서야 할까? 우리는 어린 시절부터 새로 시작하고자 한다.

카일 마이어스의 『젠더 프리』는 독자들에게 아이의 젠더 교육 방식을 혁신하도록 격려하는 용감하고도 선구적인 회고록이다. 카일은 그들 부부가 젠더 프리 육아(gender creative parenting)를 실천함으로써, 남성과 여성으로 성별을 구분하는 이분법적인 세상에서 논바이너리(nonbinary. 젠더를 남성과 여성의 이분법으로 구분하는 기준에서 벗어난 사람—옮긴이)의 시선으로 길을 찾아가는 방법에 관한 개인적인 경험담을 들려준다. 이 책은 그들의 사랑스러운 아이 주머에게 바치는 놀랍도록 솔직한 러브레터다. 카일은 자라나는 아이들이 어떤 영역의 젠더를 접하든 그들의 정체성을 축하해줘야 한다고 대담하게 목소리를 높인다.

젠더 구분에서 자유로운 육아 방식에 열성적인 이들에게 이 책을 권장한다. 만약 사람들이 남성과 여성을 넘어선 젠더 정체성을 택할 수 있었다면 세상은 어떤 모습이었을까? 우리가 어릴 적부터 젠더를 자유롭게 접하도록 격려를 받았다면 우리는 어떤 사람이 됐을까? 카일은 주머를 키우며 경험한 일들을 통해 이러한 질문에 답한다.

젠더 혁명의 선두 자리에 동참하는 입장으로서 토플(TOPPLE) 출판사는 다음 세대를 바라보는 카일의 관점을 만나게 되어 매우 설레는 바이다.

질 솔로웨이(영화감독, 작가)

· 프롤로그 ·

"아기 성별이 뭐예요?"

이런 질문은 아무 데서나 불쑥불쑥 튀어나온다. 슈퍼마켓에서 줄을 서 있다가, 혹은 주유를 하던 중에라도 갑자기 이 질문이 들려오면 나는 웬 모르는 사람이 내 커다란 배를 뚫어져라 쳐다보면서 태아의 신체 부위에 대해 간절히 알고 싶어 한다는 사실을 깨닫게 된다.

모든 사람들이 이를 궁금해하는 듯했다. 내 친구들. 직장 동료들. 영화관에서 마주친 사람들. 우체국에 줄 서 있던 사람. 임신 중에 내가 가장 자주 받았던 질문이었다.

'아, 저는 사실 인간 아기를 품고 있어요. 그래서 정말 설렌답니다.' 나는 이렇게 대답하고 싶었다.

하지만 실제로 그렇게 답한 적은 없다. 그 대신 주로 "저희는 기다 릴 생각이에요. 나중을 위해 아껴뒀거든요"라고 말하곤 했다. 그러면 사람들은 황급히 화제를 돌리거나, 태어날 아이의 성별도 모르는 채로 준비할 수 있으리라 생각하는 내가 "용감하다"고 이야기했다. 당시에 나는 내 아이의 성별이나 젠더를 모두에게 알릴 계획이 '영원히' 없다고 말할 마음의 준비가 되지 않은 상태였다.

사실대로 말하자면 나와 배우자 브렌트는 이미 임신 초기에 유전자 검사를 거쳐 우리 아이의 성염색체가 무엇인지 알게 되었다. 하지만 우리는 이러한 결과가 아이의 젠더에 관해서는 아무것도 알려주지 않는다고 생각했다. 우리는 언젠가 아이가 스스로의 젠더 정체성을 어떻게 보는지 자신만의 방식으로 우리에게 말해주길 바랐다. 그때까지는 아이가 젠더에 따라 정해지는 행동 방식이나 대우에 상관없이 자유롭게 자라날 수 있는 환경을 만들어주고자 최선을 다할 생각이다.

그로부터 몇 년이 지난 지금, 주머라는 이름의 멋진 아이를 키우는 일에 완전히 심취한 상태로 이 책을 쓰고 있지만 내가 육아에 관련된 많은 일에 있어 전문적이지 않다는 점을 확실히 해두고 싶다. 나는 어린이 영양 전문가가 아니다(인정하기 싫지만 우리는 맥앤드치즈에 상당히 의존하는 편이다). 배변 교육에도 능숙지 않으며, 아이를 재우는 일에도 아직 서툴다. 나는 분명 육아 전문가는 아니다. (누군들 그렇겠는가?) 그러나 적어도 육아의 한 가지 측면에는 제대로 전념하고 있다고 생각한다. 나는 주머가 생식기관의 해부학에 기반을 둔 젠더 고정관념과 사회 문화적 규범에 최대한 구애받지 않고 살아가게 하겠다는 스스로와의 약속을 지켜왔다. 나는 주머가 남자아이와 여자아이로 구분되는 이분법적 사고에 얽매이지 않고 자신의 정체성을 찾도록 돕고자 한다. 또한 젠더 프리 육아를 실천함으로써 세상을 더 살기 좋은 곳으로 만들 수 있으리라는 믿음도 갖고 있다. 젠더 프리 육아의 목표는 젠더를 제거하는 것이 아니라, 젠더에서 비롯되는 차별과 격차, 폭력을 없애는 것이다. 나는 젠더가 없는 세상이 아닌, 오히려 다양한 젠더로 가득한 세상을 만드는 데 기여하고 싶다.

나는 주머가 태어나기 약 10년 전부터 사회학자의 관점에서 젠더를 탐구해왔으며, 그로써 미국 문화 속 젠더의 모습을 이해하게 되었다. 나는 지질학자가 땅이 어떻게 형성됐는지 설명하기 위해 퇴적층을 분석하듯, 젠더의 형성 과정을 알아내고자 사회의 퇴적층을 연구했다. 내가 이해한 바에 따르면 '성별'은 염색체, 호르몬, 생식기관, 생식기 등과 같은 생리학의 생물학적 요소에서 비롯되는 개념이며, '젠더'는 사회 문화적 역할과 개인의 정체성 및 그 표현 방식에 연관된 개념이다. 나는 성별과 젠더가 남성이나 여성, 혹은 인터섹스(intersex, 생식기나 성호르몬과 같은 신체적 특징이 남성이나 여성이라는 이분법적 구조에 들어맞지 않는 사람―옮긴이)로 구분되는 단순한 방식으로만 존재하는 영역이 아니며, 특히 젠더는 여자아이나 남자아이, 남성이나 여성뿐 아니라, 논바이너리, 무성, 반(半) 남성(자신이 남성에 가깝다고 느끼는 성 정체성―옮긴이), 반(半) 여성, 퀴어(성 소수자를 지칭하는 포괄적인 단어― 옮긴이)를 비롯한 다양한 형태로 존재한다고 믿는다. 성별과 젠더를 경험하는 방식은 지구상에 존재하는 사람의 수만큼이나 많다. 젠더는 사회적으로 구축된 개념이며, 젠더를 정의하고 경험하는 방식은 시대와 지리에 따라 변화해왔고 앞으로도 계속 변화해갈 것이다.

나는 젠더가 건강과 경제의 결과를 예측할 수 있는 가장 강력한 변수 중 하나지만, 이는 개인의 타고난 해부학적 특성 때문이 아니라는 사실을 알게 되었다. 그것은 사람들과 사회 체계가 개인에게 부과하는 사회적 압력과 기대, 고정관념, 제약 때문이다. 아이들은 태어나는 날부터 자신에게 배정된 젠더에 근거하여 서로 다른 대우를 받게 된다. 외음부를 지닌 아이와 음경을 지닌 아이는 굉장히 비슷한 모습을 하고 있지만, 생물학적 본질주의에 기반을 둔 문화 규범은 아이들에게 서로 다른 이름과 옷, 장난감, 심지어는 다른 기회를 주고, 아이들을 서로 다른 형용사로 묘사하며 다른 운명으로 밀어 넣는다. 젠더의 배정이 어긋나는 경우가 비일비재한데도, 그러한 상황에 처한 개인이 자신의 진정한 정체성을 인정받으려면 스스로 맞서 싸우는 수밖에 없다.

나는 성인기에 찾아올 불평등을 잘 알고 있다. 성적 대상화된 파편들로 갈기갈기 찢긴 채 정치 운동에 이용당하는 여성들, 여성만큼 훌륭한 부모가 될 수는 없다고 세뇌된 남성들, 남성보다 적은 임금을 받는 여성들, 감정적으로든 신체적으로든 고통을 스스로 이겨내야 한다는 남성성의 가혹한 압박 때문에 제때 병원을 찾지 못하는 남성들, 군복무 중 전투에서 부상을 입는 것보다 높은 확률로 성폭행의 위험에 처한 여성들, 안전벨트를 잘 매지 않는 경향 때문에 교통사고로 사망하는 많은 남성들, 섭식 장애에 시달리는 여성들, 음주로 인한 폭력 사건이 잦은 남성들, 가사 활동에 종사하는 비중이 더 높은 여성들, 부모가 되면 쉴 새 없이 돈을 벌어야 하는 남성들…… 일일이 나열하자면 며칠 밤을 새도 부족하다. 성차별주의는 인종차별주의, 계급차별주의, 장애인차별주의, 트랜스젠더 혐오, 동성애 혐오, 민족주의 등과 함께 사회 깊숙이 뿌리박혀 있으므로, 이를 해결해나가려면 각 현상 간의 교차성을 고려해야만 하며, 수많은 양상을 지닌 개인의 정체성 및 이러한 정체성이 권력 체계 안에서 어떻게 비춰지는지에 관해서도 고민해야 할 것이다.[1]

물론 세계 각지의 문화 속에 자리 잡은 가부장제를 해체하고 성차별주의 문제를 제기하려는 노력에 엄청난 진전이 있었던 것은 사실이다. 몇몇 국가는 다른 국가에 비해 성 평등을 이루는 데 한 걸음 더 가까이 다가서기도 했다. 앞으로도 중요한 사안에는 계속해서 집요하게 관심을 기울여야만 한다. 예를 들면 성별 간 임금 격차를 좁히는 문제, 지자체나 연방 관공서에서 여성과 성 소수자를 채용하는 문제, 고용과 주택, 의료를 포함한 민간 및 공공 부문 서비스 내의 성차별을 없애는 문제, 성폭행 문화와 중독적인 남성성을 근절하는 문제, 젠더의 다양성에 관한 의식을 높이는 문제, 트랜스젠더와 성 소수자 청년들을 보호하는 문제 등이 이에 해당한다. 이러한 문제를 해결하려는 노력에 많은 사람의 삶이 걸려 있다.

미투 운동과 동일 임금 운동이 힘을 얻으면서 직장에서 눈에 띄는 변화들이 일어나고 있지만 한쪽에서는 여전히 '딸을 잘 단속하세요'라는 문구가 적힌 유아용 우주복이 판매되며 여자아이들은 남자아이보다 적은 용돈을 받고 있다.[3] 나는 성인 간 성 불평등 문제의 근원을 따라가다 보면 아동기에서 그 뿌리를 찾게 되리라 확신한다. 사회가 젠더 이분법을 해체하는 문제에 있어 기업 회의실뿐 아니라 초등학교 교실에도 관심을 기울인다면 더 강력하고 지속적인 효과를 거두게 될 것이다.

아동기의 젠더 사회화 자체가 극심한 성차별의 명백한 원인이라는 뜻은 아니다. 하지만 나는 과도한 성 구분과 이분법적 사고, 제한적인 유년기 사회화가 어떻게 이뤄지는지 절실히 깨달았기에, 주머를 가졌을 때 그러한 방식에 거부감을 느낄 수밖에 없었다. 나는 젠더 이분법과 가부장제와 같은 현상에 굴복하거나 사회적 성 불평등을 지속시키는 요인을 강화하는 데 기여하고 싶지 않았다. 그래서 사람들이 많이 가보지 않은 길을 탐험하면서 더 좋은 방법을 찾아보기로 결심했다.

다행히도 젠더 분야는 계속 발전하고 있으며, 세대를 거듭하면서 평등을 향해 더욱 빠르게 나아가고 있는 듯하다. 나이가 어릴수록 젠더 규범에서 멀어지는 경향을 보인다. 대부분의 미국 청소년들은 젠더가 이분법적인 개념이 아닌, 영역을 아우르는 개념이라고 생각한다. 청소년 세 명 중 한 명은 지인 중에 'they/them' 대명사를 사용해 개인을 지칭하는 사람이 있다고 말한다.[4] 이러한 젠더 중립적인 대명사를 사용할수록 성에 관한 편견이 크게 줄어든다는 연구 결과가 있다.[5] 또한 트랜스젠더, 논바이너리, 인터섹스, 퀴어와 같은 사람들이 미디어에 노출되는 일도 기하급수적으로 늘고 있다. 젠더 혁명은 실제로 일어나고 있으며, 나는 이러한 현상이 무척 감격스럽다.

아이들은 자신이 있는 그대로 받아들여지는 환경에서 훨씬 더 잘 살아간다. 퀴어나 트랜스젠더 청소년들이 흔히 경험하는 부정적인 과정들은 가족과 친구들이 애정을 가지고 그들을 있는 그대로 받아들여주고 지지해줌으로써 크게 완화된다.[6] 부모는 아이가 건강하고 안전하게 살아가도록 예방 조치를 취하고자 수영 강습에 보내고 구명조끼를 입힌다. 최대한 불을 멀리하고, 만약 몸에 불이 붙을 경우에는 하던 일을 멈추고 땅에 누워서 구르라고 가르친다. 아이가 질식하지 않도록 음식을 작게 잘라주기도 한다. 아이가 트랜스젠더나 논바이너리, 퀴어일 가능성을 열어두는 것 또한 이러한 예방 조치의 일환이다.

내 아이 주머가 속한 알파세대(기술적 진보를 경험하며 자란 세대로 2011~2015년에 태어난 0~8세 영유아를 가리킨다—옮긴이)는 젠더에 관해 그 어느 세대보다 더욱 유연한 관점을 지니고 있다. 주머가 시스젠더(cisgender, 출생과 함께 배정된 성별과 젠더 정체성이 일치하는 사람)가 아닐 가능성도 충분하므로, 나는 그러한 가능성을 열어두고 이에 전혀 개의치 않는다는 내 의사를 육아에 반영하고 싶다. 내가 주머를 아들이나 딸이 아닌, 그저 아이로 대우하는 이유도 이처럼 주머가 트랜스젠더나 논바이너리가 될 가능성 때문이다. 나는 주머의 젠더 정체성을 결정할 수 있는 사람은 내가 아니라 주머 자신이어야 한다고 믿는다.

내 친구 중에는 부모가 젠더를 잘못 정해줬던 트랜스젠더들이 있다. 딸이 잠복고환과 XY 염색체를 가지고 태어났다는 사실을 부모가 미처 몰랐던 인터섹스 친구들도 있으며, 시스젠더지만 종종 성별에 따른 기대와 규범, 고정관념을 부자연스럽게 느끼는 지인들도 있다. 나는 아이의 젠더와 성에 관해서는 최대한 넘겨짚지 않고, 아이가 젠더의 영역을 직업 체험해보고 다양한 정체성을 시험해본 후에 무엇이 자신에게 '어울리는지' 스스로 결정할 수 있도록 여유와 안전, 지원을 제공해주고 싶다.

브렌트와 나는 아이가 어떤 대명사로 자신을 지칭하면 좋을지 스스로 정해서 알려줄 때까지는 성별이 정해진 대명사인 he/him/his나 she/her/hers 대신 단수형의 젠더 중립적 대명사인 they/them/their(저자는 단수형으로 사용하고 있지만 본래 '그들'로 번역되는 복수형 대명사이므로 이 책에서는 편의상 '아이'로 대체해서 번역하였다―옮긴이)를 사용하기로 했다. 아이의 생식기에 관한 정보는 보모나 의료진을 제외한 그 누구에게도 알리지 않기로 했다. 우리는 남자아이와 여자아이로 구분되는 젠더 이분법의 제약에 따를 생각이 없다. 젠더에 관해 창의적이고 개방적이며 자유롭고 포용력 있는 방식으로 아이를 양육할 것이다.

나는 아이에게 세상의 절반 이상을 열어주고 싶다. 아이에게 아동복 매장과 장난감 매장에 진열된 모든 종류의 옷과 장난감을 보여주고 싶으며, 아이가 모든 색깔과 책, 활동을 자유롭게 접하도록 해주고 싶다. 주머가 모든 기회와 긍정적인 경험을 누릴 수 있길 바란다. 아이가 건강하고 원만하고 행복하면서도 인정과 모험심, 자신감, 창의성, 정서적 이해심이 넘치는 친절하고 적극적인 사람이 되길 바란다. 여기에 젠더 이분법은 아무런 도움이 되지 않는다.

젠더 프리 육아를 자세히 설명해주는 가이드북 같은 것은 따로 없었으므로, 나는 몸으로 부딪치면서 배워야만 했다. 몇 번이나 장애물에 맞닥뜨리며 이리저리 불편하게 돌아가야 했지만, 막다른 길에 다다른 적은 한 번도 없었다. 그러한 과정은 생각보다 많이 외롭지도 않았다. 가족과 친구들은 한마음으로 우리(나와 브렌트, 어린 주머)를 지지해주었다. 우리는 관련 온라인 커뮤니티와 솔트레이크시티 내의 모임도 찾아냈고, 그 덕분에 젠더 프리 육아를 무사히, 심지어 굉장히 즐겁게 해 나갈 수 있었다. 그렇다고 해서 이 길이 마냥 쉬웠다는 것은 아니다. 우리도 수많은 고난과 좌절을 겪었고, 수많은 키보드 워리어들로부터 악성 댓글 세례를 받기도 했다. 하지만 나는 지금까지 잘 이겨냈고 다시 돌아가도 기꺼이 같은 길을 선택할 것이다.

그렇지 않아도 큰 압박감에 시달리는 요즘 부모들에게 나까지 이 래라저래라 하면서 또 다른 부담을 안겨주려는 의도는 아니다. 나도 부모로서 완벽하지 않다. 그저 남들처럼 내가 할 수 있는 한에서 최선을 다할 뿐이다. 감당하기 힘들 만큼 넘쳐나는 육아 관련 정보 중에는 서로 상충되는 것도 많기 때문에 자신이 육아를 제대로 하고 있는지 확신하기란 어렵다. 사람들은 각자 다른 시대의 요구에 부응해야 하고, 저마다의 자원과 혜택, 애로 사항, 인간관계, 배경, 가치를 가지고 있으며, 무엇보다 서로 다른 아이들을 키우고 있다. 나 역시도 다양한 자원과 협조적인 환경이라는 특혜 덕분에 이처럼 공개적인 지지를 받으며 젠더 프리 육아를 실천할 수 있는 것이다.

나는 이 책이 앞으로 나와 같은 길을 갈 부모들에게 도움이 되길 바란다. 이 책은 젠더 이분법과 이에 수반되는 모든 기대 및 제약에 지친 사람들, 그래서 미래 세대에게 더욱 포용력 있는 세상을 물려주고 싶은 이들을 위한 책이다. 어린아이들의 젠더 사회화 과정을 근본적으로 들여다봐야 한다고 믿으며, 사회에 순응하기보다 개성을 발휘하는 사람이 더 인정받는 세상이 되는 데 기여하고자 하는 사람들에게도 이 책을 권하고 싶다. 몇 년 전의 나에게도 꼭 필요했던 책이다. 내 이야기를 읽고 마음에 와닿는다고 느낀다면 다행이다. 하지만 그렇지 않더라도 괜찮다.

　내 책이 독자들에게 각자의 정체성에 질문을 던져보고 자신의 어떤 부분이 진짜이며, 또 어떤 부분이 타의로 정해진 것처럼 느껴지는지 알아내도록 노력할 기회를 주길 바란다. 나는 33년 동안 여성으로 정해진 삶을 살아온 뒤에야 스스로의 젠더를 들여다보면서 이전과 다른 대명사와 용어, 활동을 시도해볼 수 있게 됐다. 지금까지는 대명사 she/her와 they/them이 나와 가장 잘 맞는다고 느낀다. 내 신체에 대해서도 위화감 없이 편안하게 느끼지만 '시스젠더'라는 말이 나 자신을 나타내는 데 완전히 적합한지는 잘 모르겠다. 인내심을 가지고 이 문제를 천천히 고민해보는 중이며 서두를 필요는 없다고 생각한다. 현재 나는 내 성 정체성을 '퀴어'로 정의하고 있는데, 내가 남성과 결혼했다는 이유로 이러한 정체성이 잘 드러나지 않을 때가 많아서 기회가 될 때마다 커밍아웃하고 있다. 살아오면서 접한 몇몇 사람들의 이야기는 나로 하여금 세상을 제대로 직시하게 해줬고, 한층 더 성장하여 나를 둘러싼 주변 환경에 대처하는 방식에 관해 더욱 비판적으로 생각하게 만들어줬다. 내 이야기도 다른 이들에게 그런 계기가 됐으면 좋겠다.

　나는 주머에게 고정관념보다 포용성과 자유를 먼저 가르쳐주고자 의식적으로 해왔던 일들의 결과를 매일 목격하고 있으며, 시간을 되돌리더라도 다시 생각할 필요 없이 똑같은 길을 갈 것이다. 이 모험을 시작한 지 겨우 몇 년밖에 안 됐지만 이미 돌아갈 길은 없다. 나는 내가 옳은 방향으로 가고 있다고 확신한다. 이 책을 읽는 여러분과 그 길 위에서 만나게 되길 기대한다.

사랑을 담아,
카일

1장

주머를 소개합니다

어느 수요일 오후, 당시 만 30개월이 된 주머를 데리러 어린이집에 갔을 때였다.

주머의 담임선생님이 들뜬 얼굴로 내게 말했다. "글쎄, 주머에게 무슨 일이 있었는지 들어보세요!" 나는 배낭을 내려놓고 카운터에 기대선 채로 애비를 바라봤다. 기분 좋은 이야기일 듯한 예감이 들었다. "오늘 네 살 아이들 몇 명이 함께 수업을 들었거든요. 다 같이 둘러앉아서 색칠 놀이를 하던 중에 한 아이가 주머에게 '너 남자지?' 하고 물으니까 주머가 그 아이를 올려다보면서 '아니' 하고 대답하고는 다시 색칠을 하더라고요. 그 아이가 잠시 망설이다가 '그럼 여자야?' 하고 또 물으니까 주머는 이번에도 그 아이를 올려다보면서 '아니' 하고 답하고는 색칠 놀이로 눈을 돌렸죠. 네 살 아이가 많이 궁금했던지 마지막으로 이렇게 물었어요. '그럼 넌 뭔데?' 주머는 크레파스를 내려놓고 아이를 쳐다보며 말하더군요. '나는 사람이야'라고요."

애비는 빙그레 웃으며 말을 이어갔다. "너무 사랑스러워서 꼭 알려드리고 싶었어요." 우리는 교실 건너편 바닥에 앉아 코모도왕도마뱀에 관한 책을 획획 넘기고 있는 주머를 바라봤다. 나는 감정이 약간 벅차오르는 것을 느끼며 자연스레 한 손을 가슴에 얹은 채 고개를 끄덕였다. "작지만 굉장한 아이예요, 그렇죠?"

나는 어린이가 정체성을 형성하는 데 주변 어른들의 말이 큰 영향을 미친다고 믿는다. 나는 주머에게 성별이 여자인지 남자인지 말해준 적이 한 번도 없다. 단지 아가, 인간, 꼬마, 아이, 주머, 사람이라고만 알려줬다. 처음으로 아이에게 "너는 참 특별해!" 하고 말했을 때, 주머는 "나는 '참특벼래'가 아니야! 나는 주미야!" 하고 대답했다. 주머가 네 살 아이에게 자신은 남자나 여자가 아니라 사람이라고 말한 것은 그리 놀라운 일이 아니었다. 집에서 늘 듣는 말이기 때문이다. 우리가 애초에 이분법적인 성 관념을 주입한 적이 없으므로 주머에게는 그런 고정관념이 없다.

주머는 가장 좋아하는 색깔도 자주 바뀐다. 꽤 오랫동안 분홍색을 가장 좋아하다가 갑자기 주홍색을 좋아하기도 했다. 주머의 방이나 옷장, 물건들은 마치 작은 무지개 같다. 주머는 상어가 그려진 물병, 「퍼피 구조대(PAW Patrol)」 치약, 「라푼젤(Tangled)」 칫솔을 골랐고, 언젠가는 「카(Cars)」 팬티를 사달라고 하더니 나중에는 미니마우스 팬티를 갖고 싶어 했다. 아이는 분홍색, 보라색, 청록색 침대보와 소방차 양말, 우주 침낭, 연보라색 클라이밍화(암벽등반용 신발 – 옮긴이)를 골랐다. 우리가 최대한 아이에게 선택권을 주면 아이는 신중하게 고민한 다음, 무엇이든 가장 마음에 드는 것을 고른다. 주머는 틀에 박힌 색상이나 디자인 구분에 구애받지 않고 결정을 내린다. 성별에 따라 본능적으로 특정한 색상에 끌리거나 어떤 색상을 싫어하도록 되어 있다는 사회적인 고정관념에서 자유롭다.

주머는 공룡, 악어, 북극곰을 매우 좋아하며, 나에게 늘 새에 관한 궁금증을 풀어놓는다. 그 덕분에 나도 새를 더 공부해야겠다고 생각했을 정도이다. 주머는 자연사박물관이나 수족관에 가는 것을 좋아한다. 해양 생물 다큐멘터리를 좋아해서 내게 이렇게 말하기도 한다. "엄마, 텔레비전으로 같이 바다 쇼 보자. 팝콘도 먹을까?"

주머는 직접 디디라고 이름 붙인 아기 인형과 단테라는 이름의 장난감 강아지를 항상 데리고 다닌다. 지점토를 굉장히 좋아해서 동물을 만들거나 음식인 척 먹는 시늉을 하기도 한다. 아이가 "진짜로 먹는 거 아니야" 하고 말한 뒤에 살펴보면 이가 하늘색으로 물들어 있을 때도 있다. 사실은 진짜로 먹으려고 했던 것이다.

주머는 레고를 조립할 때면 신기할 정도로 인내심이 강해져서, 직접 설명서를 보며 우리가 필요한 블록을 찾도록 도와준다. 칫솔에 묻은 치약을 마치 맛있는 간식이라도 되는 듯이 빨아 먹기도 한다. 아이는 발톱에 색을 입히는 것도 정말 좋아한다. 사이렌 소리가 들리면 어떤 응급 차량이 지나가는지 확인하려고 부리나케 거실 창문으로 뛰어가곤 한다. 달달한 간식을 몹시 좋아해서 쿠키를 먹으려고 매일 우리와 협상을 시도한다.

주머는 달리기와 춤, 체조, 수영도 무척 좋아한다. "모래 땅"에 푹 빠져 있어서, 할 수만 있다면 하루에 몇 시간씩 모래 놀이터에서 살고 싶어 한다. 우리가 그네를 밀어줄 때면 신이 나서 "더 높이!" 하고 소리친다. 아이는 엄마와 아빠의 말을 섞어서 자신만의 단어를 만들어내기도 한다. 내가 '인도'라고 하고 브렌트가 '길'이라고 하면 주머는 '인도길'이라고 말한다.

밸런스 바이크(페달이 없는 유아용 자전거—옮긴이)를 타는 것도 주머가 제일 좋아하는 일 중 하나이다. 주머는 연두색 스트라이더 자전거와 주홍, 검정, 노랑, 파랑이 섞인 헬멧뿐 아니라 세트처럼 어울리는 자전거 장갑까지 갖고 있다. 함께 학교에서 돌아온 뒤에, 혹은 매주 주말이 되면 아이는 자전거를 타러 나가도 되는지 물어본다. 그리고 우리가 커피 원두를 사러 걸어가는 동안 옆에서 나란히 자전거를 타고 따라오다가, 길가의 꽃을 꺾어서 자전거를 꾸며도 되는지 물어보기도 한다. 아이는 바닥이 울퉁불퉁하고 흙먼지가 가득한 동네 자전거 공원에서도 신기할 정도로 자전거를 잘 탄다.

주머는 거의 매일 밤, 나와 브렌트가 자고 있는 침대 속으로 슬며시 들어온다. 가끔은 내가 자신을 달랠 때 하는 동작을 흉내 내며 부드럽게 내 팔을 문지르는 아이의 손길에 잠이 깨기도 한다. 잠든 아이의 몸부림에 얼굴을 세게 맞은 적도 있다. 학교 요가 시간을 즐거워하는 주머가 우리에게 거북이 자세, 테이블 자세, 전굴 자세(rag doll pose. 서서

상체를 숙이는 자세—옮긴이), **타코 자세**(taco pose. 혀를 내밀고 혀 양쪽을 말아 동그랗게 만든 다음, 입으로 숨을 들이마시고 코로 내쉬는 호흡 자세—옮긴이)를 가르쳐줄 때면 브렌트와 나는 터져 나오는 웃음을 참느라 애를 먹는다.

"타코 자세가 뭐야?" 브렌트가 물었다.

주머는 혀를 내밀어 동그랗게 말려고 애쓰며 말했다. "이런 타코 자세야."

매일 자신이 입을 옷을 직접 고르길 좋아하는 주머는 색이 화려하면서도 뛰어놀기 편한 옷과 신발을 선호한다. 집안일을 거드는 것도 좋아한다. "내가 도와줘!" 하고 말하고는 조리대 쪽으로 의자를 바짝 당겨 앉아 설거지할 그릇들을 건네주기도 한다. 주머는 용돈을 받으면 작고 반짝거리는 무지개색 지갑에 보관해두었다가 자그마한 경주용 트럭 장난감이나 형광색 거품 입욕제를 사는 데 쓰곤 한다.

주머는 매일 "맥앤드치즈"를 먹고 싶어 한다. 시립도서관에 가서 새로 읽을 책을 고르는 일도 무척 좋아한다. 몇 주 동안 읽을 책을 열 권도 넘게 빌려서 캔버스 가방에 가득 채워 간 다음, 반납할 때 그 책들을 한 권씩 컨베이어벨트에 올려놓고 스캐너에 통과시키면서 진심을 다해 "잘 가, 책아! 고마워!" 하고 말하는 과정을 모두 즐거워한다. 신기할 만큼 기억력이 뛰어난 주머는 함께 차를 타고 이동할 때 우리가 어디를 지나고 있는지 알려주거나 예전에 있었던 일을 정확히 이야기해서 우리를 놀라게 한다. 주머는 누구보다 사랑스럽게 뽀뽀와 포옹을 할 줄 알고, 내가 자신의 발을 가지고 전화기인 척 장난치는 것을 무척 좋아한다. 소꿉놀이 세트에 들어 있는 플라스틱 채소로 음식을 만들며 놀기도 한다. "엄마, 파인애플 스무비(smoovie) 만들어줄게. 조심해, 뜨거워. 후후 불어." 주머는 매일 아침 학교에 가면 반 친구들을 꼭 안아준다. 거칠게 놀다가 코피를 쏟기도 하고, 친구들이 슬퍼하거나 아파할 때면 살포시 껴안아 위로해주기도 한다.

아이는 내가 요구한 일을 하고 싶지 않으면 큰 소리로 "괜찮아요!" 하고 말한다. 주머는 유머 감각이 매우 뛰어나며 마치 슬랩스틱코미디를 보는 듯한 관점으로 일상을 바라본다. 주머는 식당에 가면 자신이 먹을 음식을 스스로 주문한다. 아이는 인어와 고래상어를 좋아한다. 노래를 만들어 부르거나 팝 음악에 맞춰 춤을 추기도 한다. 요새 숨바꼭질에 재미가 붙었는지 한번은 쇼핑몰에서 브렌트 몰래 숨었다가 노드스트롬 백화점 2층에서 발견된 적도 있다. 브렌트는 경비원의 도움을 받아 겨우 아이를 찾을 수 있었는데, 다행히 그날 이후로는 주머도 우리 시야에서 멀리 벗어나는 장난을 치지 않는다. 아이는 라푼젤 드레스에 소방관 모자를 쓰기도 한다. 아이가 구글 홈 스피커에 "헤이, 구글! 엘사 노래 틀어줘!" 하고 소리치면 우리는 「렛 잇 고」가 나오도록 도와준다.

주머는 우리 아빠와 페이스타임을 할 때마다 아빠를 '마이어스 할아버지'라고 부르며, "내 장난감 볼래요?" 하고 말하고는 휴대전화를 돌려서 자신의 기차 세트와 인형 집, 거품 목욕용 비누, 축구 유니폼, 가장 좋아하는 책들을 하나씩 보여주곤 한다. 아빠는 10분 동안 아이폰 카메라에 찍힌 흔들리는 화면을 들여다보다가 멀미가 나는지 "뭐 하는 거야, 「블레어 위치(The Blair Witch)」」(휴대용 카메라를 이용해 배우에게 바

짝 붙어 촬영하는 핸드헬드 기법으로 제작된 공포 영화―옮긴이) 같은 건가?" 하고
말하기도 한다.

주머는 픽업트럭을 '히컵(hiccup, 재채기―옮긴이)', 넥타린(nectarine, 천
도복숭아―옮긴이)을 '서브머린(submarine, 잠수함―옮긴이)', 이구아나를 '버
그와나'라고 부르는데, 나는 앞으로도 이를 고쳐줄 생각이 없다.

주머의 성격과 관심사를 떠올려볼 때 '고정관념'이나 '젠더 벤딩
(gender bending, 남녀 구분이 없는 차림과 행동을 하는 것―옮긴이)'이 연상되는
요소는 전혀 없다. 우리 집에서 젠더 규범은 아무런 힘을 발휘하지 못
한다. 모든 사물은 보이는 그대로일 뿐이며, 누구에게나 평등하게 존
재한다. 주머는 그저 아이일 뿐이다. 아주 멋진 아이.

우리는 3년 6개월 동안 젠더 고정관념이 일상을 침범하지 못하게
하는 데 성공했다. 만약 우리가 주머에게 젠더를 정해주었다면 해내지
못했을 일이다. 주머는 젠더 이분법이 뭔지 모르는 듯 보인다. 또한 주
위 사람들 대부분이 주머의 생식기에 관해 전혀 알지 못하므로 주머를
남자/여자 테두리 안에 집어넣을 도리가 없다. 주머의 새로운 담임선
생님인 키미는 내게 이런 이야기를 들려줬다. "오늘 아이들이 둘러앉
아 자신이 남자인지 여자인지 돌아가면서 이야기하는 시간을 가졌어
요. 주머는 자신의 차례가 되자 '난 주머야!' 하고 말했죠. 하지만 아무
도 주머의 생각을 바꾸려고 하지 않았어요."

한 친구는 우리가 어떤 육아 방식을 택했는지 처음 알았을 때에는
'카일이 고생길을 자처하는구나' 하고 생각했다고 한다. "그런데 이제
는 네가 정말 선견지명이 뛰어난 행운아라고 생각해. 나는 사람들이

계속해서 내 딸들 주위에 쌓아 올리는 벽을 허무느라 너무 많은 시간을 보냈어. 하지만 주머에게는 어떤 벽을 쌓아야 할지 모르기 때문에 아무도 그런 시도를 하지 않잖아." 친구는 내게 솔직한 마음을 털어놓았다.

주머는 자신의 몸을 가리키는 단어들을 이미 알고 있으며 우리도 주머가 신체에 대해 알아가도록 돕고 있다. 하지만 주머는 자신이 어떤 장난감을 가지고 놀아야 하며 어떤 옷을 입어야 하는지, 어떤 사람이 돼야 하는지, 어떤 친구를 사귀어야 하는지 등 삶의 여러 요소들이 자신의 몸과 관련 있다고는 생각하지 않는다. 주머는 고정관념에 구애받지 않은 채로 어린 시절을 마음껏 즐기는 아이일 뿐이다. 나는 이러한 육아 방식을 최대한 오래 유지할 생각이고, 아이가 젠더와 관련된 질문을 던질 때마다 의식적이면서도 아이의 나이에 걸맞으며 모든 가능성을 포용할 수 있는 대답을 해줄 것이다.

소셜 미디어에 어린이와 젠더에 관한 게시물이 올라오면 유심히 보게 된다. 어떤 부모는 크리스마스트리 앞에 장난감 기차 세트가 놓인 사진을 올리면서 '딸 셋을 낳고서야 드디어 아들이 생겨서 크리스마스 기차 세트를 살 수 있어 정말 기쁘다'는 코멘트를 달았다. 또 다른 부모는 자신이 임신한 사실을 알게 됐다며 '내 아들들도 정말 사랑하지만, 드디어 같이 쇼핑할 딸이 태어난다니 너무 행복하다'고 쓰기도 했다. 이런 종류의 게시물을 볼 때마다 고개를 갸우뚱하면서 착잡한 표정을 짓게 된다. 여자아이도 장난감 기차를 갖고 놀 수 있고 남자아이도 쇼핑을 좋아할 수 있다.

어떤 면에서 젠더 프리 육아는 부모와 아이들을 해방시킨다. 주머는 무언가 마음에 들면 마음껏 좋아한다. 나는 내 아이가 인디팝 음악을 좋아하고 지점토를 먹기도 하며 멋진 BMX 자전거(프리스타일 곡예를 수행하는 스포츠용 소형 자전거—옮긴이)를 타게 되리라고는 전혀 생각지 못했지만, 막상 그렇게 되고 보니 앞으로도 주머의 관심사와 취미, 성격에 관해 예상치 못한 일이 끊임없이 펼쳐지리라는 생각에 무척 설렌다. 내가 무엇을 기대하든 분명 그보다 훨씬 더 근사할 것이기 때문이다.

2장

양육 방식이 육아의 방향을 결정한다

나는 모르몬교 집안에서 자랐지만 부모님은 내가 아주 어렸을 때부터 스스로 원하는 방식으로 자신을 표현할 자유를 줬다. 엄마는 나와 여동생 미켄지에게 교회에 입고 갈 원피스와 그에 어울리는 머리핀까지 손수 만들어줬다. 하지만 우리는 집에 오면 곧바로 티셔츠와 반바지에 케즈 운동화 차림으로 갈아입은 다음, 흙먼지를 뒤집어쓰면서 지쳐 쓰러질 때까지 뛰어놀곤 했다. 옷을 직접 골라 입었던 나는 형광색 셔츠나 'MC 해머 바지'라 불리는 패러슈트 팬츠(낙하산병이 착용하는 바지. 전체적으로 여유가 있는 실루엣에 바짓부리에서 졸라매는 디자인이 많다―옮긴이) 등 오빠가 입던 옷을 입은 적도 많았다.

우리는 실내보다 야외에서 많은 시간을 보냈다. 엄마는 집 밖에 나갈 때면 꼭 화장을 하는 사람이었지만, 나에게 특정한 여성성의 이상을 정해놓고 그에 들어맞길 기대하거나 강요하지 않았다. 1990년대 초반이었던 당시, 나는 젠더뉴트럴 열풍이 불었던 1970년대와 하이퍼젠더(남성과 여성 스타일의 경계를 허물고 성별을 초월하는 것—옮긴이) 시대인 2000년대의 중간 어디쯤에 놓여 있었다.

오리건주의 작은 마을에 위치한 '모르몬 교회'에서 보낸 어린 시절 가운데 가장 좋았던 것은 모르몬교 교인 사회였다. 당신이 이사를 간다면? 교인 스물일곱 명이 나타나서 짐을 싸서 이사를 시켜주고 다시 짐을 풀어준 다음, 새집에서 보낼 첫날 밤을 위해 캐서롤(오븐에 넣어서 천천히 익혀 만드는, 한국의 찌개나 찜과 비슷한 요리—옮긴이)까지 남겨두고 갈 것이다.

당신이 아기를 낳는다면? 당신이 출산하고 신생아에 적응하는 동안, 당신의 다른 아이들은 교인들이 데려가서 밥도 주고 잠들 때까지 놀아줄 것이다. 또한 몇 주간은 교구에서 당신에게 아침과 점심, 저녁 식사도 가져다준다.

명절이 되면? 우리도 우리만의 파티를 연다. 독립 기념일에는 각자 장식한 자전거를 타고 교회 주변을 행진한다. 핼러윈에는 교회 주차장 부근에 차를 대놓고 트렁크에서 사탕을 꺼내 아이들에게 나눠준다. 크리스마스 파티는 교회 강당에서 포틀럭 파티(각자가 만든 음식을 가지고 와서 즐기는 파티—옮긴이) 형식으로 열렸는데, 산타가 재클린의 아빠와 굉장히 닮아 보여서 눈으로 재클린 아빠가 어디 있는지 찾곤 했다.

모르몬 교회 생활은 우리에게는 삶 그 자체였다. 교구 사람들과 친해지면 자연히 학교에서도 친구가 생기고, 주말에 함께 놀러 갈 사람이나 공짜로 아이를 맡아줄 사람도 생긴다. 교구 안에는 우편배달부도, 치과 의사도 있다. 하지만 그러한 친밀감이 안전 문제에 있어서는 오히려 잘못된 감각을 심어주기도 했다.

모르몬교 사회에서 보낸 어린 시절의 기억 중에서 유독 잊을 수 없는 일이 하나 있다. 그 당시 나는 초등학교 3학년이었다. 하루는 엄마가 수업을 마치고 친구인 에릭과 함께 그 애의 집으로 오라고 했다. 에릭의 집에 가니 엄마들이 모르몬교 관련 물건(아마도 화환)을 만들고 있었다. 나는 에릭의 지하 놀이방에서 닌텐도를 가지고 놀기로 했다.

그날 나는 흰색 반팔 티셔츠에 멜빵이 달린 남색 치마바지를 입고 있었다. 그렇게 입으면 햇볕에 그을린 내 탄탄한 다리가 돋보이는 점이 마음에 들었다. 때는 1994년이었고, 당시 유행에 따라 나도 바가지 머리 스타일에 파마를 한 상태였다. 다행히 (다행이 아닐지도 모르겠지만) 부모님은 항상 내가 원하는 스타일을 하도록 내버려두는 편이었다.

블라인드 사이로 햇살이 내리쬐던 오후, 나는 다리를 꼬고 앉아 슈퍼마리오 게임을 하고 있었다. 뒤를 돌아보니 에릭의 열세 살짜리 형 제이컵이 그릇을 들고 서 있었다. 늘 먹을 것만 찾던 때라 나는 그릇에 뭐가 들었냐고 물었고, 제이컵은 "너츠"라고 대답했다.

나는 게임을 멈추고 자리에서 일어났다. 그리고 마음이 급해 살짝 휘청거리는 걸음으로 그에게 대뜸 다가가면서 말했다. "나도 너츠 먹을래."

제이컵은 한쪽 입꼬리를 올리며 히죽거리더니, 목소리를 깔면서 말했다. "너츠(견과류를 뜻하는 nut는 고환을 가리키는 속어로도 쓰인다—옮긴이)가 먹고 싶니?" 나는 그 말의 이중적 의미를 전혀 이해하지 못한 채 다시 한번 "응, 너츠 먹을래" 하고 대답한 다음, 그의 방으로 따라 들어갔다. 그는 내 뒤로 방문을 닫았다.

그의 방은 깨끗했고 커다란 침대도 깔끔하게 정돈돼 있었다. 제이컵은 베개가 놓여 있는 침대 끄트머리에 앉았다. 나도 뒤로 살짝 뛰어올라 그의 옆자리에 앉았다. 내 눈은 온통 여러 종류의 너츠가 담긴 그릇을 향해 있었다.

나는 캐슈너트를 한 움큼 집어 입 안에 넣었다. 바로 위층에 있는 주방에서 엄마의 말소리와 바닥이 삐걱대는 소리, 의자가 나무 바닥에서 끼익하고 미끄러지는 소리가 들려왔다.

제이컵은 한 손을 내 허리 아래쪽에 얹고 다른 손으로 바지춤에 끼워져 있던 내 티셔츠 자락을 꺼냈다.

"이 일을 다른 사람한테 말하면 네 강아지를 죽여버릴 거야." 그가 말했다.

나는 '이 일'이 무엇을 뜻하는지 몰랐다. 고작 여덟 살이었기 때문이다.

"나 강아지 안 키우는데." 나는 웃음을 터뜨렸다.

"그럼 너희 엄마를 다치게 할 거야."

그제야 그의 말이 진지하게 들리기 시작했다. '이 일'이 무엇인지는 여전히 몰랐지만, 분명 좋은 일은 아닌 것 같았다. 나는 침대에 눕혀졌고, 무릎이 울퉁불퉁한 내 다리는 바닥에 닿지 않아 침대 가장자리에 대롱대롱 매달려 있었다. 그는 내 치마바지 속으로 손을 집어넣어 허벅지를 만지며 얼굴을 내 얼굴 가까이 들이밀었다. 가족을 제외하고는 누구도 그렇게 가까이 얼굴을 들이민 적이 없었다. 갑자기 나는 팔을 어떻게 움직여야 할지 갈피가 안 잡혔다. 청소년이었던 그의 체격은 내 두 배는 되는 듯했다.

"카일리!" 엄마가 제이컵의 침실 문을 두드리고 있었다. "카일리, 안에 있니? 제이컵! 문 열어!" 나는 아무 잘못도 없다고 생각했지만, 제이컵의 얼굴에는 뭔가 하면 안 되는 일을 하다가 들킨 듯한 표정이 떠올랐고 그 일에는 나도 연루돼 있었다. 그럼 나도 뭔지 모를 '이 일' 때문에 혼나게 되는 건가?

에릭이 문을 열고 들어오자 제이컵은 나를 일으켜 세웠다. 눈 깜짝할 사이에 엄마와 에릭이 열린 문을 가운데 두고 제이컵과 나를 마주보며 서 있었다.

"뭐 하고 있었니?" 엄마가 제이컵을 보며 말했다. "카일리 티셔츠가 왜 바지춤에서 빠져나와 있지?"

제이컵은 말을 더듬었다. "저……저……저는 여자아이가 티셔츠를 바지 밖으로 꺼내 입은 모습을 한 번도 본 적이 없어서요. 한번 보고 싶었어요."

어린 내가 듣기에도 궁색한 변명이었다. 엄마는 내 손을 잡고 1층으로 올라가 소지품을 챙긴 다음, 현관문을 나서 곧바로 차에 탔다.

집으로 가는 차 안에서 엄마가 물었다. "카일리, 제이컵과 무슨 일이 있었는지 엄마한테 말해보렴." 처음으로, 아마도 난생처음으로 나는 무슨 말을 해야 할지 몰랐다.

엄마가 부드럽게 되물었다. "카일리, 제이컵이 너에게 무슨 짓을 했니?"

나는 잠시 고민하다가 말했다. "말 못 해요."

엄마는 왜 말할 수 없는지 물었고, 나는 대답했다. "제이컵이 엄마를 다치게 할 거라고 했으니까요. 처음에는 내 강아지를 다치게 한다고 했는데 내가 강아지를 안 키운다고 했더니, 그럼 엄마를 다치게 할 거랬어요."

엄마는 깊은 한숨을 내쉬었다. "카일리, 제이컵은 엄마를 다치게 하지 못해. 무슨 일이 있었는지 말해줘야 엄마가 널 지켜줄 수 있단다." 결국 나는 엄마에게 모든 일을 털어놓았다.

며칠 후, 나는 부모님 사이에 끼인 채로 거실 소파에 앉아 있었다. 그곳에서 여전히 카펫에 발이 닿지 않는 사람은 나뿐이었다. 맞은편에는 제이컵과 그의 부모님이 앉아 있었다. 부모님의 설득에 제이컵은 주눅 든 모습으로 작게 "미안해" 하고 말했다. 그날 밤, 나를 제외한 모든 이들은 그 문제가 해결됐다고 생각한 듯했다. 하지만 나는 그날 비로소 나보다 큰 남자아이와 있으면 내가 얼마나 무력한지 깨달았다.

예수그리스도후기성도 교회(모르몬 교회의 정식 명칭 – 옮긴이)에서는 가치를 매우 중요하게 여긴다. 우리는 아주 어릴 적부터 가치 있는 사람이 되어야 한다고 배웠다. 구체적으로 말하자면 순종적이고 친절하면서도 남에게 피해를 주지 않는 좋은 결정을 내릴 줄 알아야 하고, 생각과 행동이 정결해야 한다고 배운다. 여자아이는 결혼할 때까지 성관계를 미뤄야 하며 남자아이와 단둘이 한 공간에 있으면 안 된다는 주의를 듣는다. 남편 외의 사람과 성적인 분위기를 조성하는 것은 살인을 제외하고 가장 심각한 죄라고 배웠다.[7] 이러한 가치를 잘 지킨다면 보답받을 것이며, 이 삶이 끝난 후에 하느님 아버지와 예수그리스도, 그리고 가족과 함께 영원히 천국을 누릴 수 있을 것이라고 했다. 그 당시 나는 여덟 살 난 모르몬교 아이가 거쳐야 할 통과의례로서 세례를 받은 지 얼마 안 됐을 때였다. 이는 스스로의 결정에 책임을 지기 시작한다는 의미였다. 나는 제이컵의 방에서 일어났던 일에 책임이 있었을까? 모르몬교 내에서 여자아이는 성관계의 문지기 같은 느낌을 받게 된다. 남자아이는 절대 스스로 욕구를 자제할 수 없다고 전제한 듯, 남자아이를 억제시키고 정결을 유지하게 하며 절대 먼저 유혹하지 않는 것은 여자아이의 의무라고 배운다. 이는 남자아이가 나이가 더 많은 경우에도 마찬가지일까? 도무지 이해되지 않는 상황에 처하더라도 그래야만 하는 것일까?

제이컵 사건이 있었던 주의 일요일, 나는 가족과 함께 교회에 앉아 성찬식이 시작되는 장면을 지켜보고 있었다. 한 남성이 성찬(잘게 찢어진 빵 조각들과 작은 플라스틱 컵에 담긴 생수)을 '축성'한다. 그다음에는 혈기 왕성한 청년 한 무리가 작은 쟁반을 들고 교회 신도석을 돌며 성찬을 나눠준다. 만약 그 주에 스스로 가치를 어겼거나, 숙고하고 회개해야 할 일을 저질렀다면 성찬을 '먹어서는' 안 된다. 마찬가지로 가치 있는 주를 보내지 못했다면 성찬을 나눠주는 일도 해선 안 된다.

신도석을 돌며 성찬을 나눠주는 제이컵을 보면서 나는 속으로 생각했다. '잠깐만……. 제이컵은 이번 주에 성찬을 나눠주면 안 되지. 적어도 한 주는 쉬면서 나에게 저지른 짓을 반성해야 하는 거잖아. 아니면 그런 일이 일어날 줄 몰랐던 죄로 내가 나오지 말았어야 하는 건가? 아니야. 그건 내 잘못이 아니었어.' 나는 단상 뒤쪽으로 시선을 옮겨, 백인 남성으로만 이뤄진 구역장들 중 우리 교구 구역장인 제이컵 아빠의 모습을 봤다. 그리고 그 순간, 우리 교회에서는 가치보다 타인의 시선이 더 중요하며, 나는 제이컵만큼 중요한 존재로 대우받지 못한다는 사실을 깨달았다. 그 당시에는 정확한 용어를 몰랐지만 내가 그 일요일에 성찬과 함께 맛본 것은 가부장제의 쓴맛이었고, 나는 그 맛이 마음에 들지 않았다.

내가 아홉 살 때, 우리 가족은 유타주로 이사했고 얼마 안 돼 부모님이 이혼했다. 오빠인 제이피스와 나는 아빠와, 여동생들은 엄마와 함께 살게 되었다. 유타주 세인트조지에 위치한 우리 마을에서는 여자아이들이 모르몬교 교리에 따라 착한 아내이자 어머니로 성장하길 기대했다. 여자가 이공 계열에 관심을 가지는 것은 (이공 계열이 꽃꽂이 수업을 의미하지 않는 이상) 있을 수 없는 일이었다. 여자아이에게도 유타주의 출생률에 기여하는 것 외에 수많은 일을 해낼 만한 잠재력이 있다는 사실을 어른들은 아예 생각지도 않는 듯했다. 우리 마을에서는 여자아이가 대학에 진학하는 대신 스물한 살 전에 결혼해서 아이를 가질 가능성이 훨씬 더 컸다.

1990년대 후반에서 2000년대 초반 사이, 유타주 남서부에 인터넷 서비스가 들어오기 시작했다. 스마트폰은커녕 집 전화 회선으로 인터넷에 접속하던 청소년 시절, 내가 인터넷을 이용할 일이라고는 고작 음악을 다운로드하거나 MSN 메신저 대화를 하는 정도였다. 학교에서 컴퓨터와 관련하여 경험한 일 중에는 이메일도 작성할 줄 모르던 나이 든 여자 선생님의 '컴퓨터 수업' 시간에 「오리건 트레일(Oregon Trail)」 (1971년에 나온 교육용 게임—옮긴이)이라는 게임을 했던 것이 가장 기억에 남는다. 그러고 보면 내가 아직까지 자판을 보면서 타자를 치는 것도 당연한 일이다. 내 어린 시절 교육에서 컴퓨터를 활용하거나 각종 정보에 자유롭게 접근할 수 있다는 점은 큰 의미가 없었다. 그 당시 고등학교는 배움과 발견의 터전이라기보다 낮 동안 아이들을 잡아두기 위한 장소로만 느껴졌다. 나는 유급 없이 졸업할 만한 성적과 출석률을 유지했지만, 여전히 무지했다.

모르몬 교회는 젊은 여성들이 2년간의 선교 활동을 마친 남성과 결혼하도록 장려했다. 젊은 남성들이 19세부터 21세까지 선교 활동으로 자리를 비우는 동안에는 여성들도 다른 할 일을 찾아야 했다. 내 친구들 중 미국에서 고등학교를 졸업한 평범한 아이들과 같은 길을 가는 사람은 단 한 명도 없었다. 누구도 대학교에 지원하지 않았고, 따라서 부모님의 도움을 받아 대학 기숙사로 이사하는 일도 없었다. 어떤 친구들은 간단한 일자리를 구하기도 했다. 적성과 상관없이 취미 삼아 미용학교에 다니는 친구도 있었다. 나를 포함한 몇 사람은 가까운 딕시주립대학에서 강의 한두 개를 수강하기 시작했다. 줄만 서면 들어갈 정도로 입학 문턱이 낮은 곳이었다.

어느 평범한 저녁, 나는 당시에 어울리던 친구들과 모여서 남자 이야기를 나누거나 과제나 돈에 관해 불평도 하고, 다음 주말에 라스베이거스에서 열릴 콘서트에 갈지 솔트레이크시티로 '올라가서' 쇼핑을 할지 의논하기도 하며 시간을 보내고 있었다. 그때 캐미가 동부 해안으로 가서 보모 일을 할 계획이라는 이야기를 꺼냈다.

"어떻게?" 우리는 몹시 궁금했다. "보모 일이라는 게 정확히 뭐야? 돈도 줘?"

캐미의 말에 따르면 프로필을 작성하고 검색하기만 하면 보모를 구하는 가족과 연결되는 온라인 사이트가 있다고 했다. 유타 출신 보모는 그 사이트에서 인기가 많았다. 모르몬교 여자는 (이론적으로는) 아이를 보살펴본 경험이 많고 술이나 약물을 하지 않으며, 남의 배우자를 유혹하지 않는다는 인식 덕분이다.

그렇게 마을을 벗어날 방법을 알게 된 지 며칠 지나지 않아 우리 중 몇 명은 해당 사이트에 계정을 만들었다. 친구들 눈에 보모 일자리는 고등학교 졸업 이후 일생의 동반자를 물색하기 전까지 사회를 체험해볼 기회로 보였다. 나도 마침 대학 생활에 별 감흥도 없고 작은 마을에서의 삶이 지루해 죽을 맛이었으며 이 넓은 세상에 비해 내가 얼마나 무지한지 막 깨닫고 있던 터라, 그 사이트에 가입하여 구인 목록을 훑어보기 시작했다.

그러던 중, 독일에 살고 있는 영국 여성 마리가 눈에 들어왔다. 마리는 20대 후반의 언론 관계 전문가로, 상당히 세련된 인상의 소유자였다. 마리에게는 루이스라는 세 살짜리 예쁜 아들이 있었는데, 그녀는 아이를 룰루라는 애칭으로 불렀다. 새하얀 머리카락과 커다란 푸른 눈에 환한 미소를 지닌 룰루는 무척 사랑스러운 아이였다.

마리와 룰루는 네덜란드 국경에서 가까운 서독 지역 군사기지에 살고 있었다. 마리의 남편 제임스는 영국 육군 소속으로, 그 당시 중동 지역에서 복무 중이었다. 마리는 자신과 루이스를 도와줄 오페어(au pair, 외국 가정에 입주하여 아이 돌보기 등의 집안일을 하고 약간의 보수를 받으며 언어를 배우는 유학생―옮긴이)를 구하고 있었다. 숙식은 물론 주당 100유로의 수당까지 지급하는 조건이었다. 나는 마리에게 오페어 자리에 관심 있다는 메시지를 보냈다. 그렇게 이메일을 두세 번 주고받으며 우리는 서로 잘 맞을 것이라 판단했고, 나는 그로부터 일주일 안에 첫 여권 신청과 독일행 편도 항공권 예약을 마쳤다. 부모님도 내가 얼마나 간절히 변화를 원했는지 알고 있었던 터라, 내 계획을 긍정적으로 받아들였다. 나는 아빠가 사준 큼지막한 캐리어에 내 소지품 절반을 채워 넣고 크리스마스 다음 날 라스베이거스에서 비행기에 올랐다.

코펜하겐을 경유할 때였다. 출입국관리사무소 직원에게 여행 서류를 내밀자 직원이 도장 하나 찍히지 않은 나의 새 여권을 훑어보면서 나지막이 물었다. "외국은 처음인가요?"

나는 고개를 끄덕이며 떨리는 목소리로 대답했다. "네."

그러자 직원은 미소를 지으며 말했다. "당신 여권에 첫 번째 도장을 찍게 되어 영광입니다."

나는 덴마크인 직원의 뛰어난 영어 실력에 놀람과 동시에 나의 부족한 어학 실력에 부끄러움을 느끼면서 여권을 돌려받았다. "고맙습니다. 여기 오니 좋네요."

마리와 룰루가 뒤셀도르프 공항으로 나를 데리러 나왔다. 쑥스러운지 엄마 주변만 서성거리던 룰루는 「뚝딱뚝딱 밥 아저씨(Bob the Builder)」(1998년부터 영국 BBC에서 방영한 인기 만화—옮긴이) 그림이 그려진 장화를 신고 파란색, 노란색이 들어간 비옷 아래 파자마를 입고 있었다. 내가 밤에 도착하는 바람에 기지 관사에 도착할 때쯤이면 룰루가 자야 할 시간이 될 터였다. 기지 관사는 앞으로 내가 지낼 곳이기도 했다.

나는 룰루와 함께 뒷좌석에 앉았다. 룰루는 미국식 영어를 들어본 적이 거의 없었고 나도 영국식 억양에 익숙하지 않았다. "룰루, 안녕. 너는 어떤 놀이를 좋아하니?" 내가 먼저 물었다.

내 질문이 마음에 안 들었는지 룰루가 다시 물었다. "누나가 내 페어가 되는 거야?"

나는 고개를 끄덕였다. "내가 네 오페어가 될 거야. 우리 앞으로 같이 놀면서 재미있게 지내보자."

룰루와 나는 죽이 잘 맞는다는 말로도 부족할 정도로 잘 어울렸다. 우리는 불과 12킬로미터를 가는 사이 서로에게 마음을 빼앗겼다. 룰루가 내 억양을 알아들으려고 애쓸 때마다 나는 스파이스 걸스 흉내를 내며 최선을 다해 영국식 억양으로 이야기했다. 나도 영국식 어휘를 배워야 했다. 내가 어떤 단어를 말했을 때 룰루가 미간을 찌푸리며 무슨 말인지 모르겠다는 신호를 보이면 나는 마리를 쳐다봤고, 마리는 내게 그 단어의 영국식 표현을 알려줬다. 케첩은 영국 영어로 토마토

소스, 자동차 트렁크는 부트, 자동차 후드는 보닛, 거실은 라운지라는 것을 알게 됐다. 이때 배운 영국식 표현은 그로부터 10년 후, 호주에서 미래의 남편 브렌트를 만나면서 더욱 빛을 발했다.

내 인생은 BBC를 보기 전과 후로 나뉜다. 매일 아침, 마리는 출근 준비를 하면서 BBC 뉴스를 틀어두곤 했다. 그리고 싱크대 앞에 선 채로 거울을 보며 화장을 했다. 마리는 당시 정치 이슈를 조용히 읊으면서 동시에 리퀴드 아이라이너로 완벽한 캣아이를 그려냈다.

독일에서 맞이한 첫 번째 아침, 나는 시차로 인한 피로와 흥분이 뒤섞인 기분으로 일어났다. 그렇게 아래층으로 내려가자마자 마주친 것은 지진해일로 황폐화된 지역의 영상이었다. 남아시아 대지진으로 박싱데이에 지진해일이 발생했고, 이로 인해 14개국에서 20만 명 이상이 목숨을 잃었다고 했다. 난생처음 보는 광경이었다. 나는 열여덟 살이 되어서야 마침내 이 세상이 나 자신과 유타에서의 삶보다 훨씬 거대하다는 사실을 체감하고 있었다. 그러한 세상을 배우고 탐험하는 과정은 내게 무엇보다도 큰 도움이 되었다.

독일에서 어울렸던 친구들은 모두 젊은 영국 군인이었다. 그들은 나를 마을 안팎으로 데리고 다녔다. 그때 처음으로 술을 접했으니, 내가 술이 센 것은 모두 그 친구들 덕택이다. 어느 날 밤, 나와 친구들이 뮌헨글라트바흐의 한 바에 들어가려고 우르르 모여들었을 때였다. 맨 뒤에 서 있던 나는 일행 중 마지막으로 문 앞에 다가가 신분증을 확인하는 사람에게 여권을 보여줬다.

"미국인이네요." 그가 말했다.

"네." 나는 대답했다.

"당신 나라에 대해서 나보다 더 잘 안다는 사실을 보여주면 들여보내줄게요." 그의 말에 나는 바깥에 있던 목재 테이블에 걸터앉으며 말했다. "그럼 여기에 자리를 잡아야겠네요."

그는 다른 사람들의 신분증을 확인하면서 20분 동안 이야기를 이어갔다. 조지 부시가 좋은 대통령이 아니며, 미국인들은 여행을 더 많이 다니면서 자신들이 생각보다 위대하지 않다는 사실을 깨달아야 한다고 자신의 생각을 들려주었다. 나는 고개를 끄덕일 뿐이었다. 바로 몇 달 전, 나는 열여덟 번째 생일이 지나고 넉 달 만에 생애 첫 투표를 하면서 부시의 재선에 표를 보냈던 터였다. 내가 자란 마을에서 공화당이란 모르몬교의 동의어나 마찬가지였고 부모님은 정치에 관해 일절 언급하지 않았기에, 당시 나는 다른 선택지가 있다는 사실조차 인식하지 못했다. 그는 그런 내가 불쌍해 보였는지 친구들과 함께 바에 들여보내줬다. 하지만 들떴던 마음은 이미 온데간데없이 사라진 뒤였고 그 자리에는 내가 세계적으로 평판이 좋지 않은 나라의 국민이며 나의 무지함도 그러한 원인에 한몫했다는 생각만이 가득하여, 나는 정신이 번쩍 들었다.

마리를 만나면서 내 인생은 달라졌다. 그동안 만나본 사람 중 대학 학위 소지자이면서 그토록 독립적이고 지적이며, 한 아이의 엄마인 동시에 당당하게 직업에 종사하며 스스로 돈을 버는 여성은 마리가 처음이었다. 아이를 사랑하는 엄마로서 마리는 룰루의 관심사를 키워주는 데 시간과 노력을 쏟았다. 매일 아침, 룰루가 장난감 주방에서 장난감 식사를 만드는 동안 마리는 아이의 방에 함께 있어주곤 했다. 그들은 유로팝 베스트 40곡을 틀어놓고 춤을 추기도 했다. 내가 헤어 분필로 룰루의 머리카락에 파란색과 초록색을 칠해줄 때면 마리는 "와, 룰루, 너 정말 멋있다!" 하고 칭찬을 아끼지 않았다. 마리는 군대에서 추구하는 남성상에 맞지 않더라도 룰루가 자신이 좋아하는 놀이나 옷, 장난감 등을 자유롭게 누리길 바랐다. 그렇게 독일에서 9개월을 지낸 뒤, 나는 유타로 돌아가기로 결정했다. 마침내 대학에서 제대로 공부할 마음이 생겼기 때문이다. 나는 대학이 결혼하기 전의 어중간한 시간을 보내는 과정이 아님을 깨달았다. 교육이 나를 변화시킬 커다란 계기가 되리라 믿었다.

나는 결혼과 육아보다 학위와 독립, 새로운 경험을 원했다. 이 모든 일을 동시에 해낼 수도 있겠지만, 만약 당장 가정부터 꾸린다면 나중에 뒤늦게 학위를 따기는 힘들 것 같았다. 나는 비로소 내 안의 잠재력을 발견했다. 아무도 알지 못했거나, 혹은 알았어도 관심이 없어 밀어주지 않았거나, 일부러 억눌렀을 다양한 가능성을 깨닫게 된 것이다.

내가 사회정의이자 내 평생 과업이 될 가치를 위해 나서기 시작한 것은 유타주 딕시주립대학의 한 강좌에서였다. 학생들의 설득력 있는 글쓰기 기술을 향상시키는 데 목표를 둔 영어 강좌였는데, 우리는 매주 특정 주제를 논의한 후 이에 관한 각자의 입장을 바탕으로 에세이를 써야 했다. 수업 시간에는 교재를 중심으로 테러 행위와 가정 폭력 등에 관한 토론이 진행됐다. 나는 교재 뒷장을 미리 들춰보다가 동성애와 평등한 결혼의 권리를 다루는 장을 발견하고서 흥분을 억누를 수가 없었다. 대부분 모르몬교 신자로 이루어진 강좌에서, 동성애를 지지해야 하는 이유에 대해 이야기할 날만을 손꼽아 기다렸다.

그 당시 나는 캐미의 오빠 타일러가 자신이 게이임을 고백했다가 모르몬교 신자인 어머니로부터 외면당하는 모습을 목격한 터였다. 캐미도 어머니와 새로운 남자 친구 폴의 영향을 받아 성 소수자와 동성결혼을 더욱 편협한 관점으로 보게 되었다. 타일러를 생각하니 마음이 아팠다.

그때까지 내가 아는 사람 중에 커밍아웃한 동성애자는 타일러가 유일했다. 나는 그제야 그 이유를 깨달았다. 동성애자임을 밝히려면 가족이나 친구들과의 관계가 망가질 위험을 감수해야 했으며, 동성애 행위를 죄악으로 보는 문화와 공동체에서 배척당할 각오도 해야 했다. 내가 살던 작은 마을에서는 자신이 동성애자라는 사실을 수치스럽게 여기고 숨겨야만 했다. 우리 부모님은 나를 동성애 혐오자로 키우지 않았지만, 그렇다고 해서 성 소수자 문제를 지지하도록 교육하지도 않았다.

그러나 10대가 되자 자연스레 나만의 견해를 가지게 되면서, 나는 동성 간의 교제가 정당한 관계로 인정받아야 한다고 굳게 믿었다. 그때까지는 나 자신이 퀴어라는 사실을 아직 깨닫지 못하고 있었다. 나는 동성 교제를 인정하거나 허용하기는커녕 거의 언급하지도 않으며 이에 관해 좋은 쪽으로 이야기하는 일조차 전무한 문화 속에서 자랐음에도 불구하고, 실은 내가 여자아이에게도 낭만적인 감정이나 성적 욕구를 느낀다는 사실을 깨달았다. 하지만 본능적으로 이를 억누르고 무시하면서 남자아이들에게 관심을 집중하려고 노력했다. 생존 전략이었을까? 나는 '기도로 동성애를 치유하자'는 해결책을 제시하거나, 동성애를 느끼는 사람에게 하느님이 시험하는 것이라고 말하고, 부모가 청소년 자녀에게 성적 지향 전환 치료(동성애나 양성애인 성적 지향을 이성애로 전환한다고 주장하는 치료법으로, 주요 학계에서 사이비 과학으로 비판받고 있다—옮긴이)를 강요하여 정신적인 상처를 입히고, 딸에게는 한 남자의 아내가 되는 것을 삶의 목표로 삼아야 한다고 가르치는 문화 속에서 자랐다. 잠시 유타를 떠나보고서야 나는 어엿한 인간으로 성장할 수 있었다. 인간의 다양성은 경이로운 일이며 동성애는 아름다운 다양성의 일부라는 사실을 깨달았고, 더 이상 그 문제에 관해 침묵하지 않기로 결심했다. 드디어 내 친구들에게도 자신의 양육 환경을 비판적으로 고려해보고 자신만의 견해를 펼칠 기회가 찾아온 것이다.

그런데 교수는 해당 장을 건너뛰고 다음 장(아마도 생물 복제를 다룬 장이었을 것이다)으로 넘어가버렸다. 나는 '토론의 목표'라는 이름의 강좌에서 정작 내가 중요하게 생각하는 주제를 토론하지 못한다는 사실에 매우 실망했다. '동성애 언급 금지법'[8]의 제약 아래 유타고등학교를 다녔던 딕시주립대학 학생들이야말로 그 누구보다도 동성 교제에 대해 공부하고 동성애의 정당성을 이해할 필요가 있었다.

나는 이메일로 교수에게 면담이 가능한지 문의했다. 그리고 사무실로 찾아가 준비한 이야기를 쏟아냈다. 강의 시간에 동성 결혼 문제를 꼭 논의해야 한다고 교수를 설득해볼 작정이었다.

"동성애자 및 그들이 직면한 문제에 관해 이야기해본다면 저뿐만 아니라 다른 수강생들에게도 굉장히 유익한 시간이 될 거예요." 나는 말했다. "저는 우리가 그 문제를 논의하지 않는다는 데 매우 실망했고, 교수님이 해당 내용을 건너뛴다면 근본적으로 그 주제가 중요하지 않거나 학생들에게 별 의미가 없다고 말하는 것이나 마찬가지라고 생각해요. 이곳은 대학이니, 학생들이 진정한 배움을 통해 사회의 구성원으로 성장할 수 있도록 불편한 주제를 꼭 다뤄야 해요!"

책상 맞은편에 앉아 내가 할 말을 다 쏟아낼 때까지 묵묵히 듣기만 하던 교수는 붉은 테 안경을 벗은 다음, 침착하면서도 친절한 목소리로 물었다. "고마워요, 카일. 다 끝났나요?"

나는 고개를 끄덕였다. "네, 일단은 그런 것 같아요."

교수는 지난 학기에는 동성 결혼에 관한 장을 건너뛰지 않았다고 말했다. 그러나 수강생들은 강의 시간 80분 내내 잔인한 동성애 혐오 발언을 쏟아냈다. 그녀는 동성애자의 권리를 지지하는 방향으로 논점을 끌어가고자 노력했지만, 동성애자는 하느님이 부여하신 역할을 저버린 쾌락주의 죄인이라고 소리치는 서른 명의 학생들에게는 역부족이었다.

교수는 잠시 망설이다가 아래를 보며 숨을 한 번 크게 들이쉬더니 다시 안경을 썼다. 그리고 자신에게도 게이 형제가 있다고 털어놓으며, 그를 매우 사랑하고 지지하므로 교수로서 학생들과 맞서야 한다고 생각하지만, 한편으로는 자신도 사람이라고 말했다. 지난 학기의 기억이 그녀에게 꽤 큰 상처로 남은 탓에, 그 상황을 되풀이할 자신이 없었던 것이다. "만약 내 강의에 동성애자 학생이 있다면 어떻게 되겠어요? 그 학생이 한 시간 반 동안 동성애를 혐오하는, 무지하고 악의에 찬 학생들의 욕설을 듣게 되는 건 생각하기도 싫어요."

나는 그녀가 그런 일을 겪었다는 사실에 마음이 아팠다. 이번 학기에 그 장을 건너뛴 이유도 이해할 수 있었다. 내가 자리에서 일어나 배낭을 메자, 교수가 말했다. "학생이 원하는 걸 꼭 이루길 바라요."

나는 숨을 크게 들이마신 다음 "저도요" 하고 대답하고는 사무실을 나왔다.

그 당시 나는 대학 수강료와 공과금을 충당하기 위해 보험회사에서 근무하고 있었다. 유난히 일이 고됐던 어느 날, 딕시주립대학 웹사이트의 전공 목록을 살펴보다가 얼마 안 되는 선택지에 실망한 나는 다른 학교의 전공도 탐색해보기로 했다. 새로운 창을 열어 'UCLA 전공'을 검색하고 첫 번째 결과를 클릭하자, 눈이 튀어나올 만큼 긴 목록이 떠올랐다. '잠깐만! 뭐지? 이 전공들은 다 뭐야? 이런 걸 전공으로 신청하고 배우기만 하면 학위가 나온다는 거야?' 나는 목록을 자세히 들여다봤다. 각 전공을 하나하나 읽어 내려갈 때마다 지진과 같은 강렬한 흥분이 샘솟았고, 내 머릿속은 지진파를 기록하는 리히터 규모처럼 바삐 돌아갔다. 인류학, 동양 종교, 생물물리학, 화학, 멕시코계 미국인 문화 연구, 기후학, 경제학, 공학, 지질학…… 그중 '젠더 연구'라는 항목이 내 눈길을 끌었다. '젠더 연구? 젠더 연구가 뭐지?' 해당 링크를 클릭하자 젠더 연구 전공 사이트로 연결됐고, 나는 순식간에 그

속으로 빨려 들어갔다. 주요 입학 요건과 교수진의 이력 등을 차례로 클릭하며 모든 설명을 빠짐없이 정독했다. 책상 위의 전화기가 울리자 그제야 현실로 돌아올 수 있었다.

나는 젠더 연구를 전공하기로 결심했다. 그 당시 나의 학문적 배경이나 매우 저조했던 ACT(미국 대학 진학 시험 —옮긴이) 점수로는 UCLA에 곧바로 입학하기 어려웠지만, 그 길이 바로 내가 찾던 길임은 분명했다. 젠더 연구에는 젠더와 사회 정체성 및 관습 간의 관련성을 살펴보는 학제 간 연구 분야가 포함돼 있었다. 권력과 계급 체계, 불평등의 문제를 파헤치고 이에 저항하는 문학과 학문의 바다 속에 나도 뛰어들고 싶었다. 내가 유타주의 젊은 여성 모두를 구할 수는 없겠지만 나 자신을 구해낼 수는 있었다. 나는 곧바로 약간의 조사 끝에 계획을 세웠다.

며칠 후, 학기가 끝나는 대로 코라 이모 집에 들어가기로 합의했다. 직장에는 사표를 냈고, 일단 리버사이드커뮤니티칼리지에 지원했다가 추후에 UCLA로 편입하기로 결정했다.

마침내 캘리포니아주 리버사이드에 도착하자, 마치 에메랄드시티에 당도한 도로시(『오즈의 마법사』의 주인공 도로시는 집으로 돌아갈 방법을 찾기 위해 노란 벽돌 길을 따라 오즈의 마법사가 있는 에메랄드시티로 떠난다 —옮긴이)가 된 기분이었다. 캘리포니아는 매연이 다소 심했지만 주간 고속도로 제15호선 I—15은 곧 노란 벽돌 길이었고, 그 길을 따라 운전하는 동안 「낙관적인 목소리(Optimistic Voices)」(뮤지컬 영화 「오즈의 마법사」 수록곡 —옮긴이)를 불러주는 합창단만 있다면 완벽할 것 같았다.

리버사이드에서 보낸 1년은 실로 굉장했다. 등교 첫날만 해도 이

전에 만난 이들을 합친 것보다 훨씬 더 많은 유색인종 사람들을 마주쳤다. 모의 유엔에 가입하여 중국 시안과 영국 런던에 다녀왔고, 모의 유엔총회에서 대사 역할로 만난 사람들과는 친한 친구 사이가 됐다. 학생회의 일원이 되면서 더 많은 친구를 사귀었으며, 학생회에서 전교생을 대표하여 회장 후보를 물색하는 일을 맡았을 때에는 여성 후보를 추천했고, '글로잉 백 투 스쿨(GLOWing back to school. Gay, Lesbian, Or Whatever'의 머리글자를 딴 GLOW를 빛난다는 의미의 glow와 같이 활용하여 재치 있게 만든 말—옮긴이)'이라는 이름의 성대한 댄스파티도 개최했다. 리버사이드 지역 성폭행 상담 센터에서 자원봉사를 하거나, 난생처음으로 '미국의 여성들'이라는 이름의 사회학 강의를 듣기도 했다. 스물한 살에 사귄 친구 태라는 내가 만난 최초의 (커밍아웃한) 레즈비언이었다. 태라는 동성 간 결혼의 적법성을 인정받기 위한 '주민발의안 8호 반대 운동(캘리포니아주의 동성 결혼 금지 법안인 주민발의안 8호에 반대하는 운동—옮긴이)'에 나를 동참시켰고, 지금까지도 내 가장 친한 친구 중 한 명이다.

유타에서 온실 속 화초로 자란 아이의 입장에서 세상이 얼마나 엉망진창인지 마침내 깨닫게 됐을 때의 충격은 상당하다. 내 친구들은 대체로 가난했으며, 그중에는 생계에 허덕이는 젊은 부모도 있었고 어떻게든 교육받을 방법을 찾으려 애쓰는 불법 이민자도 있었다.

나는 낮 시간의 대부분을 강의실에서 보냈고, 밤에는 병원에서 성폭행 피해자들을 돕곤 했다. 나는 노예제도, 식민주의, 인종차별주의, 외국인 혐오, 민권운동에 대해 배우고 성차별주의, 성폭행, 여성 혐오, 성전환자 혐오 등을 공부하면서 페미니즘에 빠져들었다. 이성애 중심

주의와 동성애 혐오, 스톤월 항쟁(the Stonewall riots, 1969년에 미국에서 일어난 동성애자 해방 운동—옮긴이), 동성애자 권익 수호 운동에 대해서도 배웠으며, 그 과정에서 새로운 관점으로 나의 성적 취향을 알아가다가 내가 양성애자라는 사실을 깨닫게 됐다.

말 그대로 치열한 한 해였다. 나는 사회의 권력 체계가 백인과 남성, 부유층에 유리한 방향으로 구성되고 확립되면서, 나머지 사람들이 억압받고 착취당하고 지배당하게 되는 과정을 인식하기 시작했다. 한번 깨닫고 나니, 주변에서 일어나는 모든 불평등과 배척, 부당한 행위, 그리고 나 자신이 그로부터 부당한 혜택을 얻게 되는 과정을 더 이상 못 본 척할 수 없었다. 하지만 이와 동시에 내가 부당함에 맞서 싸우며 새로운 가치를 구축하는 데 힘을 보탤 수 있다는 사실도 깨달았다.

나는 캘리포니아의 수많은 진보주의자와 뜻을 함께하며 포용력으로 가득한 새로운 대학 강의실에서 신념을 키워나가리라 생각했으나 늘 그렇지만은 않았다. 동성 결혼은 리버사이드커뮤니티칼리지의 최대 관심사이자 논란의 여지가 많은 주제였지만, 적어도 내가 수강하던 강의들은 이를 토론 주제에 올렸다.

'미국의 여성들' 강의에서는 정치에 종사하는 여성들에 관한 수업을 듣던 중, 한 남학생이 자신은 진보적인 레즈비언 사상의 지배 따위 필요 없다고 소리치며 뛰쳐나간 일이 있었다. 내가 유일한 백인 학생이었던 '아프리카계 미국인의 역사' 강의실에서는 흑인 기독교 신자 학생 몇 명이 동성 결혼은 하느님이 인정하는 관계가 아니라고 주장하며, 자신들은 캘리포니아주 내 동성 결혼을 금지하는 주민발의안 8호에 찬성표를 던질 날만 손꼽아 기다리고 있다고 말했고, 나는 그저 침묵을 지켰다.

그때 우리를 가르치던 교수는 출신 대학교에서 역사학 박사 학위를 취득한 최초의 흑인 여성이었다. 교수는 학생들의 의견을 듣고 난 뒤, 강의실 앞에 서서 부드러운 목소리로, 학생들이 동성 결혼에 반대하며 내세우는 주장들이 그리 오래지 않은 과거에 백인들이 다른 인종간의 결혼에 반대하며 내세웠던 주장과 매우 비슷하게 들린다고 이야기했다. 교수는 수강생들에게 "학생들이 미래를 창조하겠다는 마음으로 투표소에 걸어 들어갈 때, 이 나라의 역사를 꼭 기억하세요"라고 말했다.

리버사이드칼리지 교수 중 세 사람이 나에게 특별한 관심을 보였다. 그중 한 사람은 모의 유엔 고문이었던 랭스턴 박사였다. 함께 런던 모의 유엔 회의에 다녀온 뒤, 그가 내게 물었다. "박사과정을 밟을 생각은 없나요?"

나는 웃었다. 유타 출신의 시골뜨기였던 나는 박사 학위가 무엇을 의미하는지도 몰랐다. 하지만 정치학자, 사회학자, 역사학자인 세 명의 교수가 나를 변화시켰다. 내가 젊은이들의 삶에 변화를 가져다주고 그들이 더욱 높은 사회적 의식을 함양하는 데 기여할 수 있을지 궁금해졌다.

"저 이제 집에 가려고요." 나는 아빠에게 전화로 이야기했다.

"그래? 무슨 일 있니?" 아빠가 물었다.

"학업을 이어가고 싶은데, 그러려면 솔트레이크로 이사해야 할 것

같아요." 내가 대답했다. 유타대학교에서 젠더 연구 과정을 마친 다음,
유타주 거주자 학자금 혜택을 받아 대학원에 지원할 생각이었다.

아빠는 내가 원하는 일이라면 웬만해서는 반대하거나 압력을 가하
지 않았다. 대개는 "네 생각에 최선이라면 뭐든 하렴, 카일리 와일리"
와 같은 대답이 이어졌다.

나는 아빠와 아빠의 아내 에이프릴의 집으로 다시 이사하여, 딕시
주립대학에서 전문학사 과정을 빠르게 마무리하고 5년 만에 학위를
취득했다. 그리고 3년에 걸쳐 세 번째로 또다시 모든 소지품을 작은
폰티액 바이브에 싣고 솔트레이크시티로 이사한 다음, 유타대학교에
서 젠더 연구 과정을 시작했다.

3장

중심축

　유타대학교에서 페미니즘 이론 수업을 듣던 중, 교수의 권유로 각각 캐나다와 영국에서 정해진 젠더 없이 양육된 아이 스톰과 사샤에 관한 신문 기사를 접하게 되었다. 그리고 로이스 굴드가 1978년에 저술한 에세이 「X: 양성적 어린이의 이야기(X: A Fabulous Child's Story)」(국내에는 또하나의문화 출판사에서 펴낸 『평등한 부모 자유로운 아이』와 휴머니스트 출판사에서 펴낸 『국어시간에 소설읽기 3』에 수록되어 있다—옮긴이)도 읽었다.

　처음에는 그저 호기심에 사로잡혀 기사와 에세이를 읽기 시작했지만, 나는 이내 감명을 받았다. '정말 합리적인 생각이야. 젠더를 직접 탐색해보고 이분법적 고정관념의 한계를 벗어나 살아가도록 도와주다

니, 아이에게 얼마나 좋은 선물이 될까.'

사샤와 스톰에 관한 기사 하단의 댓글난이 눈에 들어왔다. 익명의 전 세계 네티즌들이 그 가족에게 무시무시한 말들을 쏟아내고 있었다. 댓글들은 종교와 신, '과학적' 사실이라는 단어를 언급하면서, 성별은 오직 남성과 여성으로만 이뤄지는 것이며, 이와 다른 주장을 하는 사람들은 부모가 될 자격도, 더 나아가 이 세상에서 살아갈 자격도 없다고 말했다. 성전환자 혐오와 동성애 혐오, 여성 혐오 경향이 뚜렷하게 드러났다. 나는 그동안 받은 교육을 통해, 이처럼 증오에 찬 네티즌들의 잘못된 생각과 믿음에 반박할 역사적, 과학적 근거를 얻을 수 있었다. 온라인상의 독설을 엿보고 나니 사회 구성원들에게 성별과 젠더의 복잡성을 인식시키고 이해시키려면 아직도 얼마나 먼 길을 가야만 하는지, 또한 가부장제를 해체하는 일이 얼마나 중요한지 깨닫게 되었다.

젠더 연구 강의 시간에 이뤄지는 토론에서조차도, 아이의 젠더를 공개하지 않음으로써 젠더를 배정하지 않는 육아 방식은 이상적인 생각일 뿐이며, 현실에서 실행하기란 불가능한 일로 간주되곤 했다. 나는 동의할 수 없었다. 사샤의 부모도, 스톰의 부모도 이를 해내고 있었다. 수백, 수천까지는 아니더라도 수십 곳의 가정에서 이를 실제로 해내고 있으리라. 엄청난 인내심과 헌신이 뒷받침된다면 젠더 프리 육아는 확실히 가능할 것이다.

나는 이 세상에 젠더 프리 육아 운동이 필요하다고 믿는다.

스물네 살의 나는 부모가 되는 일에 아직 관심이 없었다. 학위 과정을 마치고 나면 끝내주게 멋지고 능력 있는 사람이 되리라 작정하고 있었다. 하지만 젠더 프리 육아는 어딘가 나를 매혹시키는 면이 있었다. 나는 그러한 생각을 마음 한구석에 넣어뒀다가 언젠가 부모가 되겠다는 결심이 서면 다시 꺼내보기로 했다. 또한 '내가 만약 젠더 프리 육아를 공개적으로 지지하게 되더라도 절대 댓글을 읽지 않겠다'는 결심도 했다.

젠더 연구 학위 과정을 마친 뒤, 나는 유타대학교에서 사회학 박사과정을 시작했다. 6년 동안 내가 대학원에서 한 일은 사회적 불평등에 관한 과학 연구 자료를 읽는 것이었다. 자료를 읽는 동안, 나는 젠더가 인간의 사회, 건강, 경제적 결과의 가장 중요한 예측 변수라는 사실을 계속해서 확인할 수 있었다.

남성이 사고나 의도치 않은 부상으로 사망할 확률이 여성보다 두 배나 높다는 사실[9]은 매우 놀라웠다. 또한 미국에서 남성이 자살할 확률은 여성보다 3.5배나 더 높았다.[10] 남성은 일생 동안 이뤄지는 사회화로 인해, 사고사나 의도적이지 않은 죽음, 자살로 생을 마감할 확률이 더 높은 것이다.[11]

이러한 통계들은 남자아이들이 여전히 "강해져라, 겁내지 마라, 남자는 울면 안 된다, 남자답게 행동해라, 남자아이들은 다 그렇다, 스스로 해결해라"와 같은 말을 너무 자주 들으며 자란다는 사실을 일깨워 줬다. 남자아이들은 대체로 어린 나이부터 상처는 남자다움의 증거이며 자주 위험을 감수하고 조심하지 않을수록 강해진다는 믿음을 주입받는다. 물론 사고는 늘 일어나는 일이지만, 나는 남자아이와 남성의 의미를 바로잡음으로써 얼마나 많은 목숨을 구할 수 있을지 궁금해졌다. 만약 남자아이들에게 어릴 적부터 자신의 한계를 파악하고, 무언가 잘못되었다고 느낄 때 "아니요, 저는 괜찮아요"라고 말하는 것이 중요하다고 가르친다면 어떻게 될까.

나는 이러한 연구를 통해, 성인기의 성차별을 목격할 때마다 어린 시절과의 연관성을 들여다보게 되었다. 어린이들이 평등과 다양성, 포용, 수용, 호의, 존중, 협력, 공정성의 개념을 이해하도록 도우려면 사회가 어디에 중심축을 두고 노력했어야 하는지 깨달았다. 그러나 그 대신 아이들은 젠더 구분으로 인해 분리되고 경쟁하게 되며, 젠더는 이것 아니면 저것뿐이므로 이것이 아니라면 저것을 얻을 수 없고, 저것이라면 이것을 가지고 놀 수 없다는 말을 들으면서 자라나고 있었다. 청소년기와 성인기에 젠더와 관련된 부정적 현상들이 그토록 많이 발생하는 것은 당연한 결과로 느껴졌다.

이공계 직업 종사자 중 28퍼센트는 여성이다. 중학교와 고등학교 초반부까지는 과학 수업 시간에 대체로 양성 평등이 이뤄지지만 고등학교 후반부와 대학교 때부터 여성의 진로 이탈 현상이 시작된다. 여성 교수진은 찾아보기 힘들고 이공계 분야의 여성들은 남성보다 훨씬 많은 고정관념과 차별을 마주한다. 그러나 이러한 현상의 실마리를 따라가다 보면 그 시작점은 대학교가 아닌, 유치원 혹은 그보다 더 어린 시절에서 발견된다.

나는 '고정관념 위협'을 공부하며 좌절감을 느꼈다. 고정관념 위협이란 자신이 속한 집단에 관한 부정적인 고정관념을 알고 있는 것만으로도 수행 능력에 부정적인 영향이 발생하는 현상을 가리키는 말이다. 남자가 여자보다 수학을 잘한다는 고정관념을 알고 있는 여자아이들에게 수학 시험 전 이 고정관념을 상기시키면, 그들은 남자아이들보다 낮은 점수를 받게 된다. 만약 이러한 고정관념을 상기시키지 않으면 여자아이들은 남자아이들과 비슷한 점수를 받는다. 나이가 많을수록, 여자가 남자보다 수학과 과학을 잘하지 못한다는 고정관념의 영향을 크게 받는다. 이는 젠더에 국한된 문제가 아니다. 지난 20년간 발표된 수백 건의 연구 결과는 인종과 계급, 나이 등의 특성과 관련된 고정관념 위협이 각각 어떤 영향을 초래하며, 이들 간에는 어떠한 교집합이 있는지 보여줬다.[12]

  '총명함'에 관한 고정관념은 일찍이 나타난다. 2017년, 한 연구팀이 수행한 연구 결과가 학술지 『사이언스』에 실렸다.[13] 연구팀은 남성이 여성보다 더 똑똑하다는 고정관념을 몇 살 때부터 믿게 되는지 알아내고자 했다. 그들은 다섯 살부터 일곱 살 사이의 아이들을 모집하여 각각의 아이에게 '정말, 정말 똑똑한 사람'에 관한 이야기를 읽어준 다음, 네 장의 사진을 보여줬다. 두 장은 여성의 사진이었고 나머지 두 장은 남성의 사진이었으며, 모두 아이들이 한 번도 본 적 없는 성인들의 사진이었다. 연구팀은 아이에게 "네 생각에 누가 이 이야기 속에 나온 정말, 정말 똑똑한 사람인 것 같니?" 하고 물었다. 다섯 살 아이들은 모두 자기 자신과 같은 성별의 사람을 고르는 경향을 보였다. 다섯 살 여자아이는 여성의 사진을 가리키며 말했다. "이 여자가 정말, 정말 똑똑한 사람이에요." 그러나 여섯 살에서 일곱 살 여자아이들의 경우, 자신과 같은 성별의 사람을 고르는 확률이 남자아이들에 비해 현저히 낮아졌다. 여섯 살에서 일곱 살 남자아이들이 남자 사진을 고르는 경향은 오히려 더욱 커졌는데, 이는 같은 나이의 여자아이들도 마찬가지였다. 이것은 아이들이 대략 여섯 살 때부터 남성이 여성보다 지적 능력이 뛰어나다는 고정관념을 지지하게 된다는 사실을 증명해준다.

미국 내 성별 간 임금 격차[14]에 관해 국가적 논의가 이뤄지고 있다. 나는 어린 시절부터 여자아이들이 집안일을 더 많이 하는데도 불구하고 남자아이보다 용돈을 적게 받는, 성별 간 용돈 격차[15]가 발생한다는 사실도 이처럼 사회적인 관심을 받았으면 좋겠다고 생각한다. 성별 간 임금 격차를 좁힐 때의 효과는 여자아이들에게 그들이 하는 일도 동등한 가치를 지닌다는 사실과 협상 방법을 가르쳐주는 데서 그치지 않는다. 이는 아무런 노력 없이도 남성에게 권력과 특권을 던져주는 가부장적 구조의 규범을 통해 남성이 기업 환경과 가정에서 부당한 혜택을 얻게 되는 과정을 남자아이들과 남성에게 알려주는 일이기도 하다.

어린 시절의 젠더 경계 또한 머릿속을 괴롭히는 생각 중 하나다. 여자아이가 '남자아이 영역'의 경계를 넘으면 보통 '톰보이(tomboy)'라고 불린다.[16] 반대로 남자아이가 이처럼 제멋대로 정해진 젠더 경계를 넘어 일명 '여자아이 영역'에 들어서게 되면, 창피를 당하거나 심지어는 훈육을 받기도 한다. '톰보이'와 달리 '톰걸'이라는 말은 거의 쓰이지 않는다. 그 대신 남자아이들은 계집애 같다는 소리를 들으며 놀림받는다. '사내 녀석이 뭐 하러 계집애처럼 놀고 싶어 하겠어?' 바로 이 문장 속에 문제점이 있다. 여성성과 남성성은 동등하거나 유동적인 개념이 아니라, 계층적인 개념이다. 남자아이와 남성은 여자아이와 여성보다 더 큰 권력을 지닌다.

'우리에게 성 평등을 이루고자 하는 생각이 조금이라도 있다면, 어린 시절의 사회화에 과감한 변화가 필요하다.' 대학원 시절, 내 머릿속에서는 이러한 생각이 떠나지 않았다. 나는 어린이들이 제한적인 이분법의 압박을 벗어나 자신의 정체성을 찾을 기회를 누려야 한다고 믿는다. 아이들은 서로 더 큰 행복과 격려를 주고받는 관계를 누릴 기회, 더욱 공정한 세상을 창조하고 그 안에서 살아갈 기회를 누릴 자격이 있다.

아직도 나에게 젠더 프리 육아가 좋은 결과를 이끌어낼지 증명하기를 요구하는 사람들이 많다. 아이가 태어나면서 배정된 이분법적 젠더를 따르건 따르지 않건, 아이를 있는 그대로 받아들이고 무조건적으로 사랑해준다면 긍정적인 결과가 따른다는 확실한 증거는 있다. 내가 받은 질문을 뒤집어보자. 외음부를 지닌 아이들과 음경을 지닌 아이들을 다르게 대우하는 전통적인 방식이 좋은 결과를 가져온다는 사실을 증명해낼 사람이 있는가? 나는 도저히 납득이 안 된다.

4장

먼저 사랑이 찾아오다

2014년 5월, 나는 호주 시드니에서 휴가를 보내고 있었다. 학위 논문 심사를 통과하고 사회학 석사 학위를 딴 직후여서, 여유를 즐길 시간이 절실했다. 그때쯤 온라인 데이트에 관해서는 반 전문가였던 나는 여행을 시작한 지 며칠 만에 틴더(Tinder)에 접속하여 현지에서 만날 상대를 찾아보기로 했다.

시드니의 틴더 목록은 솔트레이크시티에 비하면 금광이나 마찬가지였다. 하루 이틀 정도 목록을 훑어보다가 브렌트의 프로필과 사진을 발견했다. 그는 살짝 희끗희끗하지만 풍성하고 멋진 검은 머리에, 흠잡을 데 없는 스타일을 갖추고 있었다. 특히 한 장의 사진이 눈에 들어왔다. 그 사진 속에서 브렌트는 선글라스를 쓰고 오토바이에 앉아 멀리 노을을 바라보고 있었다. 그리고 완벽하게 어울리는 멋진 청바지를 입고 있었다. 나는 그의 프로필을 오른쪽으로 밀었다. 그러자 '커플 성사!'라는 메시지가 떴는데, 이는 브렌트도 이미 내 프로필을 오른쪽으로 밀었다는 뜻이었다.

주로 먼저 움직이는 편이었던 나는 첫 메시지를 뭐라고 보낼지 고민했다. 그러다가 한 가지 아이디어가 떠올랐다. 나는 그에게 '청바지가 멋지네요, 모델의 유전자도요(청바지를 뜻하는 jean과 유전자를 뜻하는 gene의 발음이 유사한 것을 활용한 언어유희이다—옮긴이)'라는 메시지를 보냈다. 한두 시간도 안 돼서 답장이 왔다. 그런 메시지에 답장을 보내지 않을 사람이 있을까? 우리는 며칠 뒤 시드니 오페라하우스의 한 바에서 만나기로 약속했다.

멀리서 그의 실물을 힐끗 본 뒤, 나는 조용히 미소를 지으면서 그가 앉아 있는 야외 테이블로 다가갔고, 우리는 금세 편안하게 대화를 나누기 시작했다. 오페라하우스에서 맥주를 마신 다음에는 록스 지역으로 걸어가 루프톱 바가 있는 또 다른 술집에 들어갔다. 그곳에서 2차로 맥주를 마시다가 만(灣) 건너편에 있는 한 건물을 발견했다.

"저기 저 건물은 뭐죠?" 내가 물었다. "저건 마치…… 남근 같아요."

"확실히는 모르겠네요. 아마 등대일 거예요." 브렌트가 대답했다. 나는 남은 맥주를 벌컥벌컥 들이켠 다음, 건너편 건물을 확인하러 가보자고 제안했다.

우리는 페리 선착장인 서큘러키로 걸어가 매점에서 맥주 여섯 병들이 세트와 로즈베이행 페리 티켓 두 장을 구입했다. 수요일 늦은 오후여서인지 우리를 제외하면 승객이 많지 않았다. 브렌트와 나는 야외 좌석에 나란히 앉아 맥주병을 딴 다음, 우리의 첫 번째 데이트를 기념하며 가볍게 건배했다. 브렌트가 내 쪽으로 살며시 몸을 기울였고, 우리는 첫 키스를 나눴다.

페리가 부두에 가까워지자 노을이 지기 시작했다. 우리는 정확한 길은 몰랐지만 왠지 '위쪽'으로 가야 할 것 같다고 추측하며 언덕 위로 올라가는 버스에 탑승했다. 버스에서 내려 인도에 다다른 뒤에야, 나는 브렌트가 내 뒤에 없다는 사실을 깨달았다. 뒤를 돌아보니 버스에 올라타는 할머니를 도와드리는 그의 모습이 보였다. '아, 젠장.' 나는 생각했다. '할머니들이 버스에 타는 걸 도와주는 사람이구나. 망했다.' 그는 내가 자신을 보고 있는 줄 몰랐으므로, 나에게 잘 보이기 위해서가 아니라 스스로 원해서 그렇게 하고 있었다. 이는 그가 좋은 사람이라는 신호였다.

내 몸은 그의 큰 키와 풍성한 머리카락, 반듯한 얼굴, 에스프레소처럼 짙은 빛을 띠는 눈동자, 길고 까만 속눈썹, 상냥함, 유머 감각, 자연스러움, 화술, 호기심까지, 그의 모든 부분에 반응하고 있었다.

우리는 어두운 골목과 가로등 켜진 길을 따라 걸으며 등대로 향했다. 맥주를 꽤 많이 마신 터라 볼일이 급해진 우리는 잠시 멈춰 서야 했고, 브렌트는 나무 뒤에, 나는 주차된 차 두 대 사이에 자리를 잡았다. 교외 지역답게 커다란 거미들이 매달려 있는 거미줄을 몇 차례 아슬아슬하게 피하고 나니, 매쿼리 등대가 눈에 들어왔다.

저녁 6시, 시드니의 가을 태양은 이미 저문 뒤였다. 바닥에 설치된 조명이 등대를 환히 비추고 있었다. 깔끔하게 다듬어진 진녹색 잔디밭 가운데 선 등대는 해안 절벽 부근에 서서 태평양을 내려다보고 있었다. 브렌트와 나는 맥주의 취기보다 사랑의 열기에 더 취한 기분으로 잔디밭에 드러누웠다. 우리는 서로 지구 반대쪽에 살고 있다는 사실에 개의치 않고, 처음으로 함께 사랑을 나누면서 교감을 주고받는 즐거움에 흠뻑 빠져들었다.

잔디밭에 누워 바닷물에 반짝이는 달빛을 바라보다가 브렌트가 말했다. "7월에 미국에 가서 10월까지 머물 예정이야." 나는 활짝 웃으며 그에게 정말 기대된다고, 당연히 여행 중에 한번 만나고 싶다고 말했다. 그때까지만 해도 우리가 8월까지 함께 지내다가 11월에 결혼하게 되리라고는 생각지도 못했다.

시드니에서 우리에게 주어진 시간은 고작 일주일이었는데, 우리는 그 대부분을 함께했다. 틈만 나면 만났다. 그의 점심시간에 부두에서 만나 피크닉을 즐겼으며, 침대 위에서 함께 깔깔대며 웃기도 했고, 차이나타운에서 길거리 음식을 먹거나 긴 산책도 했다. 본다이에서 함께 마신 커피가 몇 잔인지 셀 수도 없을 정도였다. 결국 집으로 돌아오는 비행기 안에서 나는 작은 냅킨에 얼굴을 묻고 울었다. 이제야 함께 삶을 만들어가고 싶은 사람을 만났다는 느낌이 들자, 마음속에서 그동안 미처 알지 못했던 감정이 몽글몽글 피어올랐다.

브렌트와 나는 두 달 동안 매일 통화했다. 열여섯 시간이라는 시차 덕분에 우리에게는 매우 구체적인 연락 스케줄이 정해졌다. 브렌트는 잠들기 전에 '좋은 아침'이라는 메시지를 보냈다. 내가 일어나서 하루를 시작할 무렵이 호주에 있는 그에게는 하루를 끝마칠 시간이었다. 우리는 유타 시간으로 오후이지만 호주 시간으로는 브렌트가 막 깨어났을 때쯤 페이스타임을 했으며, 그다음에는 내가 잠자리에 들기 전, 브렌트가 점심을 먹을 때쯤 또다시 페이스타임을 했다. 우리는 휴대전화로 '커플'이라는 이름의 앱을 사용해 서로 메시지를 보내거나 사진과 그림을 주고받았다. 나는 브렌트에게 매일 엽서도 보냈는데, 그가 이를 잘 간직한 덕분에 그 엽서 더미는 지금 우리 침실 서랍 안에 고이 보관돼 있다. 우리는 서로 멀리 떨어져 있는 상황을 최대한 잘 활용하면서 서로를 알아가려고 노력하고 있었다. 그 두 달 동안 나는 이전에 사귀었던 어느 누구보다도 브렌트에 대해 더 잘 알게 되었다. 장거리 연애에는 나를 오히려 몰두하게 만드는 애틋함이 있었다. 우리는 옆에 앉아 말없이 영화를 보거나 할 수는 없었다. 유일하게 할 수 있는 일이 대화였으므로, 우리는 대화를 잘하게 됐다.

브렌트는 미국 여행의 첫 일정을 가장 친한 친구와 뉴욕에서 보냈다. 약 일주일 뒤, 그는 솔트레이크시티로 날아와서, 내가 대학원과 강사 일을 쉬는 6주의 여름휴가 기간 동안 나와 함께 보낼 계획을 세웠다. 공항에서 그를 만난 순간, 나는 격렬했던 일주일의 로맨스와 두 달간의 페이스타임을 거쳐 마침내 그와 마주하고 있다는 사실이 믿기지 않았다. 배낭 하나와 여행용 가방 두 개를 든 브렌트는 이미 이 미국인과의 로맨스에 뛰어들 채비가 돼 있었다.

브렌트를 다시 만나기 전 일주일 동안, 나는 내 짐을 최대한 덜어내려고 노력했다. 안 입는 옷을 여성 보호시설에 기부하여 작은 옷장 안에 그의 소지품을 보관할 공간을 만들었다. 아파트도 구석구석 깨끗이 청소했다. 심지어 스펀지를 들고 주방 천장까지 문질러 닦았다. 그누구를 위해서도 천장을 청소한 적이 없었던 나였다. 브렌트를 향한내 감정은 분명 진지했다. 천장을 손수 닦을 정도로.

나는 지금은 '우리 집'이 된, 방 한 칸짜리 아파트로 브렌트를 데려와 여름을 함께 보내기 시작했다. 우리는 국립공원에 놀러가거나 포틀랜드와 오리건 해안을 여행했다. 그는 내 가족을 사로잡아 자기편으로만들었다. 내 친구들 역시 그에게 푹 빠졌다. 우리는 여름 바비큐 파티가 열렸던 내 친구네 집 뒷마당에서 처음 "사랑해"라고 고백했다. 우리집에서 변장 파티를 열기도 했다. 나는 프리다 칼로였고 브렌트는 '지구 반대편에서 치는 천둥(Thunder from Down Under. 호주 남성들이 출연하는 스트립쇼—옮긴이)'이었다. 손님들에게는 파티 중에 천둥의 랩 댄스나 프리다가 그려주는 초상화에 지불할 수 있는 티켓을 나눠줬다. 우리는그야말로 쿵짝이 잘 맞았다.

우리는 이번 여름만이 아니라 앞으로도 수많은 여름을 함께 보내고 싶다는 것을 금방 깨달았다. 하지만 나는 8월이면 박사과정의 세번째 해를 시작해야 했으므로 호주로 이사할 상황이 아니었다. 브렌트는 이 유타 사람과 함께하려면 자신이 유타로 이사해야 한다는 사실을깨달았다.

연애 5개월 차에 접어들었던 핼러윈 데이, 보헤미안 브루어리에서슈니첼을 곁들여 커다란 잔에 담긴 맥주를 마시던 나는 불쑥 브렌트에게 물었다. "우리 결혼해야 하나?"

브렌트는 미소를 지으며 맥주잔을 내려놓고 내게 물었다. "결혼하고 싶어?"

"응, 그런 것 같아. 나랑 결혼할래?"

"나도 당연히 너랑 결혼하고 싶지." 브렌트는 내 손을 잡으며 물었다. "방금 나한테 청혼한 거야?"

우리는 큰 소리로 웃었다. 그다지 낭만적이지는 않았지만 내가 생각할 수 있는 가장 실용적인 청혼이었다. 우리는 사랑에 빠져 있었고, 서로에게 멋진 동반자였다. 결혼하는 것이 타당하게 느껴졌다. 우리가 결혼하여 함께하는 데 전념하기로 약속하지 않고 브렌트가 다시 시드니로 떠난다면, 결국 거리 때문에 헤어지게 되리라는 생각이 들었다.

샌드라 불럭과 라이언 레이놀즈가 출연한 영화 「프러포즈」를 보면, 라이언이 맡은 배역(미국인)이 샌드라가 맡은 배역(영주권이 필요한 캐나다인)에게 청혼하면서 이렇게 말한다. "나와 결혼해줘요. 나는 당신과 연애하고 싶거든요." 우리는 함께 있으려면 모든 것을 걸고 그 번거로운 일을 해치워야만 하겠다고 결론지었다.

우리는 존경하는 판사님이자 나의 아빠인 칼린 S. 마이어스에게 전화를 걸어, 결혼하겠다고 이야기했다. 그리고 추수감사절 다음 토요일에 아빠 집 뒷마당을 사용해도 되는지, 또한 우리 결혼을 허락할 용의가 있는지 물었다. 우리 가족은 기쁨을 감추지 않으며 우리를 지지해 줬지만, 마음속으로는 '대체 이 둘은 무슨 생각인 거야?' 하고 의아해 했을 것이다.

4주의 약혼 기간 동안, 내 친구와 가족들은 나를 도와 완벽한 결혼식 계획을 세우려고 노력했다. 하지만 나는 내 결혼식을 상상해본 적이 없었다. 내가 언젠가 결혼하게 되리라고 생각해본 적도 없었던 데다. 성대하고 전형적인 결혼식을 올리고 싶은 마음은 더더욱 없었다. 화려한 꽃도 필요치 않았다. 테이블에 올려놓을 선인장 몇 개면 충분했다. 테이블보 대신 방습지를 깔고, 하객들이 사용할 펜 하나씩만 올려두면 됐다. 신부 들러리도 원하지 않았으며 피로연도 간소화할 계획이었다. 우리는 동네 멕시칸 레스토랑에 출장 요리를 예약했고, 인터넷으로 저렴한 반지를 샀다.

결혼식 전날, 나는 결혼 후에도 성을 바꾸지 않겠다는 생각을 아빠에게 다시 한번 알렸다.

"아빠, 우리를 코트니 부부로 소개하지 말아주세요. 나는 카일 마이어스로 태어났으니 죽을 때까지 카일 마이어스로 살고 싶어요."

"별로 놀랍지도 않구나." 아빠가 말했다.

나는 양장점에서 100달러짜리 짙은 남색 점프슈트를 찾아냈다. 얇고 가느다란 어깨끈과 브이 자로 깊게 파인 네크라인에, 주머니까지 달린 점프슈트였다. 주머니 달린 바지를 입고 결혼하기로 마음먹고 나니, 내 연애에 정부를 끌어들이는 것이 왠지 한결 편안하게 느껴졌다. 모두 내 생각대로 진행됐다. 나는 동반자 관계를 시작하면서 내 식대로 기념행사를 치르는 페미니스트일 뿐이었다. 웨딩 잡지 편집자가 이를 지켜본다면, 전통적인 결혼식의 값비싸면서도 시시한 세부 사항에 전혀 관심 없는 나를 보며 실망했을 것이다. 나는 여동생 미켄지의 집에서 채비를 했다. 엄마는 내가 화장하는 동안 내 짧은 머리에 컬을 넣어줬고, 모든 하객들은 아빠와 에이프릴의 집에 모였다. 결혼식을 올릴 시간이 되었다.

브렌트와 나는 2014년 11월 29일 토요일, 내 가족과 친한 친구 스물다섯 명, 그리고 아이패드를 통해 페이스타임으로 참석한 브렌트의 가족이 모두 지켜보는 가운데 결혼식을 올렸다. 브렌트와 나는 클린 밴디트의 노래 「차라리(Rather Be)」에 맞춰 춤을 추며 잔디로 뒤덮인 통로로 입장했다. 아빠는 애틋하고 사려 깊으면서도 재치 있는 첫 번째 축사를 해주었다. 브렌트는 자신의 서약을 읽고 나서, 내가 틴더 첫 메시지에서 언급했던 청바지를 건네며 이렇게 말했다. "이 청바지를 가져도 좋아. 그리고 청바지 모델의 유전자도 당신이 원한다면 언제든 줄게."

내 서약서에는 우리의 공존 가능성에 기여하는 변수들을 고려한 유치한 수학적 확률 모델이 들어 있었다. 29세에서 39세 사이의 나이에, 영어를 구사하고, 자신을 페미니스트라 생각하는 브렌트도 그러한 변수 중 하나였다. 우리는 결혼식 내내 웃음을 그칠 줄 몰랐다. 자정까지 타코를 먹고 테킬라를 마시면서 부모님의 테라스에서 춤을 췄다. 나는 전통적인 결혼식 절차가 한 가지라도 들어가면 아빠가 좋아할 것을 알았고, 그래서 아빠에게 나와 춤을 출 때 어떤 노래를 틀고 싶은지 물었다. 아빠는 "그 케이티 페리 노래"라고 대답했다. 나는 웃음을 터뜨리며 말했다. "아빠는 분명 그 노래 가사를 제대로 들어본 적이 없는 것 같지만, 뭐 어때요, 그렇게 해요." 그래서 아빠와 나는 사막 하늘 아래에서 「어릴 적 꿈(Teenage Dream)」에 맞춰 열심히 춤을 췄다.

밤이 끝나갈 무렵, 우리는 모두 스웨터를 걸치고 화덕에 마시멜로를 구웠다. 하객들이 돌아간 뒤, 브렌트와 나는 몇 블록을 걸어 세븐 와이브스 여관으로 향했다. 엄청나게 큰 1980년대 실내 스파 욕조에서 목욕을 하고 결혼식에서 남은 트레스 레체스 케이크(tres leches, 세 가지 종류의 다른 우유가 들어간 케이크—옮긴이)를 먹은 다음, 술기운에 젖어 소박한 첫날밤을 치렀다. 공식적인 첫날밤이었다. 나는 6개월 전에 만난 사람과 결혼했고, 안정감을 느꼈다.

우리는 가사를 분담하고 매일 일과에 관해 대화를 나누기로 했다. 나는 가끔 브렌트에게 도와달라고 외치기 직전에 스스로를 다잡았다. '그까짓 전구는 나 혼자서도 갈 수 있어.' 나는 속으로 되뇌었다. 그리고 의자를 가져와서 망할 전구를 직접 갈았다.

브렌트와 나는 성 역할에 대한 고정관념의 함정에 빠지지 않겠다는 결심을 확실히 하고 싶었다. 우리는 나름의 성장통을 겪으면서도, 둘 중 누구도 자신이 다른 사람보다 더 많은 일을 하고 있다는 느낌이 들지 않도록 만들겠다고 다짐했다. 우리는 매일 밤 저녁 식사 준비와 설거지를 번갈아가며 했다. 자기 빨래는 스스로 했고, 둘 다 잔디를 깎았다. 스피도를 입고 잔디를 깎는 브렌트에게 모든 책임을 떠넘겨버리고, 나는 일주일에 두 번씩 현관에서 아이스티를 홀짝거리며 190센티미터 장신의 브렌트가 마당을 지그재그로 거닐며 잔디 깎는 모습을 지켜보는 상상에 잠시 흔들리기도 했다. 우리는 어떤 일을 해야 하며, 누가 무엇을 더 싫어하고, 무엇이 우리를 진정 행복하게 하는지를 신중히 따져가며 균형을 이루려고 노력했다. 우리 가정의 할 일 목록은 공정성과 관심사로 이뤄진 커다란 벤다이어그램과도 같았다.

내 사랑은 알록달록한 색상이 들어간 엑셀 스프레드시트로 표현되고, 브렌트의 사랑은 베스트바이(Best Buy, 미국의 전자제품, 컴퓨터, 오락용 기기 및 소프트웨어 전문 소매업체—옮긴이)로 표현된다. 코트니-마이어스 가정에서 나는 주로 예산이 필요한 일들을 맡고 있으며, 기계에 관련된 일들은 대부분 브렌트가 처리한다. 그런 다음에는 서로 해결 방법을 알려줌으로써 만약의 경우 브렌트가 에브리달러(EveryDollar) 앱에 로그인하거나 내가 도어록의 배터리를 교체할 수 있도록 대비해둔다.

이외에도 브렌트의 미국 생활을 위해 처리해야 할 일들이 있었다. 나는 그에게 미국 은행 시스템과 수표 발행 방법 등을 가르쳐줬다. 우리는 연애 초반부터 돈 문제를 상의하고 자금을 합쳐야 했는데, 미국 내 사회보장번호나 신용 기록이 없는 브렌트가 은행 계좌를 개설하려면 내가 주 계좌 예금주가 되어야 했다. 그가 복잡한 미국 의료보험제도에 (지금도 마찬가지지만) 쩔쩔매는 바람에 (사실 그럴 만도 하니, 의료산업복합체에 관해서는 말도 꺼내지 마시길) 나는 그에게 미국에서 건강보험을 처리하는 방법도 가르쳐야 했다.

연애를 시작할 무렵, 우리는 빈털터리였다. 당시 대학원생이었던 내 급여는 연방 빈곤 수준 바로 위에서 맴돌고 있었다. 브렌트는 재능이 뛰어난 그래픽 디자이너였지만 좋은 직장을 찾아 미술감독 지위까지 올라간 다음, 성공적인 프리랜서로 자리 잡기까지는 1년이라는 시간이 걸렸다. 그래도 결혼한 지 몇 년 만에 우리는 어느 정도 경제적 기반을 다졌다. 박사과정까지 마치고 나서는 내 급여도 마법의 콩나무

줄기처럼 쑥쑥 자라났다.

"혹시 내가 당신보다 돈을 많이 버는 게 신경 쓰여?" 내 급여가 브렌트보다 높아졌을 때, 내가 물었다.

"언제든 나이키 신상품을 살 수만 있다면 돈이 어디서 나오든 상관없어." 브렌트는 농담으로 받아쳤다. 그는 정말로 내가 돈을 더 많이 번다고 해서 불편해하지 않았다.

부모님이 이혼 후에 생계를 꾸리느라 힘겨워하는 모습을 지켜보면서, 나는 혼자 힘으로 살아갈 능력을 갖추리라 다짐했다. 누군가에게 경제적으로 의존하는 것은 상상만으로도 겁이 났다. '피부양자' 보다는 '부양자'가 되는 쪽이 훨씬 더 마음 편했다. 나는 내 야망과 능력을 접고 브렌트를 내조할 생각은 없다는 점을 분명히 해뒀다. 여태까지의 삶을 돌아보니, 어떤 상황에서도 앞날을 장담하기 어렵다는 느낌이 들었다.

브렌트는 단 한 번도 자신의 일이 내 일보다 중요한 듯 보이게 행동한 적이 없었다. 그러나 반대로 브렌트 쪽에서 내게 그러한 불만을 제기한 적은 몇 번 있었다. 나도 내 일이 더 중요하다고 생각하지 않지만, 20년 동안 누구에게도 의존하지 않고 버텨오던 버릇을 깨끗이 털어내기란 쉽지 않다.

아이 계획을 세울 때에도 나는 브렌트가 육아에 동등하게 참여하며 직접 몸으로 부딪치는 아빠가 되리라는 확신을 원했다. 아이가 아플 때 집에 머물며 돌보는 역할을 내가 전적으로 맡게 되지 않으리라는 믿음이 필요했다. 나는 엄마가 되면 얻게 될 불이익이 무엇인지 잘

알고 있었으므로, 내 사례는 통계자료에 포함시킬 수 없을 것이다.[17]

유감스럽게도 연인 관계에서 만들어지는 수많은 가설은 뒤늦게 틀린 것으로 판명되기도 한다. 어떤 이들은 상대방이 자녀를 원하는지, 또 몇 명을 원하는지 물어보지도 않고 결혼한다. 육아의 가치에 관한 상의 없이 임신을 했다가 결국 서로 다른 육아 방식 때문에 갈등을 겪기도 한다. 육아 분담 문제를 의논하지도 않고 아이를 낳았다가, 동등하게 육아에 참여하지 않는 배우자 때문에 한쪽 부모(보통은 엄마)가 육아의 압박감에 시달리게 되는 경우도 많다.

나는 사람들이 이런 일들을 경험하는 모습을 보며 살아왔고, 그로 인해 얼마나 극심한 스트레스에 시달리는지도 목격했다. 나는 그렇게 스트레스가 쌓일 만한 상황이 발생하기 전에 브렌트와 합의를 보기로 굳게 마음먹었다. 만약 브렌트가 여섯 명의 아이를 원했다면 아마도 나는 그와 함께할 수 없었을 것이다. 브렌트가 내가 늘 집에서 아이를 돌보길 기대하는 부류의 사람이었더라도 나는 진작 그와의 관계를 정리했을 것이다. 만약 브렌트가 기저귀를 가는 일이나 아기 울음소리 등에 조금이라도 혐오감을 드러냈다면, 나는 그동안 고마웠다고 말하며 이별을 고했을 것이다.

서로 진지한 관계로 들어서기 전, 브렌트와 나는 아이를 (어쩌면 두 명일 수도 있지만 분명히 셋은 아닌) 한 명만 낳는 것이 좋을 것 같다고 함께 결정했다. 둘 다 육아에 동등하게 참여해야 하며, 내가 단지 여성이라는 이유로 주 양육자가 되는 일은 없으리라는 점도 확실히 했다. 우리 둘의 직업은 똑같이 중요하므로, 육아를 동등하게 분담함으로써 각자 가정 밖에서 목표하는 바를 이룰 수 있도록 서로 지원해주기로 합의했다.

브렌트와 나는 어떤 유형의 부모가 되고 싶은지에 대해서도 의견을 주고받았다. 아이와 함께 세계 여행을 다니면 얼마나 좋을지 등의 가벼운 이야기뿐 아니라, 아이에게 체벌이 얼마나 안 좋은 영향을 끼치는지와 같은 가볍지 않은 이야기도 나눴다. 젠더 프리 육아에 관한 이야기가 나오기까지는 그리 오랜 시간이 걸리지 않았다.

우리는 솔트레이크시티에서 라스베이거스로 가는 15번 도로 위, 공사로 인해 차가 막히던 구간에 정차해 있었다. 때는 2014년 9월 초순이었고, 호주에서 들어와 몇 주 동안 미국 여행 중이던 브렌트의 여자 형제 킴벌리를 만나러 라스베이거스로 향하는 길이었다. 우리는 아직 임신을 시도하고 있지 않았지만, 육아와 관련된 대화의 빈도는 점점 늘어나고 있었다.

"사샤와 스톰에 관한 기사를 읽어본 적 있어? 가족이 젠더를 정해주지 않은 아이들 이야기인데." 브렌트가 고속도로를 달리고 있을 때, 조수석에서 내가 물었다. 그의 뒤로 밸리오브파이어 국립공원의 밝은 주홍색 사암이 그림같이 펼쳐져 있었다.

"아니." 그가 내 쪽을 힐끗 보며 대답했다. "좀 더 이야기해봐."

"몇 년 전에 서로 다른 두 가족이 뉴스에 나왔어. 스톰은 캐나다 태생의 아이고 사샤는 영국에서 태어난 아이야." 나는 이야기를 시작했다. "두 아이의 부모들은 모두 아이가 태어났을 때 젠더를 정해주지도, 아이의 생식기가 어떤 종류인지 공개적으로 밝히지도 않았어. '아들이에요' 혹은 '딸이에요'라는 말 대신, 그저 '아이가 있어요'라고만 했지.

그 가족들은 아이가 처음부터 젠더에 관한 고정관념이나 기대, 제약을 경험하지 않고, 그저 자유롭게 자신의 관심사를 알아보면서 스스로 원하는 사람으로 자랄 수 있는 환경을 만들어주려고 애썼어."

브렌트는 고개를 끄덕이며 듣고 있었다. "계속해봐."

"나는 이 아이들의 이야기를 몇 년 전에 접했어." 내가 이야기를 이어갔다. "그때부터 이런 양육 방식에 관심을 가지게 됐어. 부모가 된다면 어떤 유형의 부모가 되고 싶은지 고민하기 시작하면서, 스톰과 사샤의 부모가 실천했던 육아 방식이 젠더를 대하는 내 가치관이나 관점과 가장 비슷하다고 느껴졌어."

그때쯤 브렌트는 젠더를 보는 내 관점을 매우 잘 알고 있었다. 나와의 데이트가 그에게는 일종의 심층적인 젠더 사회학 수업인 셈이었다. 사실 나는 브렌트가 나를 만나 얼마나 감사한지 이야기하면서 나로 인해 세상을 보는 시각이 바뀌었으며 더 나은 사람이 됐다고 말해줬을 때, 가장 큰 칭찬을 들었다고 생각했다.

내가 사샤와 스톰의 이야기를 꺼냈을 때에도 브렌트는 내 말에 크게 반박하지 않고, 그저 웃는 얼굴로 말했다. "말이 되네." 브렌트는 잠시 말을 멈추고 숨을 들이마셨다. "조금 더 설명해줘. 이걸 실생활에서 어떻게 실천하지?"

"내 생각에는 아이가 음경이나 외음부 중 어떤 생식기를 가졌는지 누군가 알게 되는 즉시, 시스템에 시동이 걸리는 것 같아. 그건 우리가 그 조그마한 생명체를 묘사할 때 사용하는 단어들로부터 시작돼. 우리 모두 트랜스젠더와 논바이너리, 인터섹스 사람들이 존재한다는 사실을 알고 있음에도 불구하고, 음경은 남자아이, 외음부는 곧 여자아이라는 분류에 집착해. 일단 그런 분류가 확립되고 나면 아이들은 서로 다른 사회적 컨베이어벨트 위에 놓여 삶 속으로 운반되지. 남자아이들은 파란색이나 검은색 물건, 스포츠와 관련된 물건들을 선물받으며 강하고 영리한 사람으로 길러지고, 여자아이들은 분홍색에 반짝거리거나 꽃무늬가 새겨진 물건들을 가지게 되며 상냥하고 예쁜 아이로 자라나도록 교육받아. 사실 이 아이들은 거의 비슷한데도 불구하고 단지 생식기관 때문에 서로 매우 다른 대우를 받지. 결국 우리 모두 지구에 살고 있는 인간일 뿐인데, 이처럼 남자는 화성에서, 여자는 금성에서 왔다는 식의 사회적으로 구축된 인위적인 생각을 하게 되는 거야." 나는 말을 멈췄다.

브렌트가 끼어들었다. "당신은 늘 젠더가 인간의 건강에 매우 큰 영향을 미친다는 사실을 입증한 논문들을 읽고 내게 이야기해주잖아. 당신 이야기를 듣다 보면, 마치 우리 사회가 이런 문제를 자초해놓고 '어쩌다가 이렇게 됐지?' 하고 자가당착에 빠져 있는 것 같아."

"바로 그거야." 나는 웃으며 말했다. 그가 핵심을 이해한 것이다. "나는 성인기의 젠더 불평등이 아동기 젠더 사회화에서 비롯된다는 사실을 알게 됐어. 내 아이뿐 아니라 그 어떤 아이도 그런 길을 가지 않았으면 좋겠어."

우리는 시스젠더인 사람들이 스스로에게 더욱 동등할 뿐 아니라 트랜스젠더나 논바이너리 사람들 모두를 포용하고 인정하는 안전한 세상을 이루는 데 기여하고자 한다면, 그들부터 태도를 바꾸어야 한다고 이야기했다.

"그럼 만약 우리가 이런 방식으로 양육하기로 결정한다면 어떤 사람들이 우리 아기의 신체에 관해 알게 되는 거야? 우리만?" 브렌트가 물었다.

"내 생각에 우리는 그저 알고만 있으면 되고, 소아과 의사나 보모, 기저귀를 갈아주는 사람처럼 꼭 알아야 하는 사람에게만 알려야 할 것 같아. 가족들도 언젠가는 알게 되겠지만. 잠시 동안만이라도 아이의 생식기가 어떻게 생겼는지 모르는 채로 아이와 교류한다면 좋을 것 같아. 아예 모르면 틀에 가둘 수도 없을 테니까." 나도 모든 정답을 알지는 못했지만 차차 알게 되리라는 자신감이 있었다.

"아이에 관해 말할 때는 어떻게 해?" 브렌트가 물었다.

"어떤 호칭을 써야 하냐는 말이지?" 내가 제안했다. "내가 알기로는 보통 그냥 '아이'라는 호칭을 쓰던데. 다른 호칭보다 이게 가족이나 다른 사람들이 적응하기 가장 쉬울 듯해." 브렌트와 이야기하면 할수록 이 길이 우리가 부모로서 가야 할 방향임이 명확해지는 느낌이었다.

"이 주제에 관해서는 당신이 나보다 훨씬 자세히 알고 있네." 브렌트가 나를 쳐다봤다. 검은색 선글라스 뒤로 그의 눈이 보였다. 브렌트의 얼굴에 떠오른 표정은 높은 다이빙대 위에서 물속으로 뛰어내리고 싶으면서도 긴장감에 사로잡혀 망설이는 수영 선수의 모습을 연상시켰다. 결국은 뛰어내릴 테지만 도약하기 전에 잠시 멈춰 서게 되는 순간 말이다. 아직 완벽한 마음의 준비가 되지는 않았지만 물러날 생각도 없었다. 브렌트는 입술을 뗀 상태로 잠시 망설이다가 말을 꺼냈다.

"좋은 생각이긴 한데, 이 문제를 어떻게 설명할지 배우려면 나는 당신에게 많이 의지해야 될 거야. 당신은 이런 걸 하루 종일 읽고 가르치기도 하잖아. 당연히 나도 동참할 생각이지만 당신만큼 잘 설명할 자신은 없어." 그가 말을 이어갔다. "나는 이런 육아 방식을 실행하는 것보다 이에 동의하지 않는 사람들을 마주하는 문제가 더 두려워."

브렌트는 나와 같은 길을 걸어갈 의지가 있었다. 그와 함께 이 일을 어떻게 해나갈지 전략을 세우는 것은 내가 흔쾌히 맡을 생각이었다. 그날 우리의 대화는 그 정도에서 마무리됐다. 나는 우리에게 시간이 충분하다는 점에 감사했다. 아직 임신도 하지 않은 상태였다. 아이 이야기가 가설에 불과하고 예정일도 정해지지 않았다는 점이 오히려 이런 문제들을 의논하기 쉽게 해줬던 것 같다.

5장

우리 아기가 찾아오다

　　브렌트와 코퍼 어니언에서 달고 자극적인 아침 메뉴를 나눠 먹는 동안, 아기에 관한 대화가 진지해졌다. 우리가 부모가 되고 싶은 것은 분명했다. 이제 부모가 되기 적당한 때를 정하기만 하면 됐다.

　　"학계는 경력을 쌓기가 순탄치 않아서, 학계 경력 초반에 아이를 가지는 편이 더 나은 경우도 있을 거라고 생각해." 나는 교수가 되는 길과 내가 사회학 취업 시장에서 목격하는 일들을 브렌트에게 설명하려 애쓰고 있었다. 브렌트는 팬케이크를 먹으면서 내 말에 진지하게 귀를 기울였다.

　　"나는 일을 시작하기 전에 약 1년간 조교수 자리에 지원하고 면접을 보러 다니게 될 거야. 세계 곳곳을 다니면서 면접을 봐야 할 시기에 만삭 상태이거나 갓난아기를 키우는 중이고 싶지는 않아. 내 생각에는 이미 아이가 태어나서 육아에 익숙해져 있거나, 임신 3개월에서 6개월 사이의 극초기인 게 나을 것 같아. 만약 내가 일을 시작할 무렵까지 아이가 생기지 않는다면 몇 년 더 기다렸다가 아이를 가져서 육아휴직을 쓰고 싶어. 조교수가 되면 첫 3년에서 5년 동안은 일에 전념하고 싶거든. 그 시기에 휴가를 써서 경력을 늦추고 싶지는 않아."

브렌트는 심경이 복잡한 듯했다. "나는 5년이 넘는 시간을 더 기다려서 첫 아이가 태어날 때 거의 마흔 살이기는 정말 싫어. 되도록 젊은 아빠가 되고 싶은데, 더 이상 젊어질 수는 없잖아. 그러니까 당신이 지금 시도하지 않으면 5년 후에 낳아야 한다고 말하는 거라면, 나는 지금이 좋다고 생각해."

이런 종류의 대화는 여태까지 한 번도 해본 적이 없었다. 레스토랑에 앉은 채로 아이 문제를 실제로 상의하고 있자니 기분이 매우 이상했다. 나는 커피를 한 모금 마신 뒤, 의자에 등을 기댔다. "내가 지금 당장 임신에 성공하리라는 보장은 없어. 하지만 그렇게만 된다면 내년 이맘때에는 우리 아기와 함께 앉아 아침을 먹고 있을 거야."

브렌트가 싱긋 웃었다. "그러게, 신나기도 하고 겁나기도 하네. 당신은 멋진 엄마가 될 거고, 우리 둘 다 알다시피 나는 굉장한 아빠가 될 거야. 그러니까, 해보자." 그는 웃는 얼굴로 이렇게 말하며, 팬케이크를 또 한 입 베어 물었다.

2015년 봄, 브렌트와 함께한 지는 거의 1년이 됐으며 결혼한 지는

5개월이 된 시점이었다. 우리는 사랑에 빠져 있었고 돈독한 관계를 유지하고 있었으며, 큰 꿈도 갖고 있었다. 그리고 무엇보다도 부모가 되고 싶었다. 나는 IUD(자궁 내 피임 기구—옮긴이)를 제거하기 위해 병원 예약을 잡았다.

열다섯 살 난 내 여동생 디코바니는 고등학교 한 학기 동안 우리와 함께 살고 있었다. 어느 날 밤 함께 저녁 식사를 준비하다가 나는 동생에게 몇 주 후에 IUD를 제거하고 임신을 시도할 계획이라는 이야기를 꺼냈다. 동생이 농담 삼아 물었다. "종이 사슬(색종이로 고리를 만들어 사슬처럼 줄줄이 연결하여 만든 장식. 다가올 이벤트를 적은 종이를 고리 끝에 붙이고, 그때까지 남은 날 수만큼 고리를 엮어서, 이를 매일 하나씩 떼어내며 카운트다운을 하기도 한다—옮긴이)도 만들 거야?"

나는 잠시 말을 멈추고 생각한 뒤 대답했다. "그것 참 좋은 생각이다! 도와줄 거지?"

종이 사슬을 만들어 날짜를 카운트다운하는 일은 내게 소소한 행복을 가져다줬다. 어린 시절, 나는 크리스마스를 기다리며 판지로 종이 사슬을 만들어서, 매일 아침 눈을 뜨자마자 고리를 떼어내곤 했다. 어린 나이에 너무 신난 나머지 스스로와 흥정을 한 적도 있다. '오늘은 고리 두 개를 자르고 내일은 안 잘라야지.' 그렇게 하면 기다리는 날이 더 빨리 올 줄 알았나 보다.

저녁 식사 후, 나와 함께 종이 고리를 자르던 디코바니가 재미있는 아이디어를 냈다. "마지막 날에는 고리 대신 종이로 만든 자궁에서 종이 IUD를 잡아당기면 좋을 것 같아." 우리는 크게 웃었지만 분명 기발한 아이디어라고 생각했으므로, 자궁과 나팔관, 난소를 그린 다음, 종이를 잘라 자그마한 IUD를 만들어서 자궁에 테이프로 살짝 붙이는 작업에 착수했다. 완성된 작품은 사슬처럼 연결된 동그란 종이 고리 열네 개를 벽에 늘어뜨린 모양으로 문틀에 걸렸다.

여섯 살 반의 나보다 인내심이 강해진 스물여덟 살의 나는 날짜를 건너뛰겠다며 한 번에 두 장을 떼어내지는 않았다. 아침에 일어나면 커피부터 마신 뒤에 사슬을 보며 천천히 그날의 고리를 떼어냈다. 드디어 IUD를 제거하기로 한 날이 오자, 나는 초조한 흥분에 사로잡혔다. 모든 일이 순조롭길 바랐다. 임신이 너무 많이 힘들지 않길, 그리고 건강한 임산부가 되길 바랐다. 하지만 무엇보다도 좋은 부모가 되고 싶었다.

6월에 생리가 시작됐다. 5월의 노력이 우리가 바라던 결과를 만들어내지 못했다는 신호였다. 지난 10년 동안에는 관계를 맺으면서 임신이 되지 않길 바랐는데, 이제는 그 반대를 바라며 몸을 응원하고 있었다. 월경이 반갑지 않기는 처음이었다. 내 주기가 28일이 아니라 31일이라는 사실을 알게 됐고, 나는 그에 맞춰 월경 주기 추적 앱을 조정했다. 우리는 6월에 다시 시도해보기로 했다.

내 스물아홉 살 생일 전날인 7월 9일, 나는 주방에서 노트북으로 작업을 하고 있는 브렌트의 맞은편 의자에 앉아 있었다. "내일 아침에 임신 테스트를 해볼 거야." 내가 말했다.

"그래." 그가 노트북을 덮고 나를 마주 보며 대답했다.

나는 잠시 망설이다가 말을 이었다. "지난 90일 동안 내 머릿속은 배란일로만 가득 찼던 것 같아. 약간 압박감이 느껴져서 그러는데, 내일 테스트를 해보고 만약 임신이 아니면 전략을 바꿔서, 앱이 알려줄 때 말고 우리가 하고 싶을 때 관계를 가지면 어떨까?"

브렌트는 다정하게 웃어 보였다. "그게 좋겠네. 뭐든 당신 원하는 대로 하자, 내 사랑."

안도감을 느낀 나는 자리에서 일어나며 그에게 잘 자라고 인사했다. 그리고 피로가 몰려와 바로 잠자리에 들었다.

다음 날 아침에 깨어났을 때, 나는 한 살이 더 먹어 있었다. 내게 음주는 취미 생활이었고 특히 생일에는 더욱더 그랬기에, 술을 마시기 전에 먼저 내 몸속에 배아가 들어 있는지 확인하고 싶었다. 나는 침대에서 나와 서랍에서 임신 테스트기를 꺼내 들고 욕실로 들어갔다. 지난달에 해봐서 이미 절차를 알고 있었으므로, 설명서는 볼 필요 없이 바로 포장지를 벗기고 테스트기 한쪽 끝에 있는 흡수부에 소변을 묻혔다. 테스트기를 세면대 위에 잠시 올려둔 뒤, 속옷을 입고 손을 씻었다. 욕조 가장자리에 앉아 샴푸 통에 적힌 성분들을 읽으면서 머릿속으로 2분을 셌다.

마침내 나는 자리에서 일어나 테스트기를 집어 들었다. 마치 덧셈 부호처럼 생긴 파란색 선 두 개(미국의 임신 테스트기는 임신일 경우 십자가 모양의 선이 나타난다―옮긴이)가 나타났다. 나는 욕실부터 침실까지 여덟 걸음 만에 내달렸다. 브렌트가 침대 위에 앉아 있었다.

"생일 축하해!" 내가 들어가자 그가 말했다.

내 얼굴이 어딘가 달라 보였나 보다.

브렌트는 "왜 그래?" 하고 물으며, 내 손에 든 물건을 쳐다봤다. "임신이야?"

나는 숨을 크게 들이마신 다음, 긍정의 의미로 고개를 끄덕였다. "나 임신했어."

브렌트는 내 생일을 기념해 보물찾기를 준비했다. 그가 내게 첫 번째 단서가 든 봉투를 내밀었고 그 안에는 자그마한 깃발이 들어 있었다. 깃발의 한쪽 면은 일본 국기였고 다른 면은 멕시코 국기였다. 기분 탓인지 실제인지 모르겠지만, 임신했다는 사실을 안 지 한 시간도 채 안 돼 갑자기 속이 메스꺼워졌다. 나는 한참 동안 깃발을 바라보며 수수께끼를 맞히려고 노력했다. "아! 알겠다! 스시 부리토! 하지만 지금 당장 스시 부리토를 먹으면 아무래도 토할 것 같아." 나는 낙담한 눈빛으로 브렌트를 바라봤다.

브렌트가 소리 내어 웃었다. "스시 부리토를 먹으려는 건 아니고, 거기에 다음 단서가 있어." 다음 몇 시간 동안 브렌트는 내가 수수께끼를 하나씩 풀며 단서를 찾을 때마다 나를 태우고 우리에게 나름대로 의미가 있는 솔트레이크시티 주변 장소들로 데려갔다. 마지막 쪽지는 우리를 식물원이자 수목원인 레드뷰트가든으로 이끌었는데, 브렌트는 그곳에 돗자리를 펴고 내가 가장 좋아하는 음식들을 꺼냈다. 우리는 인공 폭포 근처 그늘에 앉아, 칩과 살사 소스, 훈제 연어 베이글과 함께 페리에 라임 탄산수를 마셨다. 도마뱀들이 사암 길을 가로질러 완벽하게 손질된 산울타리 안으로 달려가는 모습이 보였다. 속은 더 이상 메스껍지 않았지만 아드레날린의 미묘한 흐름 탓인지 온몸이 얼얼한 느낌이었다. '내가 임신했다니.' 나는 마음속으로 생각했다.

레드뷰트가든 기념품 가게에서 브렌트는 누르면 메추라기 울음소리가 나는, 작고 귀여운 장난감 메추라기를 발견했다. 지난 1년 동안, 나는 브렌트가 북미 동물들에 푹 빠져 있는 모습을 지켜보는 것이 좋았다. 그는 공동묘지에 서식하는 사슴 무리의 사진을 찍기도 했다. 우리 집 앞마당에서 다람쥐들이 나무나 송전선을 타고 올라가는 모습을 한껏 들뜬 얼굴로 지켜보곤 했다. "내가 보니까 수컷 메추라기들은 새끼를 돌보는 데 적극적이더라고." 그가 장난감을 보며 말했다. "이걸 아기 선물로 살래."

브렌트가 계산대로 걸어가는 동안, 나는 처음으로 내 자궁에 착상한 배아에게 텔레파시로 말을 걸었다. '너 정말 운 좋은 아이구나.'

나는 늘 흔치 않은 이름에 매력을 느꼈다. 그래서 수년간 휴대전화 메모 앱에 목록을 작성해놓고 멋진 이름을 알게 될 때마다 목록에 추가해왔다. 리스트에 있던 이름은 루소, 코플런드, 펠릭스, 포레스트, 페트리커, 스카일러, 아르곤과 네온 등이었다. (아르곤과 네온(둘 다 원소기호이다—옮긴이)이라니, 쌍둥이 이름으로 딱 좋지 않은가?) 2014년 8월 9일 저녁 6시 34분에 저장된 마지막 항목은 주머(Zoomer)였다.

약혼하기 몇 달 전 어느 날 밤, 브렌트와 함께 레스토랑에 갔다가 집으로 돌아오는 길에 나는 그에게 어린 시절에 별명이 있었는지 물었다. 그가 현관문을 열며 말했다. "부모님은 나를 주머라고 불렀어."

나는 벅찬 사랑에 녹아내리는 기분을 느끼며 즉시 대답했다. "만약 우리가 아이를 가진다면 주머라고 불러야겠어." 그렇게 아이 이름이 정해졌다.

나에게 '주머'라는 이름은 특별했다. 브렌트에게 바치는 헌사이자, 매우 재미있고 기발하면서도 젠더의 틀에 갇히지 않은 단어였다. 나는 이 이름을 메모에 기록했고, 그때부터 우리 눈 속의 반짝임으로만 존재했던 가상의 아이 이야기를 꺼낼 때마다 우리는 아이를 주머라고 불렀다. 그로부터 11개월 후, 주머가 찾아왔다.

주머의 중간 이름은 내 별명에서 따왔다. 아빠가 나를 카일리 와일 E. 코요테(Kylee Wile E. Coyote)라고 불렀다고 (그리고 지금도 그렇게 부른다고) 말했을 때, 브렌트는 확신에 차 보였다.

"그래, 바로 그거야! 우리 아이는 엄마와 아빠 이름을 섞어서 주머 코요테가 될 거야."

나는 코요테가 최악의 동물로 인식되지 않는다는 사실을 확인하기 위해 약간의 조사를 했다. 내 별명이 시걸(Seagull, 갈매기—옮긴이)이던 때도 있었는데, 갈매기는 내가 여섯 살 때 천하의 나쁜 놈으로 정한 동물이므로 절대로 내 아이의 출생증명서에는 등장할 리 없었다. 왜냐하면 가족과 자동차 여행을 하던 중 맥도날드 앞에서 해피밀 세트를 먹고 있을 때, 갈매기 한 마리가 내 치킨너깃을 훔쳐 갔기 때문이다.

알고 보니 코요테는 놀라운 동물이었다. 코요테는 현대 인류의 행동 양식에 대한 적응력이 뛰어나서, 실제로 인간 환경에 잘 적응하여 그 안에서 잘 살아가고 있었다. 코요테는 사회 조직 내에서도 융통성이 있는 동물이다. 그들은 가족이든, 혈연관계가 아닌 무리에서든 잘 살아가며 천적도 거의 없었다. 한마디로 코요테는 멋진 동물이다. 나는 어릴 적부터 유타 남부 사막에서 들려오는 코요테의 울음소리를 들으며 자랐다. 꼬마 주머 코요테를 키운다는 것은 생각만으로도 마음이 흐뭇했다.

임신 테스트에서 양성이 나온 바로 다음 날, 구역질이 시작됐다. 내 경우에는 아침, 점심, 저녁을 가리지 않고 토했으니, '아침 입덧(입덧은 영어로 morning sickness이다—옮긴이)'이란 말은 오해의 소지가 있다고 본다. 내 메스꺼움에는 정해진 때가 없었다.

나는 강의 스케줄을 바꾸기 위해 사회학과 학과장에게 연락했다. 봄 학기 중간인 3월에 출산할 예정이었으므로 뭔가 해결책이 필요했다. 우리는 내가 가을에 범죄학을 가르치고 봄에 젠더와 성을 가르치는 대신, 임신 첫 3개월 동안인 가을에 두 과목을 다 가르치기로 결정했다.

강의 첫 달 내내, 나는 강의실에 들어가기 전에 캠퍼스 곳곳에 있는 쓰레기통이나 화장실에 토하곤 했다. 임신 초기라는 사실을 사람들에게 아직 알리지 않은 상태였다. 강사가 매일 창백한 얼굴로 들어와 교탁 가장자리를 붙잡고 서서 심호흡하며 메스꺼움을 물리치려고 노력하는 모습을 보면서, 불쌍한 학생들은 분명 강사가 사람들 앞에 서는 것을 두려워한다고 생각했을 것이다.

매일 범죄학 강의가 끝나고 나면 젠더와 성 과목 온라인 수업을 연습한 다음, 오후 3시쯤 집에 돌아와 곧바로 소파에 몸을 던지곤 했다. 그토록 기진맥진한 적은 처음이었다. 토할 때마다 내 지성도 함께 배출되는 듯한 기분이었다. 툭하면 눈물이 났고, 늘 배고프고 피곤했으며, 속은 메스꺼운 데다 머리까지 나쁜 엉망진창인 상태였다. 그 당시 나는 임신 기간이 좋았다고 말하는 사람들을 이해할 수 없었다. 첫 3개월은 인정사정없이 힘들었다.

커피스톱의 바리스타가 주문을 받으려고 드라이브스루 매대 창문을 열자, 그윽한 커피 향이 흘러나왔다. "두 분 오셨네요! 좋은 아침이에요! 뭘로 드릴까요?" 진은 따뜻한 미소와 커다랗고 파란 눈의 소유자였다. 팔에는 문신이 있었고 긴 연갈색 머리 위에는 비니를 쓰고 있었다. 브렌트는 평소처럼 라테를 주문했다. 조수석에 앉아 있던 나는 아이스커피를 주문했다.

"더위를 피하러 파크시티(미국 유타주 워새치 카운티에 있는 마을―옮긴이)에 가는 길이에요." 브렌트가 진에게 말했다.

내가 끼어들었다. "당신은요? 퇴근하고 뭐 할 생각이에요?"

"집에 가서 침대로 직행하려고요! 어젯밤 분만 이후로 24시간 동안 못 잤거든요." 특유의 생기 덕분인지 피곤함이 전혀 느껴지지 않는 얼굴로 진이 대답했다.

"미안해요. 어젯밤에 분만을 했다고요?" 놀란 브렌트가 걱정스럽게 물었다.

진은 머리를 뒤로 젖히며 깔깔 웃었다. "제가 아니라요! 제 고객이 출산했어요. 제가 조산사 일을 하거든요. 죄송해요, 말을 애매하게 했네요. 아니요. 저는 어젯밤에 출산하지 않았어요." 우리는 함께 웃었다.

진이 드라이브스루 창문 너머로 커피를 건네주자, 브렌트는 이를 좌석 옆 홀더에 내려놓았다.

차창을 올리고 신호를 기다리며 내가 말했다. "진이 조산사였구나."

브렌트는 32도의 날씨에 용암처럼 뜨거운 라테를 마시며 고개를 끄덕였다. "응. 혹시 진이 우리 출산을 도와줬으면 하는 거야?"

나는 가정 분만을 원했고, 우리는 산파와 조산사를 찾고 있었다. 나는 차가운 블랙커피를 한 모금 마신 다음, 마음속으로 슬프게도 커피가 내 임신한 몸과 잘 맞지 않는 듯하다는 사실을 마지못해 인정했다. "그럴까 봐. 다음에 만나면 관심 있는지 물어봐야겠어."

"그러자!" 브렌트가 말했다. "나도 진이 마음에 들어. 왠지 우리랑 아주 잘 맞을 것 같아." 브렌트는 나를 힐끗 쳐다보더니, 곧바로 다시 한번 나를 살폈다. 그는 걱정하는 얼굴로 내 손을 잡았다. "카일 마이어스, 당신도 알다시피 나는 당신이 정말 멋지다고 생각하니까 오해하지 말고 들었으면 좋겠는데, 당신 지금 상태가 안 좋아 보여."

"이 커피를 못 마시겠어." 나는 커피로 가득 찬 컵을 보며 인상을 썼다. "태아를 키우는 일은 너무 힘든데, 이제 카페인마저 섭취할 수가 없네."

나는 커피를 홀더에 다시 내려놓고 심호흡을 한 뒤, 창문을 열어 신선한 공기를 마시면서 쉴 새 없이 밀려드는 멀미가 바람에 실려 사라지길 바랐다.

며칠 후, 나는 마음속에 두 가지 임무를 새긴 채로 커피스톱까지 걸어갔다. 우선은 속이 메스꺼운 임신 초기 3개월 동안 어떤 새로운 음료를 마셔야 할지 알아볼 생각이었다. 두 번째로, 진에게 내 조산사가 되어줄 수 있는지도 물어봐야 했다. 내가 테이크아웃 창구로 천천히 걸어가자, 진이 창문을 열며 웃는 얼굴로 "안녕하세요!" 하고 인사를 건넸다.

"안녕하세요, 진." 내가 대답했다. "참, 내 이름은 카일이에요. 내 소개를 제대로 했는지 기억이 안 나서요."

"공식적으로 만나서 반가워요, 카일. 어떤 음료로 드릴까요?"

"사실 제가 임신을 했거든요. 조금 속상하지만 커피를 마시면 속이 메스꺼워서 지금은 전혀 당기지 않아요. 커피 말고 다른 아이스 음료를 마시고 싶은데, 추천할 만한 게 있나요?"

진의 눈이 반짝거렸다. "임신하셨군요! 정말 잘됐네요! 예정일이 언제예요?"

"3월 19일이에요. 3개월도 안 된 임신 초기라서…… 구토도 심하고 컨디션이 최악이에요."

진이 고개를 끄덕였다. "초기 3개월은 정말 힘들죠. 그래도 몸이 다른 몸을 만들어낸다는 건 꽤 멋진 일이니까, 조금 봐주세요."

"매일 변기 앞에서 구역질하며 생각하는 게 바로 그런 거예요. '카일, 너는 척추를 만들어내고 있는 거야. 이 정도 고생할 가치가 있지.'"

우리는 모종의 유대감을 느끼며 웃었다.

진이 음료를 추천해줬다. "진저 트위스트 아이스티를 한번 마셔보세요. 레모네이드랑 생강 향이 나는 차를 섞은 건데, 입덧에 도움이 되거든요."

"그게 좋겠네요. 그걸로 마셔볼게요."

진은 가게 안으로 몇 걸음 들어가서 음료를 준비하는 내내 나와 이야기를 나눴다. 나는 왠지 데이트 신청을 앞둔 듯한 긴장감에 사로잡혔지만, 진이 워낙 따뜻하고 순수하게 대해준 덕에 앞으로 진을 더 알아갈 일이 기대됐다.

"요즘 새로운 고객도 받으시나요?" 내가 물었다.

진이 커다란 스쿱으로 얼음을 퍼서 플라스틱 컵에 담았다. "마침 3월에 며칠 비는 날이 있어요."

내가 다시 물었다. "브렌트와 셋이서 함께 점심을 먹으면서 우리가 잘 맞을지 알아보면 어떨까요?"

"그럼 좋겠네요. 전화번호 좀 알려주세요." 진은 금전등록기의 버튼을 눌러서 빈 영수증 용지를 뽑았다. 그리고 뜯어낸 종이에 자신의 전화번호를 적었다. 진이 아이스티와 함께 전화번호를 건넸고, 나는 체크카드를 건넸다. 나는 음료를 한 모금 맛보았다. 이번에는 속이 메스껍지 않았다.

그 주 주말, 브렌트와 나는 진을 레스토랑으로 데려가 파라솔 그늘 아래 자리를 잡았다. 우리는 점심 식사를 주문한 다음, 서로를 조금씩 더 알아갔다. 한참 대화를 나누다가 우리가 젠더 프리 육아 계획에 대한 이야기를 꺼냈다.

나는 아기의 젠더를 정해주지 않을 생각이라고 진에게 말했다. 우리는 남자아이, 여자아이라는 말 대신 그저 아이라고만 부를 생각이며, 젠더 고정관념 없이 행복하고 건강한 아이를 키우는 데에만 초점을 둘 것이라고 이야기했다.

진이 의자에서 몸을 앞으로 기울이며 말했다. "정말 좋은 생각이에요. 저도 당연히 두 분 출산담에 동참하고 싶어요. 젠더를 정해주지 않겠다는 생각도 멋지다고 생각해요."

"도와주신다니 기쁘네요." 내가 말했다. "이제 아이를 받아줄 산파만 구하면 되겠어요."

나는 진에게 우리가 가정 분만을 원한다고 말했다. 내가 집에서 출산하고 싶다고 생각한 것은 두 여동생이 집에서 태어나는 모습을 지켜봤던 경험 때문만은 아니었다. 가정 분만은 젠더 프리 육아를 지향하는 부모의 입장에서도 매력적이었다. 부산하게 돌아다니는 병원 직원들도 없을 테고, 아기들을 두 가지 성별로 나누고 이름표를 붙이는 분만실에 누워 있을 필요도 없기 때문이다. 우리는 산파와 조산사와 함께 집에서 편안하게 출산한 다음, 주머와 셋이 한 가족이 된다는 달콤한 기분을 누리기만 하면 된다.

"두 분에게 딱 맞는 산파가 있어요." 진이 빙그레 웃으며 말했다. "캐슬린을 꼭 만나보세요. 예약이 금방 차니까 하루 빨리 전화해보셔야 해요."

진은 내게 캐슬린의 연락처를 알려줬고, 나는 점심 식사를 마치고 집에 도착하자마자 노트북을 열어 캐슬린에게 이메일을 보냈다. 내가 임신 몇 개월 차인지 알리며, 우리의 육아 철학에 관한 이야기를 간략히 적었다. 아이에게 젠더를 정해주지 않을 생각이라고 말하고, 예약이 가능한지도 물어봤다. 만약 가능하다면 캐슬린은 우리 출산을 맡아줄 의향이 있을까?

우리에게 관심이 있다는 캐슬린의 답장을 받고서 나는 안도의 한숨을 크게 내쉬었다. 정확히 말하자면 캐슬린은 '호기심'을 보였으며, 직접 만나서 잘 맞을지 알아보고 싶다고 했다. 나는 아무런 경험도 없는 상태에서, 첫 임신과 젠더 프리 육아를 잘 풀어가고자 노력하고 있었다. 모르는 사람에게 먼저 연락하고서 어떤 반응이 돌아올지 전혀 예측할 수 없는 채로 무작정 기다리자니 겁이 났다. 행여 우리 가족이 구경거리 취급을 받을까 걱정됐다.

내가 가장 우려했던 그림은 가정 분만 조산사나 소아과 의료진이 우리의 젠더 프리 육아 철학을 접하고 굉장한 반감을 느껴서, 사람들에게 우리에 대해 말하고 다니며 주머의 성별을 노골적으로 폭로하는 것이었다. 사람들이 소셜 미디어나 업무용 메일 등을 통해 어떻게든 나를 찾아내 괴롭히거나, 우리 이야기를 듣게 된 기자가 현관문을 두드리며 우리 일에 대해 설명하라고 강요하는 장면이 펼쳐질까 봐 두려웠다. 나는 성격상 조심스럽고 신중하게 움직이는 쪽을 선호했다. 임신과 출산, 육아 초반 동안에는 너무 많은 사람들을 우리 세계에 끌어들이고 싶지 않았다. 나는 내가 어떤 길을 가야 하는지 정확히 파악하고 싶었다.

나는 사람들이 젠더 프리 육아와 관련된 부분에 열중할 가능성을 너무 걱정한 나머지, 그들이 내 태반의 위치나 임신성 당뇨 여부와 같은 요소에 신경 쓰는 것만으로도 매우 바쁘다는 사실을 생각지 못하고 있었다. 캐슬린은 아기의 젠더를 정해주지 않겠다는 내 생각에는 크게 관심이 없었다. 그저 아기가 최대한 안전하게 세상에 나오도록 해주고 싶을 뿐이었다. 출산 멤버를 꾸리고 나니 안정감이 찾아들었다. 나는 이해받고 있으며 안전하다고 느꼈고, 내가 원하던 임신 경험을 누릴 수 있었다. 주머의 생식기나 젠더 지정은 전혀 문제되지 않았으며, 건강한 아기를 낳고 기르는 일이 가장 중요했다.

캐슬린은 우리 가족과 매우 잘 맞았다. 어느 늦여름 아침, 내가 사무실로 찾아갔을 때, 캐슬린은 맨발로 나와 문을 열어줬다. 출산 전 정기검진 때마다 병원이 아니라 가장 좋아하는 친척 집을 방문하는 느낌이었다. 캐슬린의 사무실은 무척 아늑했다. 캐슬린은 임신한 나를 잘 돌봐줬고, 초음파 기계도 보유하고 있어서 방문할 때마다 주머의 모습을 슬쩍 엿보게 해줬다. 우리는 주머가 다리로 여기저기를 차는 모습이나 주머의 작은 심장이 벌새 날개처럼 빠르게 뛰는 모습을 볼 수 있었다. 캐슬린은 주머를 '아기'라고 부를 뿐, 성별이 드러나는 호칭은 전혀 사용하지 않았다. 성별은 아예 화제에 오르지도 않았고, 덕분에 나는 기분이 한층 후련해졌다. 주머를 낳을 때 캐슬린이 함께한다고 생각하니 신이 났다. 모든 일이 순조롭게 풀려가고 있었다.

6장

대화

일단 브렌트와 임신을 결정하고 나서, 나는 젠더 프리 육아를 실천하는 데 현실적으로 필요한 대화를 시도하기 시작했다. 우선 가장 달성하기 쉬운 목표부터 시도했다. 나는 가장 친한 친구 레이와 대학원 지도 교수인 클로디아에게 젠더 지정 없이 아이를 키우기로 한 우리의 결정에 관해 가볍게 이야기했다. 그들은 내 계획을 듣고도 당황하지 않았다. 우리는 젠더 문제에 있어 비슷한 사고방식을 공유하고 있었기 때문이다. 나는 무난하게 목표를 이뤄갔다.

내 가장 어린 여동생들에게도 젠더 프리 육아에 대해 이야기했는데, 그들은 눈도 깜짝하지 않았다. 친오빠에게 이야기했을 때에는 "넌 진짜 특이해. 그래도 사랑한다"라는 답이 돌아왔다. 젠더와 성 강의 시간에는 대학생 100명 앞에서 젠더 프리 육아가 더욱 주류에 오를 것이라고 생각하는 이유와 함께, 만약 내게 아기가 생긴다면 이를 실천할 것이라는 견해를 이야기했다.

하지만 항상 자신감이 넘친 것은 아니었다. 여동생 미켄지와 부모님에게 털어놓을 생각을 하니, 스스로도 놀라울 정도로 두려움이 밀려들었다. 나는 그들과 나눌 대화가 몹시 겁이 났다.

'카일, 대체 왜 그래?' 나는 나 자신을 꾸짖었다. '다음번에 만나면 그냥 이야기를 꺼내!' 나는 어서 용기 내어 여동생에게 내가 임신을 시도할 계획이며 아이에게 젠더를 정해주지 않을 생각이라는 말을 꺼내야만 한다고 나 자신을 재촉했다. 하지만 가족을 안심시킬 뾰족한 수단이나 가이드라인조차 없는 상태였다. 젠더 프리 육아가 그렇게 험난하지 않으리라는 자신감은 어느 정도 있었지만, 내 동생과 가족에게 말할 때에는 그럴싸한 근거를 드는 편이 더 쉬울 터였다.

미켄지에게는 어린 딸이 있었다. 임신을 염두에 둔 이후로 나는 미켄지와 더욱 자주 이야기를 나누었고 그 시간이 정말 좋았다. 매주 유쾌하고 느긋한 성격의 미켄지와 대화를 나누는 시간이 기다려질 정도였다. 하지만 아직 부모가 아닌 내가 먼저 육아 이야기를 꺼내자니 긴장됐다. 미켄지가 엄마로서 기분이 상할까 봐 걱정됐기 때문이다.

어느 날 오후, 미켄지와 통화를 하다가 불쑥 이야기를 꺼냈다. "나 임신을 계획 중이야. 그리고 너한테 알려줄 게 있는데, 나는 아기에게 젠더를 정해주지 않을 생각이야." 수화기 건너편에서 한동안 침묵이 흘렀다.

미켄지의 딸 마라가 장난감을 가지고 놀면서 옹알이하는 소리가 들렸다.

"알겠어." 미켄지가 말했다.

"그리고 나는 아들, 딸이라는 호칭 대신 아이라고만 부를 생각이야. 아이가 최대한 젠더 고정관념에 구애받지 않고 자랄 수 있는 환경을 만들어주고 싶어." 미켄지가 마음을 가다듬는 동안, 또다시 정적이 흘렀다.

"언니를 지지하고 싶어. 언니는 부모로서 뭐든 가족에게 최선이라고 믿는 일을 해야겠지." 미켄지의 목소리에서 불편함이 묻어났다. "언니 생각에는 내가 마라를 여자아이로 키우는 게 잘못된 것 같아?"

심장이 덜컥 내려앉았다.

"아니야. 너는 훌륭한 엄마고 마라는 정말 멋진 아이야. 너는 마라를 위해 옳다고 생각하는 모든 일을 하고 있어. 이건 나와 브렌트가 옳다고 생각하는 일일 뿐이야." 나는 말을 이어갔다. "네 덕에 나도 육아에 대해 정말 많은 걸 배웠고, 너라는 롤 모델이 있어준 덕분에 나도 더욱 좋은 엄마가 될 거라고 믿어."

미켄지가 숨을 내쉬는 소리가 들렸다.

"그럼 나는 아기를 뭐라고 부르면 돼? 조카딸(niece)이나 남자 조카(nephew) 대신 쓸 수 있는 중립적인 단어(우리말에서 '조카'는 성별에 상관없이 쓰이는 젠더 중립적 단어지만, 영어로 조카를 가리키는 말은 성별에 따라 niece와 nephew로 나뉜다—옮긴이)는 뭐야?" 미켄지가 물었다.

"좋은 질문이야." 나는 수화기를 든 채로 구글 검색창에 '조카딸 남자 조카 젠더 중립적 단어'를 검색했고, 귀여운 결과가 나왔다. "와, 이거 귀엽다." 내가 말했다. "조카애(nibling). 조카에 아이(sibling)가 합쳐지면 조카애가 되네."

"정말 귀엽다." 미켄지가 말했다. "내 식대로 바꿔야겠어. 언니 아기는 내 귀여운 조카둥이(niblet)가 될 거야." 우리는 소리 내어 웃었다. 조카둥이라니, 완벽한 단어였다.

내가 미처 고려하지 못했던 부분은 내 친구들과 가족이 메신저 역할을 해주리라는 점이었다. 내가 젠더 프리 육아에 대해 한 사람에게 말하면 그들은 각자 가장 가까운 사람에게 이야기했고, 이야기는 입에서 입으로 전해졌다. 미켄지는 자신의 남편과 남편의 가족, 그리고 우리와 겹치는 친구 중 자신과 더 친한 이들에게 이야기할 터였다. 아마 사람들도 나에게 직접 들을 때보다 한결 편하게 자신의 생각을 말할 자유를 누릴 수 있을 것이다. 우리는 스트레스가 줄었을 뿐 아니라 시간도 많이 절약했다. 나는 매번 이런 말을 꺼내야 한다는 의무감을 느낄 필요가 없었다. 우리는 이미 결정을 내렸고, 이에 대해 돌아올지 모를 부정적인 답변들을 내가 직접 들을 필요는 없었다.

그로부터 몇 달 뒤 임신에 성공한 나는 공개적으로 이용하거나 쉽게 찾을 수 있는 젠더 프리 육아 관련 자료가 거의 없다는 사실에 좌절했다. 나처럼 더 많은 정보를 원하는 사람들이 많으리라는 생각에 다다르자, 나는 내가 원하는 자료를 직접 만들기로 결심했다. 언젠가 내 가족과 친구들 외의 누군가에게도 유용하게 쓰일 만한 자료를 만들고 싶었다.

브렌트와 나는 레이징주머(raisingzoomer.com)라는 웹사이트를 만들었다. 그 당시 나는 대학생들을 대상으로 '젠더와 성의 사회학'이라는 강의를 하고 있었고, 브렌트는 디지털상의 것들을 보기 좋게 만드는 일을 하고 있었다. 우리 둘의 능력을 합친다면 우리가 중요하다고 생각하는 젠더 프리 육아에 대해 가족과 친구들에게 설명하는 데 도움이 될 간단한 웹사이트를 만들 수 있겠다고 생각했다.

나는 몇 달에 걸쳐 짤막한 블로그 포스트들을 작성해나갔다. 자초지종을 털어놓을 완벽한 타이밍을 기다렸다가 대화를 강요하는 것보다는 가족, 친구, 직장 동료들에게 링크를 보내서 각자 편한 시간에 읽도록 하는 편이 더 쉽겠다고 생각했다. 내가 작성한 짧은 에세이들에는 젠더 중립적인 호칭을 사용하는 방법이나 성별과 젠더의 차이 등을 설명해주는 포스트 링크들이 걸려 있었다. 나는 언제든 닿기 쉽고 누구나 편한 장소에서 만날 수 있는 사람이 되고 싶었다. 공격적이지 않고 신중한 방식으로 내 관점을 공유하고자 했다. 사람들은 포스트를 읽고 각자 고민해본 다음, 질문이 있으면 내게 물어볼 수 있었다. 나는 이러한 방식이 모두의 심적 부담을 조금이나마 덜어줄 것이라고 예상했으며, 실제로도 그랬던 것 같다.

부모님에게 젠더 프리 육아 계획을 알리기 전, 몇 년 전에 기사로 접했던 사샤와 스톰의 부모님에게 연락을 취할 수 있었다. 그들과 짧은 이메일을 주고받다가 질문을 던졌다. "이런 방식으로 아이를 키우는 데 만족하시나요?" 그들은 모두 그렇다고, 이렇게 아이를 키우는 데 만족한다고, 그리고 시간을 되돌리더라도 다시 그렇게 할 것이라고 대답했다. 나는 일종의 동지애를 느꼈으며, 나보다 먼저 그 일을 해낸 부모들로부터 젠더를 정해주지 않은 것이 그들이 했던 최선의 육아 결정이라고 생각한다는 말을 들으니 마음의 위안까지 얻은 기분이었다. 왠지 안도감이 느껴졌다.

어느 때보다 예측 불가였던 첫 12주가 지나가고 나자, 나는 이제 엄마에게 젠더 프리 육아 계획을 이야기해야겠다고 결심했다. 첫 3개월 동안에는 긍정적인 생각만 하려고 노력해야 했다. 유산은 엄마도 몇 번이나 경험했을 정도로 흔한 일이었다. 나는 안심할 만한 정보와 검사, 초음파, 그리고 시간이 필요했다. 한 주 한 주가 지나면서 조금씩 더 마음이 편안해졌다. 수정란이 태아가 되고 태아가 점점 아기의 모습을 갖춰가자, 나는 이제 주머 코요테와 유대감을 형성해도 되겠다고 스스로에게 허락하기 시작했다. 비로소 진지하게 젠더 프리 육아에 전념할 준비가 됐으니 부모님에게도 이에 관한 이야기를 해야만 했다.

나는 엄마에게 전화를 걸어 사소한 잡담으로 대화를 시작했다. 그리고 심호흡을 했다. "엄마, 나 할 말이 있어요. 시간 괜찮아요?"

엄마가 대답했다. "응, 무슨 일이니?"

"음…… 그게…… 나는 주머에게 젠더를 정해주고 싶지 않아요." 내가 말했다. "주머를 아들이나 딸로 부르고 싶지 않다는 뜻이에요. 나는 주머가 남자아이나 여자아이일 때 따라오는 모든 기대와 고정관념에서 벗어나, 그냥 아기이고 아이였으면 좋겠어요."

엄마가 말했다. "네가 그런 걸 원한다는 게 딱히 놀랍지는 않구나."

나는 안도의 한숨을 살짝 내쉬었다. "그리고 더 있어요. 주머를 부를 때, 아들이나 딸이라는 말 대신 아이라는 말만 쓸 생각이에요. 우리가 성별에 따른 호칭을 쓰지 않는다면 다른 사람들도 주머를 성별에 따라 대우하지 않을 가능성이 커질 거예요. 약간의 연습이 필요하겠지만, 주머가 스스로 어떤 호칭으로 불리고 싶은지 말해줄 정도로 성숙해질 때까지는 모두가 주머를 젠더 중립적인 호칭으로 불렀으면 좋겠어요." 나는 엄마가 이 모든 이야기를 이해하려고 애쓰고 있다는 것을 느꼈다.

"그래, 그래도 나는 주머의 성별을 알게 되겠지. 안 그러니?" 엄마가 물었다. 새로운 차원의 불편함이 시작되고 있었다.

"엄마, 나는 엄마가 주머와 가깝게 지내길 바라요. 언젠가는 엄마도 주머의 성별을 알게 되겠지만, 처음 몇 달 동안은 아무한테도 주머의 성별을 이야기하지 않을 생각이에요. 그래야만 모든 사람들이 젠더 중립적인 호칭을 쓰면서 의식적으로 주머를 그저 아기로만 대하는 데 익숙해질 테니까요."

엄마가 살짝 기분이 상한 것이 느껴졌다. "약간 충격적이구나." 엄마는 말했다. "내가 생각했던 할머니의 모습과는 너무 달라서 어떻게 받아들여야 할지 모르겠구나. 그러니까 나도 주머의 젠더를 알 수 없다는 거지?"

"엄마, 주머의 젠더는 나도 모를 거예요. 그게 이 계획의 일부예요. 주머의 젠더는 주머에게 달려 있으니까 주머가 마음을 정했을 때, 자신의 성 정체성과 자신이 불리고 싶은 호칭을 우리에게 알려줄 거라고 생각해요. 그러기까지 아마도 몇 년이 걸리겠지만 거시적으로 보면 그렇게 긴 시간은 아니에요. 우리도 처음 몇 달만 지나고 나면 엄마가 주머의 기저귀를 갈아주거나 목욕을 시켜줄 수 있도록 할 거예요. 그저 우리가 이렇게 하는 이유를 엄마가 이해해줬으면 좋겠어요."

"그럼 만약 공원에 갔는데 주머가 발가벗고 뛰어다니길 바란다면 어쩔 셈이니?" 엄마가 물었다.

나는 잠시 생각에 잠겼다. "어, 글쎄…… 내가 어렸을 때 발가벗고 공원을 뛰어다닌 적이 많았어요?"

우리는 킥킥대며 웃었다. 엄마가 말했다. "내 말이 무슨 뜻인지 알 거야. 아이의 몸을 어떻게 비밀로 할 생각이니?"

나는 엄마가 무슨 말을 하는지 이해했고, 중요한 질문이라는 사실에 동의했다.

"주머가 자신의 몸에 대해 긍정적으로 느꼈으면 좋겠어요. 그래서 우리가 공공장소에서 기저귀를 갈거나 수영복을 갈아입혀야 할 일이 있으면 그냥 그렇게 할 것 같아요. 우리는 난관을 마주할 때마다 잘 헤쳐나갈 거예요. 요점을 말하자면 주머가 꼬리표나 제약, 사회적으로 만들어진 경계를 넘더라도 수치심을 느끼지 않으면서, 자기 자신을 발견할 기회를 누렸으면 좋겠다는 말이에요. 무슨 말인지 아시죠?"

엄마는 숨을 크게 들이마셨다. "그래, 알지. 그래서 이런 걸 뭐라고 부르니?"

"나는 이걸 젠더 프리 육아라고 부를 생각이에요. 이에 관해 설명해줄 블로그를 만들었어요. 엄마도 원한다면 읽어보세요. 이해하는 데 도움이 될 거예요. 그리고 뭐든 궁금한 게 있으면 나한테 물어봐주면 좋겠어요."

통화가 끝날 때쯤, 엄마는 나를 솔선수범하며 포용력 있고 정 많은 사람으로 키웠다고 믿고 싶었으며, 따라서 이 모든 일이 납득된다고 말했다. 나도 모르게 웃음이 나왔다.

아빠에게 말할 때가 됐을 때, 나는 아빠가 완전히 솔직하지 않을까 봐 걱정했다. 아빠는 내가 하는 일에 동의하지 않더라도 입 밖으로 꺼내지 않고, 설명이 더 필요하더라도 요구하지 않을 사람이었다. 아빠는 갈등을 싫어했지만, 나는 아빠가 혼란스러운 감정을 마음속에 품고 있는 것도 싫었다. 나는 자주 아빠가 내 블로그를 들여다보는 상상을 했다. 아빠는 호기심 많고 똑똑한 사람이므로, 내가 블로그 포스트에 적절한 링크만 달아둔다면 아빠가 알면 좋을 만한 정보가 담긴 사이트를 연결해줄 수 있겠다고 생각했다.

통화로 아빠에게 젠더 프리 육아 이야기를 꺼냈을 때, 나는 여동생 중 한 명이 이미 아빠에게 그 이야기를 했다는 사실을 알게 됐다.

"난 이해가 잘 안 된다." 아빠가 말했다.

나는 정말 무슨 말을 해야 할지 몰랐다. 아빠는 내 열아홉 살짜리 학생들과는 달랐다. 그는 나의 아빠였고, 나는 아빠의 생각을 존중하므로 아빠를 실망시키고 싶지 않았다. 내가 어떤 말을 하면 좋을지 고민하는 사이, 아빠가 정곡을 찔렀다.

"하지만 내가 그걸 완전히 이해해야만 너를 사랑할 수 있는 건 아니야. 나는 내 손주도 사랑할 거야. 그 아이의 엄마를 사랑하는 만큼."

가슴이 벅차올랐다. 나는 아빠에게 고맙다고 말한 다음, 웹사이트를 만들고 이해하는 데 도움이 될 만한 포스트를 몇 개 올려뒀다고 말했다. 그리고 만약 설명이 더 필요하면 내게 물어봐달라고 부탁했다. 나는 이 문제가 아빠를 너무 힘들게 하지 않길 바랐다.

내가 부모님에게 말하기를 겁낸다는 사실은 브렌트에게 더 큰 두려움을 안겨줬다. 그는 걱정이 많은 편이었다. 사람들의 생각에 나보다 훨씬 더 신경을 썼다. 브렌트는 자신의 부모님이 충격을 받으리라는 사실을 알고 있었다. 브렌트는 부모님과 매우 사이가 좋았지만 지리적인 조건부터 이상적이지 않은 상황이었다. 우리는 수천 마일 떨어진 지구 반대쪽에 살고 있었다. 이제 그들의 첫 손주인 아기가 태어날 예정인데 지구 반대편에 있는 것으로도 모자라, 브렌트가 이 소식을 전하면 부모님이 생각하는 할아버지, 할머니로서의 계획에 소금을 뿌리는 꼴이 될지도 몰랐다.

부모님에게 말해야 할 시간이 가까워오면서 브렌트의 주변에 미묘한 불안감이 맴돌았다. 그는 스스로 해내고 싶어 했다. 젠더 프리 육아에 최선을 다하는 자신의 모습을 부모님에게 보여주고자 했다. 나는 다행이라고 생각했다. 그분들의 아들을 호주에서 데려왔다는 사실만으로도 나는 이미 일종의 죄책감을 느끼고 있었는데, 그분들이 젠더 프리 육아마저 모두 내 아이디어라고 느낄까 봐 두려웠다.

브렌트는 우선 자신의 형제자매인 네이선과 킴벌리에게 우리의 젠더 프리 육아 계획을 이야기했다. 두 사람은 곧바로 놀라우리만치 적극적으로 지지해줬다.

마침내 주머를 만날 시간이 한 달 앞으로 다가왔을 때, 브렌트는 부모님에게 전화를 걸겠다고 선언했다.

"뒷마당으로 갈 거야." 그가 휴대전화를 집어 들며 말했다.

"알겠어. 행운을 빌어." 나는 더 이상 무슨 말을 해야 할지 몰랐다. 그에게 매우 어려운 일임을 알고 있었기 때문이다.

그날은 2월이었지만 햇볕이 화창해서 비교적 외출하기 좋은 날씨였다. 잠시 후, 세탁이 끝난 아기 옷들이 담긴 바구니를 옷장에 넣고 있을 때, 브렌트의 목소리가 희미하게 들려왔다. 창가로 걸어가니 브렌트의 모습이 보였다. 그는 회색 티셔츠에 검은색 나이키 트레이닝 바지 차림으로, 아직 충분히 푸르지 않은 잔디를 맨발로 걸으며 뒷마당을 서성거리고 있었다. 그는 왼손으로 휴대전화를 귓가에 댄 채, 오른손으로는 빨랫줄을 훑고 있었다. 한 시간 전까지만 해도 내가 지금 정리하고 있는 알록달록한 아기 우주복들이 걸려 있던 곳이다. 나는 한동안 브렌트를 지켜보며 몸짓을 관찰했다. 그는 안심한 듯 보였다. 나는 일이 잘 풀리길 마음속으로 바라면서 아기 방을 정리하러 갔다.

5분쯤 지나자 뒷문이 닫히는 소리가 들렸다. 브렌트가 조리대 위에 휴대전화를 내려놓고 거실로 걸어왔다.

"어떻게 됐어?" 내가 물었다.

그는 소파에 앉은 채로 한동안 말이 없었다. "괜찮았어. 부모님에게 너무 큰 부담이긴 하지. 진작 말씀드렸어야 했어. 부모님 입장에서는 전혀 생각지 못했던 일일 텐데, 단지 내가 불안하다는 이유로 대화를 미뤘던 게 마음에 걸려. 우리가 아이를 계획하기 시작할 때부터 부모님도 마음의 준비를 할 수 있게 해드릴 걸 그랬어."

브렌트는 발로 바닥을 두드리며 초조하게 다리를 떨고 있었다. 그는 오른쪽으로 고개를 돌려 내 시선을 피했다. 브렌트는 힘들어하고 있었다. 나는 그를 돕고 싶었다. 모두가 안심하도록 도와주고 싶었다. 하지만 아직 내 마음도 추스르지 못한 상태였다. 우리 앞에 어떤 길이 펼쳐질지 정말 알 수가 없었다.

나는 브렌트의 등을 어루만졌다. "무슨 말인지 알아. 나 역시도 대화를 미뤘고, 그게 어떤 면에서는 역효과를 낳았어. 우리 부모님도 아마 우리 아기에 관해 각자 바라는 장면을 상상하면서 다음 달에 손녀나 손자가 나오기만을 고대하고 있었을 텐데. 우리가 그런 생각을 접고 어떤 조부모가 될지 다시 새롭게 그려달라고 부탁한 셈이니까."

"내 생각에 부모님들은 그저 우리를 걱정하는 것 같아." 브렌트가 슬픈 얼굴로 말했다. "그분들은 우리가 왜 그런 이야기를 하고 싶어 하는지 이해 못 해. 부모님 생각에는 우리 삶이 훨씬 더 힘들어질 것 같으니까. 당연히 우리가 상처받지 않길 바랄 뿐이야."

"이번 일로 다시 생각해보게 된 거야?" 나는 브렌트에게 물었다.

"아니. 나는 젠더 프리 육아를 해내고 싶어. 하지만 그렇게 아이를 키우고 싶은 동시에 무섭기도 해."

나는 고개를 끄덕였다. 브렌트의 불안은 그다지 놀랍지 않았다. 하지만 내가 느끼는 불안이 내 허를 찔렀다. "우리는 옳은 일을 하고 있다고 생각해." 나는 큰 소리로 말했다. 브렌트뿐만 아니라 나 스스로도 확신을 가지려고 한 말이었다. 나는 진심으로 우리가 옳은 일을 하고 있다고 생각했다. 그런 내 생각이 맞길 바랐다.

7장

두 삶의 사이에서

임신 20주 차에 접어들었을 때, 처음으로 주머가 발길질하는 것이 느껴졌다. 우리는 브렌트의 부모님을 뵈러 호주에 가 있었다. 내가 부모님 집의 빨간색 소파에 앉아 있는 동안, 그 일이 일어났다. 매우 마법 같은 순간이었다. 나는 브렌트의 손을 내 배 오른쪽에 대고 살짝 눌렀다. 다음 날에는 시어머니의 손으로 내 갈비뼈 아래쪽을 눌러봤다. 주머는 그리 자주 움직이지 않았으므로, 나는 그 귀중한 순간을 주변에 있는 사람과 함께 나누려고 노력했다. 심지어 집으로 돌아오는 길에 만난 피지 공항 직원과도 그 순간을 공유했다.

처음 태동을 느꼈던 밤 이후, 유타로 돌아와 매번 병원을 방문할 때마다 주머는 늘 같은 자세였다. 내 배 가운데에 머리를, 내 골반 부근에 엉덩이를 두고, 발이 자신의 얼굴 근처로 오도록 웅크린 자세였다. 둔위, 둔위, 그놈의 둔위. 브렌트는 주머가 북반구로 돌아왔다는 사실을 깨닫지 못해서 거꾸로 누워 있는 것 같다며 농담을 했다.

임신 7개월 차에 접어들 무렵, 캐슬린은 초음파 검사를 할 때마다 주머가 둔위로 있다며, 우리가 이미 알고 있는 사실을 언급했다. 35주 차 검진 때, 나는 테이블을 밀어내고 배에 묻은 젤을 티슈로 닦아낸 다음, 바지를 배 위로 올리고 스웨터를 내렸다. 브렌트와 나는 캐슬린의 사무실 소파에 앉아 그녀를 마주하고 있었다.

"그럼 이제 선생님이 수중 분만용 대형 욕조를 우리 집으로 가져올 날짜를 정해야 할까요?" 내가 물었다.

"우리는 아기가 자세를 바꾸게 만들어야만 해요." 캐슬린이 갑자기 매우 심각한 얼굴로 말했다. "유타에서는 아기가 둔위라는 사실을 산파가 아는 경우에는 가정 분만 참여를 금지하고 있어요. 저는 아기가 자세를 돌릴 때까지 산모님 집에 아무것도 가져다 놓을 수 없어요."

"아." 나는 초조한 기분으로 한숨을 내쉬었다. 브렌트가 내 손을 꼭 쥐는 순간, 나는 분명히 깨달았다. '캐슬린은 주머가 자세를 바꾸리라는 확신이 없구나.'

캐슬린은 내 눈을 들여다보며 말했다. "숙제가 있어요. 스피닝베이비(spinningbabies.com)라는 사이트에 들어가서 거기 나온 동작들을 전부 따라 해봐요. 척추 지압사와 침술사도 찾아가서 태아가 거꾸로 누워 있는데 자세를 바꾸고 싶다고 말해봐요. 뜸질을 시도해보는 것도 좋아요. 수영장 회원권을 갖고 있나요?" 캐슬린의 물음에 나는 고개를 끄덕였다.

"수영장에 들어가요." 그녀가 처방을 내렸다. "제가 필립 영 박사에게 산모님을 소개해줄게요. 그 사람은 역아 외회전술, 또는 ECV라고 불리는 시술을 하는 역아 전문가거든요. 제 생각에는 산모님이 영 박사를 한번 만나보는 게 좋을 것 같아요."

2주 동안 나는 오로지 주머가 자세를 바꾸게 만드는 데에만 전념했다. 다리미판의 한쪽 끝을 침대에 기대 세워놓고, 침대에 올라가서 발은 침대 위에, 머리는 바닥을 향하도록 누웠다. 그리고 한참 기다렸지만 아무 일도 없었다.

나는 척추 지압사를 세 번이나 찾아갔다. 그는 교정술의 마법으로 주머를 제자리로 돌려놓을 수 있다고 자신했지만, 교정술은 그다지 마법 같지 않았다.

침술사를 두 번 찾아가 발에 침도 맞았다. 테니스공까지 동원됐지만 효과는 없었다.

나는 인터넷으로 뜸봉을 구매했다. 뒷마당에 빈카(쌍떡잎식물 용담목 협죽도과의 상록 여러해살이풀—옮긴이) 플라스틱 의자를 놓고 앉아, 세트 의자를 앞에 놓고 오토만 스툴(발걸이로 쓰이는 등받이 없는 쿠션 의자—옮긴이) 마냥 발을 올려놓았다. 뜸봉 끝에 라이터로 불을 붙여 의자 팔걸이 위에 잠시 올려둔 다음, 발을 움직여서 뜸 연기가 발가락 쪽으로 향하게 했다. 나는 이른 오후, 잠옷에 청재킷을 걸친 차림으로 앉아 고개를 뒤로 젖힌 채로 봄과 함께 찾아온 첫 햇살을 쬐었다. 뜸 연기에서는 마리화나와 비슷한 냄새가 났다. 나는 참견하기 좋아하는 이웃이 울타리 너머로 머리를 내밀거나, 주머가 갑자기 돌아눕고 싶은 충동을 느끼기를 기다렸다. 하지만 둘 중 아무 일도 일어나지 않았다.

나는 냉찜질 팩을 배 위에 올려놓고, 주머가 이를 불편하게 느껴서 자세를 뒤집길 기대했다. 브렌트는 내가 주방에서 자주 듣고 따라 부르면서 격렬하게 춤출 수 있는 노래 중에 '돌다'나 '뒤집다'와 같은 가사가 들어 있는 노래들로 스포티파이(Spotify, 2006년에 설립된 스웨덴의 음악 스트리밍 및 미디어 서비스 제공 업체―옮긴이) 재생 목록을 만들어줬다. 주머는 포크록 밴드 버즈(Byrds)의 "돌아! 돌아! 돌아!"라는 가사에도 별 감흥이 없는 듯했다. 태아의 엉덩이는 여전히 내 골반 부근에 있었다.

영 박사에게 ECV 시술을 받기로 예약한 날의 바로 전날, 나는 유타대학교 실내 수영장에 갔다. 대학생들이 온수풀에서 추파를 주고받거나 탄탄한 몸매의 수영 선수들이 빠르게 트랙을 오가는 동안, 나는 어울리지 않는 비키니를 입고 뒤뚱뒤뚱 걸어가서 부어오른 발을 물에 담근 뒤, 물속으로 텀벙 들어갔다.

나는 마치 장난기 많은 한 마리의 바다소처럼 헤엄치며 물속에서 앞뒤로 공중제비를 넘었다. 젊은 대학생들이 혼자 팔 벌려 뛰기를 하는 내 모습을 구경했다. 30분 뒤, 지친 나는 종아리를 수영장 가장자리로 들어 올려 차갑고 축축한 콘크리트 바닥에 올려놓았다. 나머지 몸은 물 위에 둥둥 떠 있었다.

"주머" 하고 귀가 물에 잠긴 상태로 속삭이자, 내 목소리가 머릿속에서 낯설게 울려 퍼졌다. "아가야…… 엄마는 너를 돌아눕게 하려고 애쓰는 중이야. 네 머리는 내 골반 쪽에, 엉덩이는 내 늑골 쪽에 있어야만 해." 만삭이 된 배가 수면 위로 떠올랐다.

"주머, 나는 정말로 가정 분만을 하고 싶어." 나는 마음을 털어놓았다. "병원에서 너를 낳고 싶지 않아. 그곳은 소독약 천지인 데다 사람도 너무 많고, 무엇보다 나는 그들이 너에게 젠더를 정해주는 게 싫어. 엄마는 네 생일날 괴짜 취급을 받고 싶지 않아."

주머가 뒤집기만을 바랄 수 있는 시간도 이제 얼마 남지 않았다. 나는 그런 일이 일어날 가능성이 적다는 사실을 서서히 받아들이고 있었다. 더욱 가능성 높은 현실에 마지못해 항복해야 했다. 주머는 제왕절개술로 태어날 예정이었으며, 이는 분명 우리 집 거실에서는 불가능한 일이었다.

분만 전문 병원에 도착한 나와 브렌트는 접수창구로 향했다. ECV 시술을 시도할 시간이었다.

한 간호사가 대기실로 들어와 큰 소리로 "크리스티나?" 하고 외쳤다. 나는 브렌트에게 무언의 눈빛을 보냈다. 브렌트는 웃었다. 이런 일은 늘 일어났다. 카일을 어떻게 발음할지 모를 때마다 사람들은 내가 중간 이름인 크리스티나로 불리길 선호할 것이라고 단정 지었다.

"카일이에요." 내가 나무 팔걸이를 붙잡고 몸을 일으키며 말했다.

브렌트가 일어서서 내 손을 잡았다. "자, 티나, 우리 아기 뒤집으러 가자."

우리는 분만실로 안내됐고, 나는 가운으로 갈아입었다. 내가 병원 침대에 올라가자 간호사는 주머의 심장박동 수를 측정하는 밴드를 내 배에 둘렀다. 브렌트와 나는 분만실에 단둘이 남겨졌다.

"역시 병원답게 정신없는 느낌이야. 너무 많은 일이 일어나고 있어!" 나는 방 안의 모든 물건을 눈여겨보고 있었다. 캐비닛과 모니터, 커튼, 소파, 그리고 응급 상황이 발생할 경우 소아과 의료진이 작동시킬 커다란 장비까지. "이곳에서 아기를 낳고 싶지는 않아." 그렇게 말하는 순간, 나는 내가 이 방에서 아기를 낳지 않으리라는 사실을 깨달았다. 만약 내가 병원에서 아이를 낳게 되더라도 그 장소는 수술실이 될 것이며, 나는 그곳의 모든 장비와 부산함에 감사하게 되리라.

캐비닛 너머로 한 간호사가 복도에서 안절부절못하며 외치는 소리가 들려왔다. 간호사는 멈춰 서서 다른 간호사에게 소리쳤다. "어떡해! 우리 여아용 비니가 다 떨어졌어!"

나는 브렌트를 바라보며 비아냥거렸다. "어떡해! 여아용 비니가 하나도 없어? 여아용 비니가 대체 뭔데?"

소파에 앉아 있던 브렌트가 킥킥 웃었다. 그는 이 상황에서의 무력함을 침착하게 받아들이고 있었다. 브렌트가 나를 안심시켰다. "내 사랑, 우리는 우리 비니를 알아서 가지고 오자."

나는 전동 침대에 등을 기댔다. 우리는 모니터에서 일정하게 들려오는 주머의 작은 심장박동 소리가 섞인 소음에 둘러싸여 있었다.

30대 초반으로 보이는 한 여성이 분만실로 들어오더니 손을 뻗어 내 손을 잡았다. "안녕하세요, 저는 아민 박사예요." 그녀가 말했다.

"안녕하세요, 저는 카일이고 이 사람은 브렌트예요." 내가 브렌트를 가리키며 말했다. 그는 소파에서 일어나 침대 가장자리로 다가오고 있었다.

아민 박사는 브렌트를 보며 미소 지었다. "안녕하세요." 그러고는 암갈색 눈을 다시 나에게로 돌렸다. "아기가 거꾸로 누워 있다고요?" 그녀가 물었다.

"네, 맞아요."

"제가 잠깐 살펴봐도 될까요?" 아민 박사가 물었다.

나는 파란색과 흰색이 들어간 가운을 움켜잡고 배 위로 끌어 올렸다.

아민 박사가 내 배를 보더니 싱긋 웃었다. "그냥 눈으로만 봐도 아기가 거꾸로 있다는 걸 알겠네요. 그래도 확인 차원에서 초음파로 얼른 볼게요."

아민 박사는 내 복부에 차가운 젤을 발랐다. 캐슬린의 사무실에서는 젤이 워머 안에 보관돼 있었다. 나는 머릿속으로 캐슬린의 사무실과 병원의 차이점 목록을 그려봤는데, 캐슬린의 사무실이 압도적인 승리를 거두고 있었다. 아민 박사가 초음파 탐촉자를 젤에 담그고 살짝 누르면서 주머의 모습이 초음파 화면에 잡힐 때까지 움직이기 시작했다. 대체 영 박사는 어디 있으며 언제 오는 건지 아무도 알려주지 않았다. 나는 상담이 예약됐던 날 바로 며칠 전에 영 박사를 처음 만났다. 그는 친절했으며 나를 매우 편안하게 해줬다. 영 박사는 명성이 자자한 의사였고, 나도 만약 누군가 내 아기를 뒤집게 된다면 그가 되길 바랐다. 나는 그를 소개받은 뒤, 만약의 사태가 발생한다면 얼마 남지 않은 임신 기간 동안 그가 내 진료를 넘겨받아줄 것으로 기대하고 있었다.

아민 박사는 손으로 내 배를 만지면서 주머의 위치를 확인하고 자신이 주머를 어떻게 다뤄야 할지 알아봤다. ECV를 직접 시도해볼 계획인 것이 분명했다.

나는 물었다. "영 박사님은 언제 오시는지 아세요? 저는 영 박사님이 시술을 해주시는 걸로 알고 왔거든요." 아민 박사가 나를 올려다봤다. 박사의 눈을 보니, 그녀가 내 질문에 실망했으며 이전에 수백 번 대답했던 방식과 똑같이 답할 것임을 알 수 있었다.

"저도 의사예요. 이 시술에 대한 교육도 받았고 경험도 많답니다. 영 박사님도 곧 오실 거지만 제가 먼저 시도해볼 거예요." 그녀는 내게 화가 난 것이 아니었다. 다만 이런 질문을 수도 없이 받아왔던 것이다. 밝은 갈색 피부를 가진 젊은 유색인종 여성으로서, 자신도 진짜 의사라는 사실을 환자에게 확인시켜야 했으리라. 후회가 됐다. 나는 당연히 아민 박사도 의사라는 사실을 알고 있었고, 좋은 의사가 아니라고 단정 지은 적도 없었다. 그저 72시간 전에 만났던 내 주치의를 원했을 뿐이었다.

아민 박사는 몇 분 동안 주머를 뒤집으려고 노력했지만 뜻대로 되지 않았다. 그때 영 박사가 가쁜 숨을 몰아쉬며 분만실로 들어왔다.

"안녕하세요. 늦어서 죄송합니다. 다른 병원에서 오는 길이거든요!" 그는 가까이 다가와 내게 악수를 건넨 다음, 브렌트와도 악수를 나눴다. 두 의사가 잠시 ECV에 관한 이야기를 주고받은 뒤, 아민 박사가 다시 내 배로 손을 가져와서 한 번 더 살살 주머를 눌렀다. 하지만 아무런 반응이 없었다. 아민 박사가 몇 번의 시도에 실패하고 나자, 영 박사는 자신이 시도할 차례라고 결정했다.

성인의 손가락이 내 늑골과 골반 안쪽에 닿을 때의 기분은 썩 좋지 않았다. 나는 영 박사가 주머를 움직이려고 시도하는 동안 침대에 드러누운 채로 천장을 응시하고 있었고, 브렌트와 아민 박사는 곁에서 지켜보고 있었다. 브렌트의 말에 따르면 주머의 머리가 아래로 살짝 움직이는 듯했으나, 영 박사가 손을 놓자마자 다시 원래 자리인 한가운데로 돌아갔다고 했다.

영 박사가 여러 번 자세를 바꾸면서 시도하는 동안, 나도 몇 번의 깊은 심호흡과 함께 '곧 끝날 거야'라는 마음속 주문을 되뇌며 견뎠고, 그렇게 몇 분이 지나자 영 박사는 자리에서 일어나며 내 배를 만지던 손을 거둬서 자신의 허리춤에 올렸다. 나는 그런 그를 보며 어떤 말을 듣게 될지 직감했다.

"아무래도" 하고 그가 말을 꺼냈다. "잘 안 될 것 같네요. 미안합니다." 그 순간에는 나보다 그가 더 실망한 것처럼 느껴졌다.

"몇 가지 선택권이 있어요." 그가 말을 이어갔다. "자연분만을 시도해볼 수 있어요. 제 생각에는 산모님 정도면 충분히 시도해볼 만하니, 그렇게 하기로 결정하신다면 제가 기꺼이 맡아서 도와드릴 거예요. 그게 아니면 제왕절개술을 예약하셔도 돼요."

나는 잠시 고민한 뒤에 물었다. "초산에 역아를 가진 산모가 자연분만을 시도했다가 결국 제왕절개술을 받는 경우가 얼마나 되나요?"

"50퍼센트 정도 됩니다." 그가 답했다.

나는 천천히 고개를 끄덕였다. 이러한 확률이 마음에 들지 않았다. 그는 우리에게 생각해볼 시간을 주겠다고 말한 뒤, 분만실 밖으로 나갔다.

브렌트가 내 손을 잡았다. "괜찮아?" 그가 물었다.

"응, 나는 괜찮아." 내가 말했다. 나는 우리가 ECV를 시도했다는 사실에 만족했지만, 주머를 돌리려는 시도는 무척 힘들었기에 더 이상 하고 싶지 않았다. "이제는 완전히 미련을 버리고 다른 방법을 찾아봐도 될 것 같아."

노크 소리가 들리더니 영 박사가 나타났다. "그럼 어떻게 하시겠어요?" 그가 브렌트가 서 있는 침대 가장자리의 맞은편에 서서 물었다.

"제왕절개술을 예약하고 싶어요." 내가 대답했다.

영 박사는 고개를 끄덕였다. "좋아요. 예정일이 19일이죠? 저는 그날까지 캐나다에 있을 예정이에요. 제왕절개술을 그날이나 그 전으로 예약하고 싶으시다면 제 파트너 의사에게 예약해드릴 수 있어요. 하지만 저도 당연히 직접 해드리고 싶고 아마도 예정일 전에 출산할 가능성은 별로 없어 보이니까, 만약 산모님이 직접 아이의 생일을 골라서 알려주신다면 제가 그 날짜로 스케줄을 맞춰볼게요." 그는 명함에 휴대전화 번호를 적어서 내게 건넸다. 분만실을 떠나기 전에 그가 말했다. "아기를 돌리지 못해서 죄송합니다."

나는 가운을 벗고 내 옷으로 갈아입었다. 그리고 브렌트와 함께 병원 주차장에 주차해놓은 차까지 걸어갔다.

"나 배고파." 내가 브렌트에게 말했다. 하루 종일 아무것도 먹지 못했다. 갑자기 제왕절개술이 필요한 응급 상황이 생길 경우에 대비해야 했기 때문이다. 브렌트는 샌드위치 가게로 차를 몰고 가서 늦은 점심

거리를 사러 가게 안으로 들어갔다. 그가 차로 돌아왔을 때, 나는 흐느끼고 있었다.

그는 음식이 든 봉투를 내려놓고 두 팔로 나를 감싸 안았다. "다 잘 될 거야, 여보."

"딱 하루만 시간이 필요해. 오늘은 슬퍼하고 실망하겠지만, 그러고 나면 괜찮아질 거야." 나는 봉투 안에 있던 냅킨으로 볼에 흐른 눈물을 닦았고, 우리는 집으로 돌아와서 소파에 앉아 샌드위치를 먹으며 드라마 「사인필드(Seinfeld)」를 시청했다.

샌드위치 포장지를 쓰레기통에 버린 뒤, 나는 벽에 걸어둔 커다란 2016년 달력 앞으로 갔다. 3월 달력을 훑어봤다. 3월 19일 토요일에 '예정일'이라는 글자와 함께 커다란 동그라미가 쳐져 있었다. 나는 그 날짜를 예정일로 배정받은 다음부터 3월 19일에 집착하느라, 그 다음 날인 3월 20일이 봄의 첫날(태양이 적도에 이르러 낮과 밤의 길이가 같아지는 날로 우리나라의 춘분에 해당한다. 서양에서는 이날을 북반구의 봄이 시작되는 날로 본다—옮긴이)이라는 사실은 미처 알아차리지 못하고 있었다. 절로 미소가 떠올랐다.

"브렌트!" 내가 소리쳤다.

브렌트가 주방으로 걸어 들어왔다. "응?"

"우리 아이 생일을 봄의 첫날인 3월 20일로 정하는 건 어때?"

브렌트의 얼굴에도 미소가 떠올랐다. "좋은 생각이야."

나는 고개를 끄덕였다. "내 생각도 그래. 영 박사님이 그날 가능하신지 확인해봐야겠어."

나는 영 박사와 문자 메시지를 몇 차례 주고받았다. 영 박사 말에 따르면 병원에서 보통 주말에는 제왕절개술 예약을 거의 받지 않지만, 전화 몇 통을 돌려서 그날로 수술실을 잡았다고 했다. 나는 펜을 들고 3월 20일 칸에 '주머, 생일 축하해'라고 적었다. 그리고 배를 내려다보며 속삭였다. "더 일찍 나오는 건 꿈도 꾸지 마!"

그날 밤, 나는 욕조에 물을 채우고 수도꼭지에서 나오는 뜨거운 물줄기에 엡솜솔트(Epsom salt, 1618년에 영국 서리 지역 엡솜이라는 마을의 광산에서 발견된 물질. 하얗고 투명한 모양이 소금과 비슷하게 생겨서 솔트로 불리지만 실은 마그네슘과 황이 결합되어 만들어진 미네랄 결정체이다—옮긴이) 한 봉지를 모두 쏟아부었다. 그리고 욕조 안으로 들어가 상심한 몸을 푹 담갔다. ECV 시술은 무척 힘들었다. 스무 개의 손가락이 주머의 위치를 조정하려고 내 몸의 일부인 뼈와 근육, 장기를 만지는 내내 굉장히 고통스러웠다. 나는 스스로 이 상황에 할당해둔 마지막 눈물과 함께 모든 감정을 쏟아냈다. 그토록 간절히 원했던 가정 분만을 못 하게 되어 서러웠다. 지난 한 달 동안 극심한 스트레스를 견뎌내며 절실히 얻고자 했던 결과를 전혀 얻지 못했다는 것이 분했다. 16일 후에 받게 될 제왕절개술이 두려웠다. 이제 새롭게 부모가 되는 일에 더해, 큰 수술에서 회복해야 하는 부담까지 생겼다는 사실이 막막했다. 나는 병원에서 출산해야 한다는 사실과 새로운 젠더 프리 육아에 수반될 모든 미지의 영역을 생각하며 눈물을 쏟았다.

그 주에는 많은 시간을 온라인에 할애했다. 핀터레스트의 가정 분만 보드에서 빠져나와 제왕절개술 보드에 관심을 집중시켰다. 어느 날 밤, 소파에 늘어진 채로 제왕절개술 관련 정보를 훑어보던 나는 브렌트를 보며 불쑥 이야기했다. "음, 좋은 소식이 있다면 회음부 냉찜질 팩(회음부 상처에 도움이 될 만한 성분이 들어간 차나 화장품 젤 등을 생리대에 바른 다음 얼려서 만든 팩. 출산 후에 오로용 속옷 위에 덧붙여서 사용한다―옮긴이)을 준비할 필요가 없어졌다는 거야." 회음부 냉찜질 팩이 무엇인지 전혀 모르면서도, 브렌트는 고개를 끄덕였다.

"처음으로 도뇨관도 삽입해보겠네!" 순수하게 신난 목소리로 내가 말했다.

주머의 생일이 가까워질수록 긴장이 풀렸다. 조산사 진과 그녀의 동료인 엘이 우리 집에 방문하여, 거실에서 모의 제왕절개술을 연출해줬다. 나는 러그 위에 누웠다. 진은 마취과 의사를 연기하다가 산부인과 전문의로 역할을 바꿨다. 엘은 수술실의 구조와 브렌트가 서 있어야 할 위치를 묘사해줬다. 나는 서서히 마음이 진정됐다.

주머가 태어나기 일주일 전, 할 일 목록의 모든 항목을 체크했다. 병원에 가져갈 짐도 다 챙겼고 주머의 옷도 전부 빨아서 정리해뒀다. 차에 유아용 카시트 베이스도 설치했다. 우리는 함께 집을 깨끗이 정돈하고 청소했다. 나는 아기를 집으로 데려올 때 필요한 모든 필수품들(그렇게 많지는 않다)을 준비했다. 준비가 다 됐다고 생각하면서도 기분이 이상했다. 금방이라도 눈물이 날 것만 같았다. 결국 아비스(미국 프랜차이즈 샌드위치 브랜드―옮긴이)의 광고가 나오는 동안 흐느껴 울었다.

화장실 휴지를 교체하는 등의 일상적인 일을 할 때마다 계속 이런 생각이 들었다. '부모가 되기 전에 이걸 하는 건 마지막이겠구나.' 주머가 집에 오고 난 후에 유통기한이 끝나는 물건을 살 때면 기분이 묘했다. "이 요거트를 살 때는 임산부지만 먹을 때는 부모일 거야. 와." 그러자 슈퍼마켓 한복판에서 눈물이 흘러내렸고, 나는 눈물을 닦으면서 그런 스스로의 모습에 피식 웃었다. 임신 40주 차의 호르몬은 색다른 경험을 선사해줬다.

어느 오후, 나는 텔레비전을 보면서 온몸에서 북받치는 모든 감정을 애써 외면하고 있었다. 우리 아기를 만나기까지 며칠 남지 않은 상태였다. 휴대전화가 울렸다. 내 사랑스러운 조산사이자 이제는 친한 친구가 된 진이 어떤 기사의 링크를 보내왔다. '오늘 산모님을 생각하다 보니 이게 도움이 될 것 같았어요.' 링크를 클릭하자 자나 스투델스카가 쓴 「임신 마지막 날들: 중간 지대(The Last Days of Pregnancy : A Place of In-Between)」[18]라는 온라인 기사로 연결됐다.

나는 에세이를 읽어 내려갔다. 자나는 중간(zwischen) 상태, 즉 두 삶의 사이에서 내가 느끼는 기분을 정확히 묘사했다. 육아는 그 자체로는 겁나는 일이었다. 흥분되는 동시에 두려움에 등골이 오싹하기까지 했다. 젠더 프리 육아는 더욱더 무서웠다. 스물아홉 살의 나는 주머의 엄마가 되기를 학수고대하고 있었다. 내가 멋진 부모가 되리라는 자신은 있었지만, 젠더 프리 부모로서의 삶이 어떻게 비춰질지 겁이 났다. 내가 아는 사람 중에는 이 길을 갔던 사람이 없었다. 사샤와 스톰의 부모가 유일했는데, 그들은 모든 과정을 주로 사생활에 부쳤다.

지금까지도 사람들이 내게 "아기 성별이 뭐예요?" 하고 물으면 나는 "저희는 나중을 위해 아껴뒀어요"라고 대답하곤 한다. 그에 따른 혼란이나 후속 상황은 펼쳐지지 않았다. 주머가 내 자궁 속에 있고, 이를 내 몸과 피부, 근육이 겹겹이 보호하고 있는 한, 우리는 후속 질문을 피할 수 있었다. 며칠 후면 지금의 답변으로는 끝나지 않을 것이다. 사람들은 당연히 나를 쳐다보며 마치 내가 질문을 이해하지 못하기라도 한 듯, 다시 한번 물을 것이다. "아들이에요, 딸이에요?" 그러면 나는 어떤 대답을 해야 할지 모르겠다. 나도 주머가 아들인지 딸인지, 혹은 둘 다인지 둘 다가 아닌지, 아이가 직접 말해줄 때까지는 전혀 알 도리가 없기 때문이다. 날마다 전쟁을 치르는 듯한 기분이겠지?

나는 무자비한 폭풍이 몰아칠지 모를 나날 속으로 걸어 들어가기 전, 마지막 평온한 순간을 누리고 있었다. 나는 말다툼을 걸거나 험담을 하고, 끝없이 설명을 요구해올 사람들을 떠올리며 마음을 다잡았다. 곧 내 삶은 나 자신만 책임지면 그만이던 아이 없는 삶에서 부모의 삶으로, 또 내 아이를 비롯한 수백, 수천 명의 아이들의 아동기 젠더 사회화를 변화시킬 선택으로, 동시에 두 가지 극적인 변화를 맞이하게 될 참이었다. 난생처음 대포 속으로 기어 들어가는 서커스 공연자가 된 기분이었다. 내가 정확히 어디에 떨어지게 될지, 대포 속에서 무사히 나올 수 있을지조차 정확히 몰라 겁이 나면서도, 꼭 해내고 싶다는 확고한 마음을 품고 있었다.

주머가 태어나기 전, 나는 무거운 몸을 이끌고 하루에 수 킬로미터씩 걸었다. 다른 임산부들이 40주 동안 바라는 것과 정반대로, 나는 산통이 시작되게끔 애쓰지 않았다. 제왕절개술이 일요일로 예약돼 있었으므로 매일 아침 주머에게 정중히 알려줬다. "엉뚱한 생각은 하지 마. 네게도 산도로 나올 기회가 있었지만, 그 버스는 이미 떠났단다. 의사들이 꺼내줄 때까지 그대로 있으렴." 나는 그저 부모로서의 새로운 삶과 수술 후 회복이라는 폭풍이 몰아치기 전에 신선한 공기를 최대한 마셔두고 싶을 뿐이었다.

나는 디스이즈더플레이스헤리티지파크(This Is the Place Heritage Park)로 걸어갔다. 역사에 따르면 그 땅 위에서 브리검 영(Brigham Young, 미국의 모르몬교 지도자—옮긴이)은 솔트레이크 계곡을 내려다보며 "바로 이 땅이야"라고 공표했고, 미국 중서부와 동부 지역의 종교적 박해를 피해 도망친 모르몬교도들에게 이 계곡에 집을 짓고 삶을 꾸리도록 지시했다고 한다. 나는 모르몬교도 조상은 없었지만, 아이들에게 더 살기 좋고 안전한 장소를 찾아주고자 했다는 생각에는 공감했다.

나는 젠더 프리 부모로서 용기가 솟는 것을 느꼈다. 내 곁에는 나를 지지해줄 사람들이 있었다. 그리고 내가 아이들이 그저 아이로 지내면서 스스로 맞는다고 느끼는 젠더 정체성을 찾아갈 기회를 누릴 자격이 있다는 생각을 전하고자 노력할 때, 한데 모여 힘을 보태줄 수많은 사람들도 있으리라 상상했다.

제왕절개술 전에는 음식이나 음료를 섭취하면 안 된다. 수술 중에 토할 경우, 토사물에 질식할 위험이 있기 때문이다. 나는 먹는 것을 좋아하고 금방 허기를 느끼는 편이어서 금식은 생각도 해본 적 없는 일이었다. 만약 19일 밤 9시부터 금식을 해야 한다면 8시 59분까지는 먹고 싶은 것을 먹을 생각이었다. 나는 주머의 생일 전날, 수 킬로미터 떨어진 그리스 레스토랑 마놀리스까지 걸어가자는 아이디어를 냈다. 브렌트는 똑바로 걸었지만, 나는 거리 사이를 갈지자로 뒤뚱거리면서 따라갔다.

산책을 하면서 살짝 심란한 기분이 들었다. 우리는 다음 날 병원에서 젠더 프리 육아의 방향을 어떻게 잡아야 할지 구체적으로 결정한 바가 없었다. 선택은 두 가지뿐이었다. 첫째, 병원에 있는 동안 주머의 젠더가 정해지도록 내버려둔다. 둘째, 젠더 프리 부모로서 우리의 결정을 밀고 나간다. 한 블록을 걷는 동안 나는 생각했다. '내일이면 말 그대로 내 배를 갈라서 우리 아기를 끄집어내겠지만 나는 되도록 평정심을 유지하려고 애쓰고 있어. 그러면서도 그 정신없는 틈에 다른 사람들이 어떤 호칭을 사용하는지 감시하는 문제나 걱정하고 있다니. 주머는 무슨 일이 일어나는지 모를 테니까 병원에 있는 사흘 동안에는 사람들에게 일일이 지적할 필요가 없을 거야.' 하지만 사흘 동안 주머의 젠더가 정해지리라는 생각이 들자 몸서리가 쳐졌다.

다음 블록에 닿을 때쯤, 마음이 바뀌었다. '아니야! 대세에 순응할 수 있는 것도 시스젠더로서의 특권이야. 나는 우리가 젠더 프리 부모이며 주머를 그저 아이라고만 부를 것이라는 사실을 분만실 안의 의료진에게 미리 확실히 알려두는 더 어려운 선택을 해야 해. 너무 많은 트랜스젠더, 인터섹스, 논바이너리 사람들이 매일 이런 상황을 마주해야 하는 만큼, 더 많은 시스젠더 사람들이 변화를 향해 가야만 해.'

레스토랑에서 겨우 세 블록 떨어진 리버티파크에 도착했을 때쯤, 나는 신체적으로 지쳐 있었고 정신적으로 진이 빠져 있었으며, 감정 소모도 매우 큰 상태였다. 브렌트는 내가 자신감 넘치고 스스로의 결정에 대해 설득력 있는 논거를 제시하던 사람이라는 것을 알기에 약간 불안해하고 있었다. 중요한 결정은 아직 내려지지 않았다. 브렌트에게 잠깐 가까운 야외 테이블에 앉아도 되는지 물었다. 나는 부어오른 손가락으로 금속 테이블 위에 다이아몬드 모양을 그렸다. 그리고 내 폐를 베개 삼아 누워 있는 태아를 감당하며 최대한 깊게 심호흡을 했다.

"일어서기 전에 결정을 내릴 거야." 나는 선언했다.

몇 번 더 심호흡을 한 다음, 브렌트의 눈을 마주 보며 말했다. "우리는 우리가 옳다고 느끼는 일을 해야 돼. 그리고 나는 두려운 상황에서도 우리 생각을 고수하면서 젠더 프리 육아에 전념하는 것이 옳은 일이라고 생각해."

브렌트가 고개를 끄덕이며 덧붙였다. "나는 해본 적 없는 일들을 해내려고 노력 중이야. 우리가 내일 부모가 된다는 사실만으로도 마음이 복잡해. 하지만 그저 아빠가 되는 것에서 더 나아가 젠더 프리 육아를 제대로 해내고 싶어." 우리가 테이블에 함께 앉아 있는 동안 해가 지면서 하늘이 짙은 남색으로 어두워졌다.

브렌트가 말했다. "하지만 우리가 지금 한순간에 결정을 내린 건 아니라는 사실을 잊지 마. 결정은 이미 내려져 있었어. 내일은 공식적으로 우리 결정이 어떤 여파를 몰고 올지 경험하는 첫날이 될 거야."

우리는 서로 마주 보며 웃었다. 우리 둘이 이룬 작은 팀의 유대를 다지는 미소였다.

"당신 먹을 것 좀 사러 가자." 브렌트는 손을 내밀어서 내가 벤치에서 일어나도록 도와줬다.

우리는 마놀리스로 걸어가서 필요한 양보다 더 많은 음식을 주문했다. 그리고 코트니-마이어스 듀오의 마지막 밤을 기념했다. 내일이면 우리는 트리오가 된다.

저녁 식사 후, 집으로 돌아오는 택시 안에서 영 박사에게 보낼 메일의 초안을 작성했다. 나는 우리의 젠더 프리 육아 철학을 간략히 설명했다. 아이의 젠더를 정해주지 않을 예정이며 젠더 중립적인 호칭을 사용할 것이므로, 주머의 생식기를 공개하거나 이와 관련해 소란을 피우는 일이 생기지 않게 해달라고 부탁했다. 영 박사가 더 알아보고 싶은 생각이 들면 참고할 수 있도록, 가족과 친구, 직장 동료들에게 우리가 하는 일을 설명하기 위해 만든 블로그인 레이징주머의 링크를 덧붙였다. 손가락이 평소보다 조금 더 오랫동안 '전송' 버튼 위를 맴돌았다. 나는 긴장하고 있었다. 마침내 전송 버튼을 누르던 순간, 나비 여러 마리가 배 속에서 공중제비를 넘는 듯 속이 울렁거렸다. 우리의 젠더 프리 육아 모험이 공식적으로 시작된 것이다.

8장

주머, 생일 축하해!

사랑하는 가족과 친구들에게,

아이를 키우는 일에는 온 마을이 나서야 한다는 말이 있죠.

우리 마을에 새로운 멤버가 탄생했다는 사실을 알리게 되어 기쁩니다.

2016년 3월 20일 일요일 오후 1시 16분, '주머 코요테 코트니-마이어스'
가 태어났어요.

몸무게는 3.5킬로그램. 신장은 50센티미터.

우리는 주머에게 젠더를 정해주는 대신 젠더 프리 육아를 하기로 결정했
습니다. 주머가 모든 종류의 경험을 해보면서 자유롭게 젠더를 탐험하고
즐기길 바라요. 아마도 몇 년 안에 주머는 자신에게 맞는 젠더 정체성을
향해 나아가게 될 거예요.

우리는 '아들, 딸, 남자아이, 여자아이'라는 말 대신 '아이'와 같은 젠더 중립적인 호칭을 사용할 계획입니다. 익숙해지려면 어느 정도 시간이 필요하겠지만, 여러분도 곧 자연스러워질 거라고 자신해요.

여러분이 젠더 프리 육아의 개념과 근거를 더 잘 이해하도록 도움을 드리고 싶은 마음에, 웹사이트를 만들어서 가족과 친구들을 위한 짧은 글들을 올려뒀어요. 우리가 젠더 프리 육아를 하는 이유에 관해 참고할 만한 뉴스 기사와 테드(TED) 강연 자료를 모아둔 핀터레스트 페이지도 웹사이트에 링크해뒀어요.

웹사이트 주소는 www.raisingzoomer.com입니다.

어쩌다가 주머의 생식기 모양을 알게 되더라도, 혼자만 알고 계시면서 주머에게는 계속 젠더 중립적 호칭과 단어를 사용해주시고, 젠더 프리 방식으로 주머와 소통해주시길 정중히 부탁드립니다. 하지만 혹시 실수하셔도 자책하지는 마세요.

여러분에게는 약간 충격적인 이야기일 수 있겠죠. 궁금한 점은 우리에게 물어보시면 무엇이든 기쁜 마음으로 대답해드리겠습니다. 이메일이나 전화로 언제든지 연락해주세요.

여러분에게 얼른 주머를 소개해드리고 싶네요. 주머가 여러분과 소통하면서 더욱더 멋진 아이로 성장할 거라 믿어요!

진심을 담아,
브렌트와 카일

우리는 주머가 태어난 다음 날, 가족과 친구, 직장 동료들에게 이메일로 주머의 출생을 알렸고, 수신함은 곧 축하와 사랑의 메시지로 가득 찼다.

주머의 탄생기는 떠올릴 때마다 절로 웃음이 날 정도로 멋진 이야기다.

영 박사는 우리에게 일요일 아침 9시쯤 병원으로 오면 될 듯한데, 확실한 시간은 그날 전화로 알려줄 것이라고 말했다. 나는 기대 반 걱정 반으로 잠이 깊게 들지 않아서 새벽 6시쯤 일어났다. 곧 사용할 카시트와 함께 바닥에 놓여 있던 가방에 모든 물건을 제대로 챙겼는지 다시 한번 확인한 다음, 병원에서 준비됐다는 전화가 걸려오길 기다리는 동안, 소파에 앉아서 SNS를 구경하거나 텔레비전을 보면서 주의를 돌리려고 노력했다.

아침 9시 30분경, 마침내 전화가 걸려왔다. "안녕하세요, 카일. 준비됐으니 병원으로 오세요." 수화기 반대편에 있는 사람이 말했다. 병원에 도착하자, 분만실 창구에 있는 간호사가 인사를 건넸다.

"안녕하세요. 오늘 출산하시나요?" 간호사가 물었다.

"그럴 계획이에요!" 내가 대답했다.

"아기 성별은 알고 계세요?"

주머를 아직 내 몸속에 품은 상태에서 이렇게 대답할 마지막 기회였다. "나중을 위해 아껴뒀어요."

간호사가 빙그레 웃었다. "기대되네요! 앨리슨을 소개해드릴게요. 앨리슨이 오늘 아침에 산모님을 보살펴드릴 거예요." 앨리슨은 40대

초반으로 보였다. 어깨 길이의 진갈색 머리를 반묶음으로 묶고 앞머리를 이마까지 길게 내렸으며, 수술복 상의에 검은색 바지 차림을 하고 있었다. "안녕하세요, 앨리슨이라고 해요. 만나서 반가워요. 병실로 안내해드릴게요."

병실로 들어가자 앨리슨이 내게 가운을 건넸다. "감사합니다." 가방을 내려놓고 앨리슨의 손에 들린 가운을 건네받으며 말했다.

"몇 분 있다가 다시 올게요." 앨리슨이 문을 닫고 나갔다. 브렌트는 소파에 앉았다. 나는 몇 주 전에도 이곳에 왔으므로, 절차를 알고 있었다. 신발, 트레이닝 바지, 카디건, 티셔츠를 순서대로 벗고, 파란색과 흰색이 들어간 가운으로 갈아입은 다음, 병원 침대에 올라가 진에게 문자를 보냈다. 진은 대기 시간 동안 우리와 함께하면서 마음을 안정시켜주고 싶어 했고, 나는 문자로 우리 방 번호를 알려주며 언제든 와도 좋다고 했다. 진은 병원으로 오는 길이라고 했다.

앨리슨이 들어와서 팔에 정맥주사를 놔줬는데, 깜짝 놀랄 정도로 통증이 컸다. 지나고 보니 그날 내가 겪은 일 중에 그게 가장 아팠다.

"나중을 위해 아껴두셨다고 들었어요." 앨리슨이 혈관 속으로 주삿바늘을 밀어 넣고 테이프로 고정하면서 웃는 얼굴로 말했다.

"그게……." 나는 통증에 몸을 움츠리며 말을 꺼냈다. "아기의 성염색체가 뭔지는 알아요. 한마디로 아이의 생식기가 어떻게 생겼을지는 대강 알고 있다는 뜻이에요. 그걸 물으시는 거라면요. 하지만 저는 아이에게 젠더를 정해주지 않을 생각이에요. 제 아기를 딸이나 아들로 부르지도 않을 예정이고요. 아까는 간호사실에서 설명을 늘어놓는 것보다 그렇게 대답하는 편이 조금 더 쉬웠거든요."

앨리슨의 얼굴에 떠오른 표정은 혼란스러워 보이지도, 완전히 이해한 것 같지도 않았고, 그저 내가 말하는 내용을 받아들이고 있는 듯 보였다. 앨리슨은 "아아" 하고 중립적인 반응을 했다. "그런 이야기는 처음 들어봐요. 멋지네요." 그런 다음, 얼음물을 가져다주겠다고 했다.

앨리슨은 뚜껑과 빨대가 달린 커다란 병원용 플라스틱 컵을 들고 돌아왔다. 컵 속에는 작고 네모난 얼음 조각과 물이 가득 담겨 있었다.

"여기 있어요." 앨리슨이 침대 옆 작은 테이블에 컵을 내려놓으며 말했다.

"고마워요, 앨리슨." 나는 물을 한 모금 마셨다.

"지금 필요하신 건 더 없나요?" 앨리슨이 물었다.

나는 입에서 빨대를 뗐다. "사실 궁금한 게 있어요. 혹시 여기서 아기한테 제공하는 물품이나 조치 중에 전통적인 젠더에 따르는 건 어떤 게 있을까요? 예를 들면…… 우리가 입원해 있는 동안 플라스틱 아기 침대에도 따로 카드를 붙여두나요?"

앨리슨이 고개를 끄덕였다. "네, 산모님 성이 적힌 작은 카드를 아기 침대에 붙일 거예요. 남아용은 파란색이고 여아용은 분홍색이에요."

나는 잠시 생각에 잠겼다가 다시 물었다. "그럼 인터섹스 아이들에게는 어떻게 하시나요? 이분법적인 젠더를 원치 않는 사람도 있을 텐데요. 혹시 어디 남는 초록색 카드 같은 건 없나요?"

앨리슨은 잠깐 동안 내 질문에 대해 곰곰이 생각했다. "다른 색 카드는 없어요. 좋은 질문이네요. 인터섹스 아기한테는 어떻게 해야 할지 모르겠어요." 잠시 후, 앨리슨이 다시 말을 이었다. "왜 남아와 여아에게 서로 다른 색 카드를 사용하는지도 모르겠네요. 생각해보니 말이 안 돼요."

나는 눈이 반짝 떠졌다. 어쩌면 내가 방금 이 수간호사의 마음속에 작은 젠더 프리 씨앗을 심어줬는지도 모른다.

정오 무렵, 영 박사가 밝은 얼굴로 병실에 들어와 악수하며 말을 꺼냈다. "이메일 잘 읽었어요. 약속건대 아기 몸 아랫부분에 대해서는 매우 신중하게 행동하면서 산모님 의사를 존중해드릴게요."

어깨가 한결 가벼워지는 느낌이었다. 나는 정당성을 인정받고 있었다. 이 문제는 (적어도 내가 보기에는) 영 박사를 곤란한 상황에 빠뜨리지 않았다. 그는 나를 신뢰하며 젠더 프리 부모로서의 의사를 존중해줬다.

내가 웃으며 말했다. "저를 이상하게 보지 않아줘서 고마워요, 필."

그가 같이 웃어 보이며 말했다. "한창때 부모들에게 이런저런 요청을 많이 받아봤거든요. 이 정도 일로 곤란해지지는 않아요."

오후 1시가 가까워지자, 영 박사는 재빨리 초음파로 주머가 여전히 둔위인지 확인했다(내 갈비뼈 아래 맥주잔 손잡이처럼 불룩 튀어나온 부분만 봐도 분명히 알 수 있었다). 이제 수술실로 향할 시간이었다. 앨리슨이 브렌트에게 갈아입을 수술복 상하의를 건넸고, 나에게는 머리카락을 덮을 수술모를 줬다. 우리는 수술실 입구로 이어지는 짧은 복도를 함께 걸어갔다. 잠깐 작별하기 전에, 나는 브렌트를 끌어안고 가볍게 입을 맞췄다. 그는 의료진이 부를 때까지 병실에서 대기해야 했다.

마취과 의사 한 명과 간호사 몇 명이 수술실에서 나를 기다리고 있었다. 수술실은 병원답게 하얗고 밝았으며 소독약 냄새가 진동했다. 마취과 의사가 다가와서 자신을 소개했다.

"안녕하세요. 레인이라고 합니다. 제가 오늘 산모님 마취 담당이에요."

"저는 자연분만을 하는 줄 알았는데요." 내가 정색하며 말했다. 갑자기 정적이 흐르자, 나는 킥킥대며 웃었다. "농담이에요. 얼른 약물 넣어주세요."

레인은 안도한 듯 웃으며, 나를 수술대 위에 일으켜 앉혀놓고 척추 부근에 마취제를 주사했다.

약물이 몸속으로 빠르게 퍼져가는 동안, 나는 수술대에 반듯이 누워 있었다. 지금 기분이 어떠냐는 레인의 질문을 받고 나는 하반신이 사라진 것 같은 느낌에 흥분해서 말했다. "임신한 것 같지 않아요! 아주 좋아요!"

레인은 조금이라도 통증이 느껴지면 바로 알려달라고 말한 다음, 내 머리 오른편에 놓인 스툴에 앉아서 웃음기 어린 파란 눈으로 나를 바라봤다. 그가 말했다. "오늘 자유로운 영혼 하나가 세상에 나온다고 들었어요."

나는 눈을 깜박이며 그가 알고 있다는 사실을 인지했다. "네. 빨리 만나고 싶어 죽겠어요."

"아이 이름이 뭐예요?" 레인이 물었다.

"주머 코요테예요."

레인의 눈에 또다시 웃음기가 어렸다. "완벽한 이름이네요."

수술실이 아주 잠깐 고요해졌다가 이내 체계적인 움직임으로 부산스러워졌다. 영 박사와 산부인과 레지던트, 소아과 팀이 차례로 들어왔고, 그다음으로 브렌트가 따라 들어왔다. 브렌트를 보는 순간, 심장이 빠르게 뛰기 시작하면서 만감이 뒤섞인 눈물이 그렁그렁 차올랐다. 그는 내 왼편 스툴에 앉았다. "안녕, 여보." 브렌트가 말했다. "기분이 어때? 마음의 준비는 됐어?"

나는 고개를 끄덕였다. "얼른 주머를 만나고 싶어."

브렌트의 눈시울이 살짝 촉촉해졌다. 그가 내 손을 꽉 움켜쥐며 말했다. "나도 그래."

제왕절개술은 놀라울 정도로 빠르게 진행됐다. 나는 하얀 천장만 보고 있었다. 무슨 일이 일어나는지 전혀 느껴지지 않았다. 눈으로 볼 수도 없었다. 그저 귀만 기울이고 있었다. 영 박사가 "시작합시다!" 하고 말하자, 수술실이 조용해졌다.

주머의 울음소리가 정적을 뚫고 귓속으로 파고들었다. 그 소리는 내 뇌를 깨우고, 심장 세포 하나하나에 깊이 새겨졌다. 한 번도 들어본 적 없는 소리가 어째서 이토록 친근하게 느껴지는 걸까? 나는 브렌트를 보며 말했다. "가봐."

브렌트가 벌떡 일어나 수술대 커튼 뒤쪽으로 가더니, 맞은편에서 큰 소리로 말했다. "카일, 아기가 정말 예뻐. 머리숱도 엄청 많아."

나는 활짝 웃었다. 머지않아(금방) 주머가 내 팔에 안기면, 마침내 내 몸속에서 자라난 작은 인간, 이미 무한한 애정이 느껴지는 내 아이를 만나게 될 것이다.

브렌트가 주머를 데려와 가슴팍에 살포시 안겨줬다. 주머는 담요에 단단히 싸여 있었고 머리에는 비니가 씌워져 있었다. 갓 태어난 아기의 회색빛을 띤 파란 눈동자가 처음으로 나를 인식하면서, 자신에게 말을 거는 내 얼굴을 쳐다봤다. "안녕, 주머. 생일 축하해, 아가. 나는 카일이라고 해. 내가 네 엄마야. 마침내 널 만나서 굉장히 기쁘단다." 주머의 발이 내 입 쪽으로 휙 올라왔다. 자궁 안에 거꾸로 누워 있던 자세 그대로였다.

내 옆에 앉은 브렌트는 우리 쪽으로 몸을 기울여서 한 팔로는 주머를, 다른 팔로는 나를 끌어안고 있었다. 우리 세 식구. 레인은 브렌트에게 휴대전화를 가져왔느냐고 물었다. 브렌트가 주머니에서 아이폰을 꺼내 레인에게 건넸다. 이 다정한 마취과 의사는 마스크를 턱까지 내린 채로 "웃으세요!" 하고 말하며 우리 사진을 찍었다.

"역대 최고 연봉의 출산 전문 사진가네요." 내가 농담을 던졌다. 내 몸이 다시 봉합되고 있다는 사실은 전혀 의식하지 못했다. 그 순간, 오로지 커튼 위쪽에서 일어나는 일만이 중요했다.

내가 병원에서 사랑에 흠뻑 젖은 채로 몸을 회복하는 동안, 분만실 간호사들은 산후조리 부서 간호사들에게 우리와 주머, 그리고 젠더 중립적 호칭에 대해 알려줬다. 젠더 중립적 호칭을 상대적으로 훨씬 더 능숙하게 사용하는 간호사들도 있었다. 누군가 (드물게) '실수'해서 사과할 때마다 우리는 이렇게 말했다. "절대 속상해하지 마세요. 노력해주신 것만으로도 감사해요!"

병원에 머물렀던 사흘 동안, 우리는 병원 직원과 의사, 레지던트,

수유 전문가, 간호사, 간호조무사 수십 명과 소통했다. 모두(그야말로 모든 사람)가 우리 의사를 존중해줬고 전문적인 태도로 임했으며, 어느 누구도 우리 생각에 의문을 제기하지 않았다.

주머가 태어난 다음 날, 소아과 의사 두 명이 병실에서 주머를 검진했다. 지도 교수인 데이비스 박사와 레지던트 파텔 박사였다. 주머를 살펴보며 청력과 시력을 검사하고 오랜 시간 둔위로 있었던 주머의 고관절 이형성증 여부를 확인한 뒤, 파텔 박사는 우리에게 소아과 주치의를 정했는지 물었다. 소아과 주치의를 구하는 일은 나에게 부담을 안겨주고 있었다. 나는 젠더 중립적 육아 방식을 존중해줄 사람을 찾고 싶었는데, 그 당시는 건강보험 문제가 어중간하고 불확실한 시기이기도 했으므로, 아직 소아과 주치의를 정하지 못하고 있었다. 나는 파텔 박사에게 있는 그대로 이야기했다. 사실 소아과 의사들이 우리가 너무 급진적이라고 여기고 우리를 상대하기 싫은 마음에 주머를 환자로 받아주지 않을까 봐 내심 두려웠다.

"저는 진심으로 주머의 소아과 주치의를 맡고 싶어요." 파텔 박사가 말했다. "산모님의 육아 철학에 공감하거든요." 나는 침대에서 벌떡 일어나 앉았다. 브렌트를 보자 그도 나를 보고 웃어줬다. 나는 몸을 돌려 파텔 박사에게 말했다. "그럼 저희는 감사하죠."

우리의 병원 생활을 꿈같이 만들어준 일은 몇 가지에 지나지 않았다. 나는 주머의 침대에 성별 기준으로 분류되어 젠더를 추측하게 만드는 카드가 붙지 않길 바랐다. '신생아 마이어스'라고 적힌 그 카드의 유일한 목적은 아기가 신생아실 안에서 돌봐주는 사람과 함께 있지 않을 경우, 신원을 쉽게 알아보기 위한 것이었다. 주머는 대부분의 시간 동안 내 품이나 브렌트의 품에 안겨 있었으므로, 아기 침대는 크게 신경 쓰이지 않았다. 만약 내가 카드에 관해 미리 알았거나 혹여 둘째를 낳는 상황이었다면, 아마 더욱 창의적으로 사전 대책을 강구해서, 카드의 사본을 요청하여 직접 다른 색상으로 출력해서 아기 침대에 붙였을 것이다.

화요일 아침, 나는 햇빛이 쏟아져 들어오는 병실 창밖을 내다봤다. 작은 보조 침대에는 브렌트가 태어난 지 이틀째인 아기 주머를 끌어안고 옆으로 웅크려 누워 있었다. 둘 다 깊이 잠들어 있었다. 나는 주머의 출생증명서를 작성하다가 '남성' 혹은 '여성'으로 나뉜 보기 앞에서 펜을 멈췄다. 보기에 인터섹스나 미정, 혹은 논바이너리는 없었다. 그나마 유타주가 정확한 용어를 사용했다는 점에 감사해야 했다. '남성'과 '여성' 항목은 '젠더'가 아닌 '성별'이라는 단어 옆에 있었기 때문이다. 나는 주머의 성염색체가 무엇인지 알고 있었고, 이미 해당 성염색체에 따른 생식기 모양도 확인한 상태였다. 인구 수준 보건사회학자로서, 나는 출생증명서를 통해 수집된 성별이 변경 가능하다는 사실을 고맙게 생각한다. 출생증명서에 적힌 성별은 출생 시 성비에 불균형이 있는지 파악하거나 유아 사망률에 성별의 차이가 있는지 관찰하는 데 도움이 된다. 하지만 나는 이렇게 고정된 방식으로 두 가지 성별을 정하고 기록하는 일이 트랜스젠더와 논바이너리, 인터섹스 사람들에게 악영향을 끼친다는 사실을 알고 있었다.

나는 주머의 성염색체 및 생식기에 연관된 항목에 체크하면서, 내가 제대로 하고 있는 게 아닐지도 모른다고 생각했다. 주머의 사회보장번호와 여권을 발급받고 나와 브렌트가 법적인 부모임을 입증하려면 출생증명서가 필요했다. 주머의 출생증명서를 보게 될 사람은 공식 신분증 발급을 담당하는 공무원뿐이므로, 주머가 아이로서 일상적으로 받을 대우에는 영향이 없을 것이다. 나는 주머가 나중에 출생증명서상의 성별을 바꾸고 싶어 한다면, 모든 비용과 과정을 지원해주기로 결심했다. 다행히도 유타주는 이런 일이 가능한 곳이다.

감히 말하건대, 병원에서는 젠더 중립적 육아를 실천하기가 쉬웠다. 여기에는 분명 진보적인 도시의 병원에서 백인 중산층이며 보험에 가입돼 있고 이성애자로 보이는 부부에게 주어지는 특권의 영향도 있었다. 의료진은 우리를 별문제 없다는 듯 대하며, 의식적으로 주머에게 젠더 중립적인 호칭을 사용해줬다. 우리는 주머를 맡고 싶다는 소아과 의사도 구했다. 이는 시금석과도 같았다. 새로운 사람과 소통할 때마다 새로운 삶에 대한 불안은 점차 사라져갔다.

병원에서의 출산은 내 신념을 시험대에 올렸다. 내가 젠더 프리 부모로서 다른 젠더 프리 부모의 자원이 되어주고 앞장서서 변화를 지지하고자 한다면, 그저 말뿐이 아닌 행동으로 보여줄 필요가 있었다. 설령 그 결과로 매우 큰 고통을 겪고 치골 위쪽에 상처가 남으며, 부모가 된 첫 2주를 진통제로 견뎌야 하더라도 말이다.

퇴원하고 몇 주 후, 관련 서류를 정리하고 있을 때였다. 주머가 태어났을 때 작성된 진료 차트를 보니 맨 위에 '부모가 아이를 젠더 중립적으로 대우하길 원함'이라는 문장이 적혀 있었다. 간호사나 의사가 우리 병실에 들어와 이야기를 나누기 전에 그 문장을 가장 먼저 확인하도록 누군가가 명시해두었던 것이다. 그 메모를 발견한 순간, 나는 식탁 앞에 앉은 채로 그야말로 감격에 겨워 얼굴을 온통 일그러뜨리며 엉엉 울었다.

내가 가정 분만을 하는 아주 드문 산모가 되길 원했을 때, 주머는 자신의 첫 생일날 엄마 배 속에 거꾸로 누워 있는 아주 보기 드문 아기가 됐다. 아이들은 언제나 부모의 예상대로 되지 않는다는 사실을 일찍부터 내게 가르쳐준 셈이다. 젠더 프리 부모에게 얼마나 적절한 교훈인가.

9장

초창기 나날

나는 온몸에서 넘쳐나는 옥시토신에 굴복했고, 주머는 나의 최우선순위가 됐다. 나는 6월 1일까지 직장에 돌아가지 않아도 됐으니, 11주 동안 내 유일한 책임은 온종일 갓 태어난 어여쁜 아기를 돌봐주고 아기와 친해지는 일이었다.

매일 나는 몇 시간이고 주머를 껴안고 바라보다가, 흠뻑 젖은 기저귀를 갈아주고, 주머가 얼마나 자주 젖을 먹으며 어느 쪽 유방으로 젖을 먹었는지 기록하는 앱에 집착하면서, 우리의 첫 나날을 보내고 있었다. 수술에서 회복 중이라 일어서거나 걷기도 힘겨웠던 처음 일주일은 유난히 힘들었다. 마침내 주머가 생후 일주일이 되자, 나는 야심차게 커피스톱까지 걸어가기로 결심했다.

브렌트가 주머의 옷을 갈아입히고 아이를 솔리베이비 속싸개로 감싸줬다. 마침 집에 와 있던 엄마가 나를 부축해서 현관을 나서게 해줬고, 우리는 다 함께 인도를 걷기 시작했다. "기분이 너무 좋아!" 내가 첫 번째 블록을 지나면서 말했다. "사람 몸이 참 놀랍지 않아?" 우리가 커피스톱에서 음료를 주문하고 다시 집으로 발길을 돌렸을 때, 알 수 없는 외력이 내 몸을 열고 배터리를 꺼내서 길바닥에 내던졌다. 한 걸음 한 걸음 내디딜 때마다 고통은 더 커졌고, 나는 배 속의 장기들이 금방이라도 봉합된 상처 밖으로 쏟아져 나올 듯한 느낌에 몸을 웅크리며 주저앉았다. 6미터 앞에 버스 정류장이 보이자 다시 천천히 그쪽으로 걸어가서 자리에 앉았다. "여기서 잠깐만 쉴게."

브렌트와 엄마는 내가 세 블록 떨어진 집까지 걸어가지 못하리라고 생각했다. 이미 너무 무리한 상태였으므로 다시 침대로 돌아가려면 진통제와 자동차, 가능하다면 두 가지 모두가 필요했다. 결국 엄마와 브렌트, 주머는 먼저 집으로 돌아갔다. 엄마가 주머를 봐주는 동안, 브렌트가 차를 끌고 나를 데리러 왔다. 나는 여섯 블록의 즐거운 산책을 완수하지 못하고 실격당한 기분이었다.

집 앞 진입로에 들어선 뒤, 브렌트가 나를 바라보며 말했다. "모든 걸 다 해낼 필요는 없어. 천천히 해도 돼. 우리 모두 당신이 여유를 가지도록 도와주고 싶지만, 누구보다도 당신이 그러도록 스스로에게 허락해야 해." 이는 물고기에게 헤엄치지 말라고 말하는 것과 마찬가지라는 사실을 브렌트도 알고 있었다. 그래도 나는 진심으로 그의 조언을 마음에 새겼고, 그 이후로는 더 자주 도움을 요청했다.

첫 한 달 동안은 거의 매일 손님이 찾아왔고, 가족들이 며칠씩 돌아가며 우리 집에 머물렀다. 브렌트와 나는 손님이 오기 전에 미리 주머의 기저귀를 갈았고, 손님이 있을 때는 아기 방에서 문을 닫아놓고 기저귀를 갈아줬다. 그다지 어려운 일은 아니었다. 주머는 내 젖을 물고 있지 않으면 주로 브렌트나 할아버지, 할머니, 혹은 다른 가족이나 친구에게 안겨 있었다. 우리 주변 사람 중 누구도 주머의 생식기가 어떻게 생겼는지 몰랐다. 모두가 주머를 이름으로 부르거나 젠더 중립적인 호칭을 사용했다.

우리는 손님이 와도 처음에는 젠더 프리 육아 이야기를 거의 꺼내지 않았다. 모두 이미 주머의 출생 통지 이메일을 받았거나, 주머가 태어나기 전에 우리와 이야기를 나눈 뒤였다. 젠더 문제로 더 이상 왈가왈부할 필요가 없었다. 우리는 다른 요소에 더 집중했다. 주머의 머리통이 내 산도를 거치며 뭉개지지 않은 덕에 얼마나 동그랗고 예쁜지, 주머가 잠든 낮 시간 동안 낮잠을 자두는 일이 얼마나 힘든지 등의 이야기를 나눴다. 요즘 부모들에게 인터넷은 축복이자 저주라고도 했다. 손님들은 갓 태어난 우리 아기를 끌어안고 감탄했다. "어쩜 손톱이 이렇게 작을까!" "카일, 콧구멍이 너랑 닮았어." "앗, 아기가 똥을 싼 것 같아!" "이제 내가 안아볼 차례야!" "모유 수유는 어때?" 모든 이들이 주머와 사랑에 빠졌으며, 우리를 도와주고 싶어 했다.

주머가 생후 2주가 되자, 브렌트는 일터로 돌아가야 했다. 브렌트가 다니는 회사는 일주일의 무급 휴가를 줬다. 브렌트는 두 번째 주에 재택근무를 요청했고, 상사는 마지못해 허락하면서도 그다음 월요일에는 직장으로 꼭 돌아오길 기대하는 눈치였다. 다음 몇 주 동안, 친구나 가족이 방문하는 일도 점점 줄어들었다. 모든 일상을 신생아에게 맞추려면 온 에너지를 쏟아부어야만 했고, 부모라는 새로운 책임은 나에게 외로움과 고립감을 안겨줬다.

첫 두 달은 밤낮 구분 없이 바쁘게 지나갔다. 주머에게 젖을 물리고, 트림을 시키고, 주머와 놀아주고, 주머의 옷을 갈아입히고, 주머를 속싸개로 감싸고, 주머를 안아주고, 주머를 재우고, 주머가 숨을 쉬는지 확인하고, 먹을 것을 찾아서 대강 허기를 달래고, 주머가 숨 쉬는지 확인해보고, 유축기 설명서를 읽고, 20분 동안 유축을 하고, 아주 적은 양의 우유를 냉장고에 넣은 다음 유축기에 달린 이름 모를 부품을 소독하고, 주머가 숨 쉬는지 확인하고, 샤워기를 틀고, 주머 울음소리가 들린 것 같아 후다닥 샤워기를 끄고 샤워 커튼 밖으로 머리를 살짝 내밀었다가, 다시 샤워기를 틀고, 또 울음소리가 들린 것 같아 머리는 나중에 감기로 하고 나가서 깊이 잠든 주머를 들여다보고, 유일하게 맞는 트레이닝 바지를 입고 나면 주머가 또 울고 있고, 이 모든 과정이 수없이 반복됐다.

어디든 외출해야 한다는 생각은 마치 강박처럼 보이겠지만, 하루 종일 집에 있고 싶지는 않았다. 손톱깎이를 사러 타깃(Target, 미국의 대형 마트 체인—옮긴이)에 가는 일은 딱 반나절 외출감이었다. 나는 만약의 경우에 대비해 기저귀 열세 개와 물티슈 네 팩, 옷 아홉 벌을 챙겨야 했다. 주머를 카시트에 앉히고 마트로 차를 몰고 가서, 주머를 카시트에서 내리고, 뒷좌석에서 젖을 먹이고, 더러워진 기저귀를 갈아주고, 지저분해진 옷을 갈아입히고, 마지막으로 아기 속싸개로 감싼 다음, 타깃으로 들어갔다. 그러고 나니 내가 그곳에 왜 갔는지 기억이 나지 않았다. 그래도 잠든 주머를 깨우고 싶지는 않아서 45분 동안 하릴없이 돌아다녔다. '아, 손톱깎이!' 여차저차 손톱깎이를 들고 계산대로 걸어가다가, 아이 네 명을 데리고 서 있는 한 부모를 보고 멈춰 세운 다음, 혹시 마법사냐고 물어봤다. 여태껏 살아남은 것도 대단한데 대체 어떻게 아이 네 명을 타깃에 데려올 수 있었는지 도저히 이해가 안 됐기 때문이다.

나는 한밤중에 주머에게 젖을 먹이면서 인스타그램 피드를 훑어봤다. 시간관념이 흐릿해진 와중이었지만 지금 깨어 있는 사람은 나뿐인 것 같았다. 사람들의 사진을 보면서 생각했다. '머리 감을 에너지가 있어서 좋겠다.' '차가운 빵 조각 말고 제대로 된 음식을 먹을 시간이 있어서 좋겠다.' 내가 @raisingzoomer라는 인스타그램 계정을 만든 것도 그렇게 한밤중 수유를 하던 중이었다. 어떻게든 젠더 프리 육아를 하고 있는 다른 부모들과 소통하고 싶었다. 나는 커뮤니티를 조성하고자 해시태그를 달기 시작했다.

주머가 태어나고 한 달이 지난 어느 오후, 브렌트는 퇴근하자마자 가방을 내려놓고 내게 입을 맞춘 다음 주머를 안아 들었다.

"일은 어땠어?" 내가 물었다.

"전반적으로는 괜찮았어. 스트레스 받는 순간도 있긴 했어. 엘리베이터에 탔는데 이사 한 명이 타고 있더라고. 우리 집에 신생아가 있다는 걸 알고 딸인지 아들인지 물었어. 나는 당황스러웠지만 말했어. '저희는 젠더 프리 육아라는 걸 하고 있어서요. 아이에게 젠더를 정해주지 않습니다. 아이 이름은 주머입니다.' 그랬더니 그 이사가 억지웃음을 지으면서 초점 없는 눈으로 날 쳐다보는 거야. '이게 대체 뭔 소리야?'라고 생각한다는 걸 바로 눈치챘지. 엘리베이터 문이 열리고 그가 내리는 순간, 정말 다행이라는 생각이 들었어."

우리는 한동안 아무 말도 하지 않았다. 브렌트는 서서 주머를 가볍게 흔들어주다가 막 잠이 들려고 하는 주머를 바라봤다.

브렌트가 말을 이어갔다. "오해하지 말고 들어. 나는 우리가 젠더 프리 육아를 한다는 게 정말 좋아. 하지만 끊임없이 '아들이에요, 딸이에요?'라는 질문에 대비하느라, 밖에서는 다른 부모들만큼 마음 편하게 즐기지 못하는 것 같아. 회사 사람들이 내 얘기를 할지도 몰라. 내말은, 분명 회사에서 내 얘기를 하고 있을 거야."

순간 열이 확 오르면서 심장박동이 빨라지는 느낌이 들었다. 뒷덜미가 싸늘해졌다.

"그래도 최소한 당신은 매일 출근도 하고, 사람들이랑 지적인 대화도 하고, 밖에서 점심도 사 먹고 커피도 마시잖아. 아, 게다가 오늘은 옷도 제대로 차려입었네." 내가 언성을 높였다.

브렌트는 곤히 잠든 주머를 내려다봤다. 그리고 조용히 몸을 돌려 거실을 빠져나가 주머를 아기 침대에 살며시 내려놨다. 다시 거실로 돌아온 브렌트는 내 옆에 앉았다.

"카일, 나도 당신이랑 주머랑 같이 집에 있고 싶었어. 육아휴직 제도가 있는 회사에 다녔더라면 좋았을 텐데. 우리가 '회사 따위 때려치워, 내가 내킬 때 돌아갈 거야'라고 말할 형편이 됐으면 좋았을 거야. 하지만 아니잖아. 나는 출근해야만 해. 당신이 주머와 집에 있으면서 이렇게 잘해줘서 정말 고마워. 내가 집에서 주머를 볼 수 있을 때마다 당신도 혼자만의 시간을 누리거나 나가서 놀기도 해야 된다고 생각해."

그에게 화를 낸 자신이 부끄럽게 느껴졌다. 이 새로운 책임에서 벗어날 시간을 원하는 나 자신에게 죄책감이 들었다. 나는 브렌트가 혼자서 젠더 프리 육아에 대해 이야기해야 하는 상황에도 침착하게 대처하고 있다는 사실이 대견했다. 동시에, 우리가 젠더 프리 육아 때문에 사람들 사이에서 긴장하게 된다는 사실이 슬프게 느껴졌다.

"그냥 너무 힘들어." 나는 인정했다.

주머의 2개월 검진 날, 브렌트는 파텔 박사의 소아과 대기실에서 주머에게 수족관에 담긴 알록달록한 물고기들을 보여주고 있었다. 나는 의자에 앉아서 접수 담당자가 클립보드에 끼워준 서류를 작성하고 있었다. 주머의 상태를 묻는 8주 치 질문에 답하고 나니, 내 기분이 어떤지 묻는 질문이 나왔다. '산후우울증 검사'라는 말은 없었지만 그게 무엇인지 알 수 있었다. 나는 모든 질문에 솔직하게 답한 다음, 서류를 접수 담당자에게 돌려줬다.

새 예방접종을 끝낸 주머를 안고 있는 나에게 파텔 박사가 말했다. "질문지에 작성하신 답을 보니 조금 걱정되네요. 산후우울증을 겪고 있거나, 의심할 만한 점수예요. 요즘 기분이 어떠세요?"

나는 숨을 크게 들이마신 다음에 대답했다. "저는 주머를 정말 사랑하고, 제가 부모라는 사실도 좋아요. 이건 질문에 대한 답이 아니죠. 사실 육아를 하다 보면 정신이 나갈 것 같아요. 하루에 열여섯 시간 동안 아기한테 젖을 물려야 해요. 지적인 대화를 나눌 수 있는 날은 거의 없어요. 너무 지쳐요. 몇 주 후에 직장으로 돌아갈 생각을 하면 초조해요. 저는 분명 산후우울증이 맞을 거예요. 아이를 처음 키우는 부모들이 어떻게 해내는지 모르겠어요." 그동안 못 했던 말들이 쏟아져 나왔다. "심각하게 걱정하지는 않아요. 제 자신이나 주머를 다치게 하고 싶지는 않거든요. 그저 새로운 현실을 파악하려고 노력 중이고 결국에는 괜찮아질 거라고 생각하면서도, 힘들어요. 제 정체성을 제대로 붙잡고 있다는 기분을 느끼고 싶은데, 지금 당장은 그렇지가 않아요." 브렌트가 내 무릎에 손을 올리고 나를 위로하려는 듯 꽉 잡았다.

파텔 박사가 고개를 끄덕였다. "육아는 힘들죠. 당신은 정말 잘 해내고 있고, 주머는 행복하고 건강해요. 두 분 같은 부모를 만나다니 정말 복이 많은 아기예요."

공평한 육아 분담이란 애초에 한쪽 부모가 아이와 집에서 보내는 시간이 더 많으면 실천하기 어렵다. 우리는 서로 육아 노동을 안정적이고 정당하게 느끼면서 내 복직 과도기를 최대한 수월하게 보낼 수 있도록, 일정한 육아 패턴을 잡아보기로 했다. 주머 인생의 첫 두 달 반 동안은 당연히 내가 아침 9시부터 오후 5시까지 주머와 단둘이 집에 있었지만, 브렌트도 집에 없는 시간보다 있는 시간이 더 길었으며, 오후 5시부터 아침 9시까지의 시간과 주말에는 동등하게 육아에 참여했다. 어느새 나도 내가 서 있는 생물학과 사회학 사이의 공간을 받아들이려고 노력하고 있었다.

2016년의 나는 막 출산을 하고 신생아를 돌보는 책임에 전념하고 있는 한 마리의 포유동물이면서, 동시에 한 남자와 부부 관계를 맺은 여자이기도 했다. 나는 주머가 울면 의식적으로 브렌트에게 대응할 기회를 주도록 기다리려고 노력했다. 물론 모성애를 억눌렀다기보다는 뭐든 내 식대로 해야만 직성이 풀리는 성격을 자제한 측면이 더 컸지만, 아무튼 모든 육아 노동의 사소한 부분까지 일일이 간섭하지 않도록 나 자신을 저지했다. 브렌트도 옥시토신이 흐르는, 똑같은 부모였다. 그도 나 못지않게 주머를 돌보고 유대를 형성하는 일에 푹 빠져 있었다. 나는 브렌트가 자율권을 지닌 아빠가 되길 바랐고, 그러려면 그에게도 능력치를 쌓을 기회가 필요했다.

나는 어릴 적부터 모르몬교 집안의 가정교육을 경험했고 다섯 남매 중 둘째로 자랐으므로, 당연히 브렌트보다 아이를 돌본 경험이 많았다. 하지만 주머 문제에 있어 브렌트는 이렇게 말했다. "당신이 나보다 아이를 돌본 경험은 더 많을지 몰라도, 이 아이 문제에 있어서 나보다 경험이 더 많은 건 아니잖아." 나는 낮 동안 주머와 집에 있었으므로, 주머의 신호를 배우거나 주머의 스케줄을 정해주는 데 상대적으로 유리했다. 저녁이 되면 나는 브렌트에게 내 생각에 효과가 있는 방법을 말해주거나 요령을 가르쳐주면서 그의 조언을 구했다.

나는 브렌트에게 속싸개를 어떻게 입히는지도 알려줬다.

"이걸 이렇게 접고, 주머를 위에 올려놓고, 한쪽 면으로 아기 몸을 감싸서 아래로 끼워 넣은 다음에, 다른 한쪽도 가져와서 둘러주고, 그

다음에는 아랫부분을 올려서 맨 위에 이렇게 끼워 넣으면, 짠, 잠자는 주미 부리토 완성."

브렌트는 내가 찾아낸 효과적인 방법들을 열성적으로 배웠고, 자신이 찾아낸 방법을 나와 공유하기도 했다. 우리 둘 다 어떻게 해야 할지 모를 때는 구글에 의지했다.

우리는 상의 끝에 일정한 규칙을 정하기로 했다. 우리 둘 다 젖병 데우는 법과 기저귀 가는 방법, 목욕을 시키는 법, 주머를 재우는 법은 알고 있었다. 따라서 주머의 안전이 염려되는 경우가 아니라면, 상대방의 방식에 대해 입을 다물고 있기로 했다. 결론적으로 잘 먹이고 씻기고 재우는 데 성공한다면, 그 과정이나 방식은 별로 중요하지 않았다. 결국 그게 그거였다.

주머가 생후 7주가 되었을 무렵, 한 친구에게서 술 마시러 가자는 연락이 왔다. "나 오늘 밤에 시린이랑 바에 놀러 가도 돼?" 나는 브렌트가 아직 회사에 있을 때 전화를 걸어 물어봤다.

"당연하지. 갔다 와." 브렌트가 말했다.

브렌트가 집에 왔을 때, 나는 이미 외출 준비를 마친 상태였다. 주머에게 젖을 먹인 다음, 바에 가서 세 시간 동안 테킬라 소다 두 잔을 마시며 오랜만에 친구와 이야기를 나눴다. 그날 밤 내내 휴대전화를 한 번도 확인하지 않았다. 나는 브렌트가 주머를 돌보는 일을 문제없이 해낼 수 있으리라 믿었다.

기저귀 문제에 관해 말하자면, 브렌트가 출근한 낮에는 내가 기저귀를 갈아주기 때문에 밤에는 브렌트가 기저귀를 더 많이 갈았다. 내가 복직하고 나면 번갈아서 할 예정이었다. "당신 차례야." 우리는 서로 이전에 갈았던 기저귀가 얼마나 지저분했는지 굳이 묘사해주면서 이렇게 말했다. 가끔은 가위바위보로 다음 차례를 정하기도 했다. 주머가 한 살이 되자, 내 차례일 때 "그렇지만 나는 임신도 해야 했고 배를 갈라서 아기를 꺼내기까지 했는데"라는 말을 무기로 브렌트에게 죄책감을 안겨주는 수법은 더 이상 통하지 않았다.

한쪽 부모가 아기의 식량원(특히 유방으로 모유를 수유할 때)[19]일 때는 동등한 육아 균형점을 찾기가 거의 불가능하게 느껴지기도 한다. 나는 4개월 동안 주머에게 모유를 수유했다. 복직하기 전 달에는 냉장고에 모유를 잔뜩 비축해두려고 매일 유축을 했지만 충분한 양이 나오지 않았다. 잠을 많이 자지 못하던 초창기에는 정신 건강이 위태로웠다. 우리 둘 다 직장에서 일을 제대로 하려면 (그리고 서로 기분 좋게 대하려면) 하루에 여섯 시간은 자야 했으므로, 주머에게 수면 훈련을 시키기 시작했다.

주머가 생후 8주쯤 되자, 우리는 분유 수유를 시작하기로 결정했다. 그렇게 하면 주머가 낮 동안에도 충분한 양의 우유를 먹을 수 있을 테고, 내가 유일한 식량원이라는 압박에서도 벗어날 수 있을 터였다. 처음으로 주머에게 분유가 담긴 병을 물렸을 때, 주머는 마치 자신이 먹어본 가장 맛있는 음식인 것처럼 단숨에 들이켰다. 나는 주머가 분유를 거부하지 않아서 슬프면서도, 한편으로는 이제 주머의 생존을 유지하는 스트레스를 다른 사람과 분담할 수 있다는 생각에 행복했다.

우리에게 동등한 육아 분담은 젠더 프리 육아의 가장 중요한 요소

중 하나였다. 우리는 둘 다 일을 하며 돈을 벌고 싶었고, 둘 다 요리, 청소, 육아 등의 집안일과 부모로서의 의무에 동등하게 기여하고 싶었다. 아이에게 모든 젠더가 동등한 능력을 지녔음을 알려주려면 우리부터 가정에서 모범을 보여야 했다. 우리는 우리 관계 속의 젠더 규범을 어떻게 제거해나갈지에 대해 지속적이고 의식적인 대화를 나눴다. 마침내 보호막에 금이 가고 있었기 때문이다. 첫 1년이 지나고 나자, 세상이 주머에게 영향을 미치기 시작했다.

10장

새로운 만남들

나는 아이가 어릴수록 아들인지 딸인지 물어
보는 사람이 더 많다는 사실을 금방 깨달았다. 처음 몇 달 동안은 이중
으로 힘들었다. 나는 나만의 육아 리듬과 젠더 프리 육아에 대한 자신
감을 찾으려고 노력하고 있었다. 젠더 프리 육아에 관한 가장 큰 걱정
은 당연히 처음 만난 사람과 이야기해야 하는 경우였다. 하지만 낯선
사람과 젠더 프리 육아에 관해 대화할 일이 생각보다는 많지 않았다.
그리고 이런 일도 마치 근육을 쓰는 것과 비슷해서, 하면 할수록 더 쉬
워졌다.

감당하기 힘들 정도로 거의 매번, 처음 보는 사람(계산대 점원, 승무원,
공원에서 마주친 친절한 타인)들은 주머를 보면 일단 옷차림으로 젠더를 추

측한 다음, "딸이 몇 살이에요?" 혹은 "아들이 정말 귀엽네요" 같은 말을 건넸다. 그런 질문에는 그저 "10주 됐어요" 혹은 "감사합니다"라고만 대답했다. 그러면 대화가 끝났다. 친절한 슈퍼마켓 점원을 만날 때마다 매번 멈춰 서서 "저, 사실, 우리는 젠더 중립적인 호칭을 쓰고 있어요" 하고 말할 생각은 없었다. 주머가 더 자라서 나에게 어떤 호칭으로 불리고 싶은지 알려주기만 하면, 나는 온종일이 걸리더라도 사람들이 주머의 젠더를 잘못 판단할 때마다 멈춰 서서 정정해줄 것이다. 하지만 처음 몇 달 동안은 바나나를 사러 농산물 코너에 갈 때마다 호칭을 지적할 정도의 여유가 없었다.

만약 그 사람이 우리가 자주 다니는 카페의 바리스타처럼 주머와 꽤 자주 만날 가능성이 있는 사람이라면, 나는 이렇게 말한다. "우리는 주머의 젠더를 아직 몰라요. 그래서 지금은 젠더 중립적인 호칭을 사용하고 있답니다." 대개의 경우, 바리스타는 이런 식으로 대답한다. "정말 멋진 생각이네요. 만나서 반가워, 아기 주머."

주머가 생후 4주쯤 됐을 때, 우리 세 식구는 다 같이 솔트레이크 시내에서 열린 겨울 농산물 시장에 갔다. 오래된 기차역을 개조한 공간에 들어서자, 갓 구워낸 빵의 냄새와 방금 내린 커피의 향, 그리고 친구의 친구인 지젤의 "어머, 안녕!"이라는 인사가 우리를 맞이했다. 주머는 속싸개에 싸인 채로 내 가슴팍에서 깊이 잠들어 있었고, 지젤은 몸을 기울여 그런 주머를 봤다. 지젤과는 두세 번밖에 만나보지 못한 사이였지만, 우리는 인스타그램에서 서로를 팔로우하고 있었다. 지젤은 주머의 등에 손을 올린 채로 활짝 웃으며 나와 브렌트를 바라봤다.

"내 머리로는 둘이 뭘 하고 있는 건지 잘 이해가 안 돼. 그냥 궁금해 죽겠어! 친구들한테 너희 이야기를 하면서 '그냥 주머 옷을 다 벗겨서 알아내고 싶어!'라고 했다니까."

나는 아무 말 없이 브렌트를 바라봤다.

브렌트가 내 등에 손을 얹고 지젤을 쳐다봤다. "음. 그 말은 이상한 것 같은데."

지젤이 소리 내어 웃었다. 자신이 우리를 얼마나 불편하게 만들었는지 전혀 눈치채지 못한 모양이었다. 지젤은 캔버스 가방을 고쳐 멘 뒤, 여전히 웃는 얼굴로 "잘 가!" 하고 마지막 인사를 건네며 사라졌다.

"와. 내가 제대로 대처를 못 했나 봐." 브렌트가 말했다.

"자책하지 마. 나는 아예 한 마디도 못 했잖아! 이제 지젤이 따라와서 주머의 생식기를 볼 기회만 노릴까 봐 이곳 공중화장실에서는 기저귀를 못 갈 것 같아. 너무 무례하고 부적절한 말이었어, 그렇지?"

"모든 면에서 그랬지." 브렌트는 믿기지 않는다는 듯 절레절레 고개를 저었다. "뭔가 입을 다물게 할 말을 더 해서 그게 얼마나 말도 안되는 소리였는지 제대로 알려줬어야 했는데."

나는 숨을 깊이 들이마셨다. 주머는 여전히 잠들어 있었다. 나는 온몸에 급속히 퍼지는 감정들을 애써 떨쳐냈다.

주머가 생후 7주쯤 됐을 때, 시누이 킴벌리가 우리를 만나러 호주에서 왔다. 나는 킴벌리와 함께 코스트코로 치약 열두 개짜리 세트와 스트링 치즈 100개짜리 패키지 같은 생필품을 사는, 중요하고 거창한 여행을 떠나기로 했다. 주머는 유모차에 부착된 카시트에 앉혔다. 카시트와 유모차에는 각각 덮개가 달려 있었는데, 둘 다 펼치면 하나로 닫혀서 주머의 모습을 완전히 가리는 구조였다.

나는 중앙 통로에 있던 킴벌리에게 유모차와 카트를 맡기고 땅콩버터를 가지러 갔다. 땅콩버터 선반에 가까워졌을 때, 갑자기 말소리가 들렸다. "그 안에 있는 게 아들이오, 딸이오?" 내 몸은 여전히 갖가지 잼들이 놓여 있는 높다란 선반 쪽을 향하고 있었지만, 고개는 킴벌리와 주머가 있는 오른쪽으로 천천히 돌아갔다. 킴벌리 옆에 서 있는 낯선 사람과 내 소중한 주머가 들어 있는 바퀴 달린 검은색 캡슐이 보였다.

킴벌리는 눈을 크게 뜨고 나를 보며 '도와줘'라고 말하는 듯한 표정을 지었다. 나는 눈살을 찌푸렸고, 홍채가 가려질 정도로 동공이 확장됐다. 주머가 딸인지 아들인지 묻는 사람은 많았지만, 이 사람처럼 공격적으로 끈질기게 묻는 이는 없었다. 심지어 주머는 보이지도 않아서, 유모차 안에 시추 강아지가 있을지도 모르는 상황이었다. 낯선 사람이 킴벌리에게 주머의 젠더를 물어보고 있으니, 나는 그녀를 보호해줘야겠다고 생각했다. 우리가 지난 두 달 동안 시달렸던 종류의 스트레스를 킴벌리까지 느끼게 하고 싶지 않았다.

나는 빠르게 성큼성큼 걸어갔다. 누가 내 콧구멍에서 김이 뿜어져 나오는 모습을 봤다고 말해도 믿었을 것이다. 혼자 유모차와 카트를 동시에 움직일 수 없는 상황에서 그 남자가 두 번을 더 묻자, 킴벌리는 "저는 몰라요. 이쪽이 아기 엄마예요" 하고 말했다.

나는 그 남자를 쳐다봤다. 그는 70대 초반쯤 돼 보였고, 키는 나와 비슷했으며, 플란넬 셔츠를 청바지 속에 넣어 입고 로데오 스타일의 벨트를 매고 있었다. 그를 어브라고 부르도록 하겠다. 머리에 캡 모자를 쓴 어브는 자신이 던진 선의의 질문이 애초에 하지 말았어야 할 추궁처럼 느껴진다는 사실을 전혀 눈치채지 못하고 있었다. 내가 다가가자, 그는 보이지도 않는 아기에게 음경이 달렸는지 외음부가 달렸는지 드디어 알 수 있겠다고 생각했는지 안도한 듯 보였다. 그는 1분도 채 되지 않은 시간에 네 번째로 물었다. "그 안에 있는 게 남자아이요, 여자아이요?"

나는 그를 바라보며 물었다. "그게 뭐가 중요하죠?"

그는 나를 보며 혼란스러운 표정으로 서 있었다. 킴벌리와 내가 탈출하려고 돌아서자 누군가 그에게 "아빠, 가자"라고 말했고, 우리는 반대쪽으로 갔다. 나는 고개를 돌려 그들이 자동차 엔진만 한 과일 통조림 캔을 들고 통로를 따라 걸어가는 모습을 봤다.

어브의 카트에는 180센티미터 길이의 나무가 실려 있었다. 봄을 맞아 코스트코에서는 각종 계절 식물을 할인가에 판매하고 있었다. 어브와 또다시 마주치지 않으려고, 코스트코에서 보낸 나머지 15분 내내 그 나무를 눈으로 좇았다. 나는 「심즈(Sims)」(컴퓨터 시뮬레이션 게임—옮긴이) 캐릭터 머리 위에 떠 있는 빛나는 초록색 다이아몬드처럼 통로 위에서 천천히 흔들리는 나뭇잎과 가지들을 찾았다. 항상 어브가 어디 있는지 인식하고 있었다. "우리 빵도 사야 돼. 앗, 어브가 저기 있네. 세탁 세제 먼저 사러 가자."

잠에서 깨어난 주머가 방금 알을 깨고 나온 아기 공룡처럼 몸을 뻗으며 꿍꿍 소리를 냈다. 나는 덮개를 열고 "안녕" 하고 인사했다. 작고 귀여운 얼굴과 지독한 냄새가 나를 반겼다. 킴벌리에게 주머를 차로 데려가서 기저귀를 갈아달라고 부탁했다. 나도 얼른 계산을 마치고 따라 나갈 생각이었다. 내가 계산대 앞에 줄을 서자, 어브와 그의 성인 자녀도 다른 계산대에 줄을 섰다. 나는 어브를 쳐다봤다. 어브도 나를 봤다. 계산을 마치고 나니 10미터 앞에 나무를 들고 가는 어브의 모습이 보였다. 우리는 거의 동시에 매장을 빠져나왔고, 우리 차는 같은 통로를 끼고 정확히 맞은편에 주차돼 있었다. 킴벌리가 차 뒷문을 연 채로 주머의 기저귀를 갈고 있는 모습이 보였다. 내 아이의 엉덩이가 코스트코 주차장에 노출돼 있었고, 아기 젠더 보안관 어브가 그 앞을 지나치기 직전이었다. 어브를 발견한 킴벌리는 기네스 세계 신기록 수준으로 기저귀를 빠르게 갈고, 주머의 카시트 벨트를 단단히 매준 다음 차에 올라탔다.

나는 어브가 주머의 생식기를 보고 만족감을 느끼며 내 아이의 젠더를 안다고 착각하도록 놔두고 싶지 않았다. 딱히 어브에게 화가 난 것은 아니었다. 그보다는 어브로 대표되는 문화적 규범에 화가 났다. 모르는 사람이 마치 우리 가족 일에 무슨 관련이라도 있는 양, "그 안에 있는 게 남자아이요, 여자아이요?" 하고 여러 번 소리쳐 묻는 것은 매우 불쾌한 경험이었다.

나는 차에 도착해서 라크루아 탄산수 상자를 실을 공간을 찾으면서, 어브가 자신의 차 쪽에 있는지 눈으로 확인했다. 어브도 내가 테트리스를 하듯 물건 상자들을 쌓는 모습을 봤다. 운전석에 올라타기 직전, 나는 마지막으로 어브를 한 번 더 쳐다봤다. 어브가 나를 보며 살짝 고개를 끄덕였고 나도 그에게 똑같이 끄덕이면서 생각했다. '나무 잘 키우세요.'

주머가 4개월이었을 때, 브렌트와 주머와 나는 내 학회 논문 발표를 위해 함께 비행기를 타고 시애틀에 갔다. 시애틀 공항에서부터는 경전철을 타고 시내의 호텔로 향했다. 나는 에르고베이비(Ergobaby) 아기 띠를 착용하고 주머를 안고 있었다. 주머는 등을 내 배꼽에 기대고 바깥쪽을 향해 앉아 있었다. 내가 경전철 한가운데 기둥을 붙잡고 서 있는데, 한 어르신이 주머를 보며 우스꽝스러운 표정을 지어 보였다. 주머는 까르르 웃으면서 이 재미있는 새 친구를 칭찬하듯 허공에 발길질을 했다. 어르신이 나를 올려다보며 물었다. "아들이에요, 딸이에요?"

경전철에 타고 있던 내 주위 일곱 명의 사람들 모두, 내가 이 친절한 시애틀 어르신에게 뭐라고 말할지 내심 귀 기울이고 있었다. 브렌트는 나를 보고 마치 '어디 어떻게 하나 두고 보겠어'라는 듯 씩 웃었다.

"저⋯⋯." 내가 말을 꺼냈다. "아이 이름은 주머예요. 저희는 젠더를 정해주지 않았어요. 아이가 자신이 남자인지 여자인지, 아니면 다른 젠더인지 스스로 결정하게 할 생각이에요." 나는 여기서 말을 멈췄다. 지금은 이 정도면 충분했다. 나는 고개를 천천히 끄덕이며 내 말을 받아들이고 있는 우리의 새 친구를 바라봤다.

"그럼 잘되길 바라요!" 그가 대답했다.

"고맙습니다!" 내가 말했다.

다음 정거장에서 어르신은 마지막으로 주머에게 웃긴 표정을 지어

보이면서 "주머, 안녕!" 하고 인사한 뒤, 지팡이로 몸을 지탱하며 천천히 전철에서 내렸다.

나는 매번 낯선 사람과 젠더 프리 육아에 대해 어색한 대화를 나누는 30초의 시간이 나중에 주머가 경험할지 모를 고정관념 담긴 말이나 젠더에 의한 미묘한 차별 대여섯 가지를 예방해주리라 믿고 싶었다. 그리고 내가 그 낯선 사람을 자신이 아이와 주고받은 대화로 인해 젠더가 미래에 얼마나 큰 영향력을 가지게 될지 다시 한번 생각해보도록 은근히 몰고 갔을지도 모른다고 생각하고 싶었다.

한번은 레스토랑에서 자리가 나기를 기다리고 있는데, 어떤 사람이 자그마한 주머를 안고 있는 나를 살펴보면서 웃는 얼굴로 말했다. "아들이에요, 딸이에요?" 내가 젠더 프리 육아에 관한 짤막한 홍보를 하자, 그 사람은 내 이야기를 이해한 뒤 얼굴이 밝아졌다. 그 사람이 말했다. "멋지네요! 물어봐서 미안해요. 습관적으로 물은 건데, 이제 고쳐야겠어요. 우리 언니 아이가 논바이너리인데, 그런 것을 배워가는 과정이 참 좋았거든요. 아기가 몇 살이에요? 나는 일곱 살짜리랑 아홉 살짜리 아이가 있어요. 사실 이제 아기는 아니죠." 나는 주머가 5개월이라고 말했다. 우리는 부모 되는 일에 어떻게 적응했으며, 시간이 얼마나 빠른지에 대해 이야기했다.

자신감을 얻어갈수록, 처음에 누가 "아들이에요, 딸이에요?"라고 물을 때마다 속에서 살짝 장이 꼬이는 듯한 느낌이 들었던 것도 점차 편해지기 시작했다. 나는 가족을 위해 옳은 일을 하고 있다고 확신했고, 이를 이야기하는 일에도 매일 조금씩 더 능숙해졌다. 나는 어떤 문장들이 젠더 프리 육아를 묘사하는 데 가장 효과적인지 알아내서, 최대한 친절하고 간결하게 말했다. 그러다가 젠더와 관계없는 육아 관련 주제로 화제를 돌려서 어색함을 물리치고 상대방에게 탈출구를 제공해줄 수도 있었다. 예를 들면 이런 식이었다. "당신 아이가 밸런스 바이크를 타는 모습을 봤어요. 우리 아이가 자전거를 탈 나이가 되려면 아직 멀었지만, 밸런스 바이크를 먼저 타다 보면 아이가 나중에 자전거를 편안하게 느끼는 데 도움이 될 것 같던데요. 아이가 좋아하나요?" 만약 상대방이 젠더 프리 육아에 대해 이야기하길 원한다면 나도 항상 대화할 준비가 돼 있었지만, 그보다 먼저 사람들에게 보여주고 싶었다. '우리가 젠더를 참고하지 않고도 얼마나 많은 이야기를 할 수 있는지 보세요.' 나는 사람들이 젠더 프리 부모와 긍정적인 소통을 이어가도록 그저 놔두길 바랐다.

처음으로 '제발 나한테 아이 있냐고 물어보지 말아줘'라는 기분을 느꼈던 때는 3개월 된 주머를 보모에게 맡기고 브렌트와 결혼식에 참석했을 때였다. 우리는 밀크리크 계곡 위 푸른 들판에 놓인 하얀 의자에 앉아서 결혼식이 시작되길 기다렸다. 오른쪽에 앉은 부부가 우리에게 말을 걸어왔다. 그들은 자신의 자녀가 신부 멜리사와 어떻게 친구가 됐는지 이야기하면서 자연스레 자기 아이가 자식을 낳으면 얼마나 기쁜지 이야기하기 시작했다. 내 머릿속 목소리가 말했다. '이봐, 이제 10초만 있으면 부모님에게 손주를 안겨줬냐는 질문을 받을 거야. 당장 빠져나가.'

나는 불쑥 말했다. "이 위에 무스가 있네요! 가까이서 볼 수 있을까요!"

모든 사람이 나를 쳐다봤고, 그 부부와 브렌트가 서로 눈빛을 주고
받았다. 모두 '뇌졸중이라도 온 건가?' 하고 생각하는 듯했다.

식이 끝나고 피로연장으로 걸어가면서 브렌트에게 말했다. "그냥 그
순간에 젠더 프리 육아에 대해 이야기하고 싶지 않았어." 그때, 나는 주
머가 실제로 곁에 있고, 사람들이 행복하고 사랑스러운 얼굴의 귀여운
아기를 보고 있을 때 오히려 더 이야기하기 쉽다는 사실을 깨달았다.

브렌트는 내 어깨를 감싸 안았다. "카일, 너무 속상해하지 마. 부모
가 되고 젠더 프리 육아를 하는 것만이 당신의 정체성은 아니야. 그것
에 대해서 이야기하고 싶지 않아도 괜찮아." 음료를 주문하러 가는 길
에 그가 나를 끌어당겼다. "그래도 아까 그 무스 이야기는 이상했어.
어떻게 좀 해봐."

밤이 깊어지고 우리가 피로연장에서 춤을 추고 있을 때, 신혼부부
멜리사와 라이언이 인사를 하러 왔다. 우리는 잔을 부딪치고 축하의
포옹을 해줬다. 어린이 중환자실 간호사인 친구 멜리사가 내 팔을 붙
잡고 말했다. "카일, 주머를 키우는 네 방식이 나한테 얼마나 긍정적인
영향을 미쳤는지 꼭 말해주고 싶었어. 알고 보니 내가 환자들을 묘사
할 때 다른 수식어를 사용하고 있더라. 남자아이를 부를 때는 힘세고
강인한 슈퍼히어로라고 하고, 여자아이는 주로 작고 예쁜 공주님이라
고 불렀거든. 그런데 이 아이들은 자신이 겪고 있는 일을 슬퍼하고 무
서워할 시간이 필요하기도 하고, 또 한편으로는 용기 내서 싸우고 이
겨낼 수 있다고 생각할 필요도 있는, 그저 아픈 아이들이라는 사실을

깨달았어. 덕분에 나는 이제 더 잘 해내고 있어. 그저 무엇이든 그 순간에 아이들에게 필요해 보이는 걸 주고, 쓸데없는 젠더 고정관념은 주입하지 않으려고 노력 중이야."

나는 무척 감동받았다. "멜리사, 그렇게 말해줘서 고마워. 아이들이 너를 만나서 정말 다행이야!"

"주머도 부모를 정말 잘 만났어!" 멜리사가 말했다. 신혼부부는 우리와 다시 한번 포옹한 뒤, 다른 하객들과 인사를 나누러 떠났다.

그 결혼식에서처럼, 나는 젠더 프리 육아에 대해 의논할 기분이 아닐 때면 여느 부모들처럼 내 아이 이야기를 그저 즐겁게 풀어놓곤 했다.

가족계획협회의 연례 회의를 위해 솔트레이크시티에서 덴버로 가는 비행기에 탔을 때였다. 내가 업무 출장을 갈 때마다 종종 그랬듯, 브렌트와 주머는 둘이서도 내가 없는 닷새 동안 즐거운 시간을 보낼 터였다. 통로 쪽으로 예약한 내 자리를 찾고 보니 옆자리인 창가 자리에 50대 여성이 앉아 있었다. 나는 자리에 앉으며 "안녕하세요" 하고 인사한 다음, 읽을 책을 꺼냈다. 이륙하는 동안, 눈으로 옆자리 여성이 읽고 있는 책을 훑어봤다. 예수그리스도후기성도교회에서 펴낸 잡지였는데, 남편과 아내가 둘 다 가정의 재정에 기여해야 한다는 내용의 기사가 펼쳐져 있었다. 나는 곁눈질로 그 기사를 읽기 시작했고, 그러다가 마땅히 지켜줘야 할 그 여성의 사생활 보호에 대한 개념을 까맣게 잊어버리고는, 더 편하게 기사를 읽으려고 그녀의 무릎 쪽으로 고개를 돌렸다. 그 여성이 나를 쳐다봤다.

"죄송해요, 변태처럼 훔쳐보려는 의도는 아니었어요. 그저 기사가 눈에 들어왔고, 제가 요즘 개인 재정과 관련된 주제에 엄청 빠져 있거든요. 그리고 모르몬교계 출판사에서 그런 유의 기사를 게재하다니 신선하네요."

그녀가 웃는 얼굴로 말했다. "괜찮아요. 원하시면 제가 다 읽은 다음에 읽어보셔도 돼요."

나도 웃음으로 화답했다. "감사해요. 요지는 파악한 것 같아요."

여성이 잡지를 내려놓으며 물었다. "모르몬교 신자세요?"

"예전에는 그랬죠." 내가 말했다. "얼마 전에 탈퇴했어요. 교리가 제 가치관과 잘 맞지 않아서요. 하지만 당신이 추구하는 가치와 잘 맞는다면, 다행이에요." 화제를 돌리기 위해 내가 물었다. "오늘 어디 가는 길이세요?"

"매사추세츠에 사는 아들과 며느리와 손주를 만나러 가요."

"오, 좋으시겠어요! 가족들도 분명 무척 반가워하겠네요!" 나는 순수하게 좋은 마음을 담아 말했다.

"거기까지 아직 한 번도 가본 적이 없었는데, 손주가 거의 한 살이 됐네요." 그녀가 털어놓았다.

"어떤 기분이신지 알아요. 제 아이는 8개월인데, 드디어 다음 달에 비행기를 타고 호주로 가서 할아버지, 할머니를 실제로 만나게 해줄 거예요. 가족 모두 기대하고 있어요!"

"아이가 딸인가요, 아들인가요?" 그녀가 물었다.

"저희도 몰라요. 아이에게 젠더를 정해주지 않고, 젠더 중립적인 호칭을 사용하고 있거든요." 나는 자신 있게 말했다. 나에게는 8개월 동안 단련한 젠더 프리 육아 근육이 있었다. 우리는 95분의 비행 중에 20분을 남겨둔 상태였고, 말 그대로 피할 수 없는 상대와 이런 대화를 시작하려면 내가 확신에 차 있어야만 했다.

그녀는 천천히 고개를 끄덕였다. 나는 이제 그러한 *끄덕임*의 의미를 잘 알고 있었다. 그것은 '당신이 방금 한 말을 생각해보면서 제가 묻고 싶은 질문 여든여섯 가지 중에 뭘 먼저 물어야 하나 고민 중이에요'라는 의미의 끄덕임이었다.

확고한 신념에 차서, 그녀가 말했다. "나는 젠더는 우리가 이 세상에 태어나기 전부터 하느님 아버지로부터 정해지는 것이며, 두 가지로만 존재한다고 믿어요. 우리 모두에게는 남자와 여자로서 정해진 역할이 있어요."

나는 싱긋 웃어 보였다. "당신은 당신의 신념대로 할 권리가 있죠. 저는 개인적으로 남성과 여성이라는 두 가지 외의 젠더를 경험한 여러 사람들, 또 그런 이분법을 부자연스럽다고 느끼는 수많은 사람들을 알고 있어요. 저는 만약 신이 있다면 인간의 경험이 이토록 다양하고 복잡 미묘하다는 사실에 매우 감격할 거라고 믿고 싶어요. 그리고 저는 남에게 대우받고자 하는 대로 남을 대우하라는 황금률을 믿기 때문에, 모든 사람을 사랑하고 이해하며 존중하는 마음으로 대하려고 해요." 나는 어깨를 한 번 으쓱한 다음, 진저에일을 한 모금 마셨다.

그 여성도 웃음을 지어 보였고, 우리는 한동안 말이 없었다. 그녀는 더 이상 젠더 프리 육아에 대한 이야기로 나를 압박하지 않았다.

"프레첼 좀 드릴까요?" 그녀가 물었다.

"너무 좋죠. 감사해요."

우리 둘, 재닛과 나는 긴 대화를 이어갔다. 재닛은 내게 아이를 최소 세 명은 낳아야 한다고 말했고, 주된 이유는 만약 한 아이가 죽더라도 최소한 둘이 더 있기 때문이라고 했다. 나는 큰 소리로 웃으면서 정말 말도 안 되는 이유라고 대꾸한 다음, 하나로도 충분히 행복하다고 이야기했다.

재닛은 솔트레이크 집에 열일곱 살짜리 딸을 혼자 놔두면 남자아이들과 문제를 일으킬까 봐 걱정돼서, 아들과 손자를 만나러 가는 일을 미뤄왔다고 이야기했다. 나는 재닛에게 성에 관해 딸과 솔직히 이야기하는 편인지 물었다. 재닛이 기겁하면서 대답했다. "당연히 안 하죠." 나는 집에 돌아가면 다시 한번 생각해보라고 권유하면서 그러한 대화가 모녀 둘 다에게 얼마나 유익한지 알면 놀랄 것이라고 설득했다.

덴버에 착륙한 뒤, 우리는 다른 승객들이 먼저 비행기에서 내리길 기다렸다. 나는 머리 위 짐칸에서 내 가방과 재닛의 가방을 꺼냈다. 우리는 통로와 탑승교를 지나 터미널까지 함께 걸어갔다. "재닛, 만나서 반가웠어요." 내가 말했다.

"저도요. 딸과 그 문제에 대해서 이야기해보라는 조언 고마워요. 아기 젠더 일도 잘되길 바라요."

나는 피식 웃었다. "고마워요." 그리고 우리는 각자의 길을 갔다.

11장

키드랜드

어디서나 그렇지는 않겠지만, 유타주 솔트
레이크시티에서는 좋은 어린이집일수록 대기자 명단이 길어지는 것
이 보통이다. 예를 들면 '임신 사실을 확인하자마자 대기자 명단에 이
름을 올려야 돼! 아니, 임신을 시도하기 시작할 때부터 알아봐야 해!'
라고 생각할 정도다. 나는 솔트레이크의 이런 상황을 알고 있었지만,
이듬해에 교수 자리를 제안받을 때까지 집에 있으면서 가끔 보모를
쓸 계획이었으므로 크게 걱정하지 않았다. 원래 내 계획은 대학교 내
LGBTQ 지원 센터나 젠더 연구학과 학생용 리스트서브(그룹 전자우편 관
리 시스템. 그룹이 속해 있는 리스트서브에 전자우편을 보내면 해당 그룹의 모든 구성
원이 받을 수 있다―옮긴이)를 통해 도와줄 사람을 구해보는 것이었다.

그러나 나는 예상보다 훨씬 더 일찍 일자리를 구하게 됐고, 이는 주머가 태어난 지 몇 달 후에 시작될 예정이었다. 브렌트는 이미 풀타임으로 근무하고 있었으며, 우리는 보육에 대한 대안을 갖고 있지 않았다. 가장 가까운 가족은 486킬로미터 떨어진 곳에 있었고, 가장 먼 가족은 1만 3142킬로미터 거리에 있었다. 우리는 다소 곤란한 상황에 처했다.

나는 집에서 몇 블록 거리에 키드랜드라는 주간 어린이집이 있다는 사실을 알고 있었다. 그곳에 다니는 아이들을 돌봐준 적도 있었고, 안에 몇 번 들어가보기도 했다. 나는 그곳의 직원들과 분위기가 좋았고, 집에서 도보 10분 거리라는 점도 마음에 들었다. 출산을 일주일 정도 남겨두었던 3월의 어느 날 아침, 뒤뚱거리는 걸음으로 키드랜드를 찾아갔다. 사무실로 들어가자, 원장 로빈이 친절한 미소로 맞이줬다. 로빈은 대기 명단에 이름을 올리고 8개월을 기다려야 한다고 말했다.

나는 책상 앞으로 가까이 다가가서 한쪽 팔꿈치를 올리고 말했다.

"로빈, 툭 터놓고 이야기할게요. 이 어린이집은 우리 집에서 도보로 10분 거리예요. 여기 다녔던 지인들 모두 이곳을 무척 좋아했고, 저는 온 동네를 돌아다니면서 대기자 명단에 이름을 올리고 싶지 않아요. 여기로 정하고 싶은데, 만약 11월에나 가능하다면 어쩔 수 없죠. 그래도 저는 봄부터 여름까지 계속 당신을 찾아와 수다를 떨면서 내 순서를 앞당길 방법을 강구할 생각이에요."

로빈이 빙그레 웃었다. "마음에 드네요."

"저도 당신이 마음에 들어요."

"그건 그렇고, 아이 성별이 뭔지 아세요?" 로빈이 물었다.

나는 동그란 배꼽 위에 손을 올렸다. "음, 사람 아기라는 건 확실해요. 아기 이름을 주머로 정할 예정이고요. 주머의 염색체나 생식기에 관해서는 어느 정도 알고 있지만, 그걸 토대로 젠더를 정해주지는 않을 거예요. 젠더 프리 육아라는 걸 할 예정이거든요. 우리는 아들이나 딸 같은 호칭 대신 아이라고만 부를 거예요. 저는 주머가 여자아이나 남자아이로 틀에 박힌 대우를 받으면서 세상의 절반만 경험하길 원치 않아요. 그저 아이로만 대우받았으면 좋겠어요. 언젠가 자신이 원하는 때에 스스로의 젠더 정체성을 찾아낼 거라고 생각해요."

로빈이 눈웃음을 지으며 진심 어린 미소를 보였다. "좋은 생각이에요. 여기 다니는 아이들 중에도 전형적인 젠더 규범을 따르지 않는 아이가 여럿 있고, 우리는 그런 아이들을 지지해요. 아이들을 그저 아이들답게 대우하고자 정말 열심히 노력하죠. 우리는 아이들을 남자아이나 여자아이 대신 '친구들'이라고 부르고, 그 애들이 모든 종류의 경험을 시도할 수 있는 환경을 만들어줘요. 우리랑 잘 맞을 것 같네요."

이제 나는 웃음을 감출 수가 없었다. "이 모든 문제에 시원시원하게 답해주셔서 감사해요."

"합리적인 생각이니까요." 로빈이 말했다.

나는 젠더 항목을 비워둔 채로 지원서를 작성하고 대기 비용을 지불했다. 그리고 로빈에게 작별 인사를 건네고, 누가 봐도 임산부 같은 어색한 걸음으로 키드랜드를 나섰다. 집으로 걸어오는 길에 브렌트에게 전화를 걸었다. "자기야! 키드랜드 원장은 정말 괜찮은 사람이야!"

어린이집 대기 명단에 오르면 수다를 시작하라! 우리는 매달 새로운 선물을 들고 찾아갔다. 루비 스냅의 쿠키부터 스위트 투스 페어리의 컵케이크, 밴버리 크로스의 도넛까지. "안녕하세요. 저예요, 주머 엄마. 여전히 저희는 여기만 기다리고 있고, 주머를 여기로 데려올 일이 너무 기대된다고 말씀드리고 싶어서 잠깐 들렀어요! 헤어스타일이 멋지네요! 쿠키 맛있게 드세요! 안녕히 계세요!" 그다음 달의 수다 담당은 브렌트였다. 우리는 추가 점수를 얻으려고 주머도 데리고 들어갔다. 주머는 정말 미치도록 귀엽기 때문에, 누군가 주머를 힐끗 볼 때마다 우리 순위가 앞당겨질 가능성이 높아지리라는 자신감이 있었다.

6월 1일은 내가 새로운 직장에 처음 출근한 날이었다. 키드랜드에 자리가 생기길 기다리는 동안, 육아 공백을 메울 기발한 방안을 생각해내야 했다. 내가 일을 시작한 주에는 브렌트가 일주일 휴가를 내고 주머와 집에 머물렀다. 여름에는 내 친구 리브가 일주일에 며칠씩 우리를 도와줬다. 리브도 사회학과 대학원생이어서 여름 스케줄이 유동적이었고, 마침 돈도 필요했다. 완벽한 조합이었다. 리브는 급진적인 채식주의자에 퀴어이자 에코페미니즘 활동가이므로, 나는 주머가 리브의 존재감에 흠뻑 젖으리란 생각에 들떴다. 리브는 내가 출근하는 매주 월요일, 수요일, 금요일에 주머를 봐줬고, 화요일과 목요일에는 내가 '재택근무'를 했다. 그 말인즉슨 나는 주머가 낮잠을 자는 동안 이메일을 확인하느라 바빴다는 뜻이다. 집에서 아이를 보면서 논문을 써야겠다고 생각했다니, 지금 생각하면 헛웃음이 날 뿐이다.

브렌트는 집에 와서 주머를 돌보기 위해 최대한 자주 일찍 퇴근했다. 나는 주머를 데리고 출근한 적도 몇 번 있었다. 내 책상 옆 바닥에는 아기를 위한 작은 공간이 만들어졌다. 주간 전체 회의 시간 동안, 주머는 원형으로 둘러선 의자들 한가운데 담요를 깔고 누워 있었다. 주머가 팔을 마구 흔들다가 맞은편으로 공을 굴리면 누구든 가장 가까이 있는 사람이 자연스레 공을 잡아서 다시 주머에게 굴려주면서 태연하게 회의를 이어가곤 했다.

사람들은 최대한 협조적인 태도로 대해줬지만, 나는 메디케이드 **가족계획 면책 프로그램**(미국 저소득층 의료보장 제도인 메디케이드에서 제공하는 프로그램으로, 현재 임신 중이 아니지만 가족계획이 있는 젊은 저소득층 인구의 사전 건강관리를 위한 의료보험 서비스—옮긴이)의 자세한 내용을 연구하려고 할 때 무릎 위에서 칭얼대는 귀여운 아기에게 주의를 빼앗기지 않고 일에 전념할 수 있는 날만을 손꼽아 기다리고 있었다. 7월에 로빈에게서 전화가 왔다. "카일, 안녕하세요. 8월 말에 주머가 들어올 자리가 생겼어요." '만세!' 누가 나를 봤다면 복권이라도 당첨된 줄 알았을 것이다. 마치 그런 기분이었다. 나는 몹시 기뻤다!

브렌트와 내가 주머를 처음으로 어린이집에 데려다주던 날, 키드랜드 안으로 들어가자 로빈이 사무실에서 웃는 얼굴로 우리를 반겨줬다. 로빈은 반갑게 인사를 건넨 다음, 주머를 매일 어떻게 등하원시키면 되는지 알려줬다.

로빈이 말했다. "오늘 아침에 우리 등하원 시스템에 주머 이름을 올리는데 젠더를 묻는 항목이 있었어요. 그 항목을 그냥 비워둬도 아무 문제가 없더라고요. 꽤 멋지다는 생각이 들었어요!"

나는 미소 지었다. "다행이네요! 그렇게 해주셔서 고마워요, 로빈."
주머가 우리의 육아 결정이 존중받고 지지받는 곳에 있다고 생각하니,
주머를 그곳에 두고 오는 일이 조금 더 쉬워졌다.

등원 첫날, 브렌트와 나는 주머의 반에 한동안 머물렀다. 그 반에
는 앤, 루프, 레바티라는 세 명의 선생님이 있었다. 나는 주머와 함께
바닥에 앉아서 15분 동안 선생님들과 이야기를 나눴다. 젠더 프리 육
아가 우리에게 어떤 의미인지 이야기하면서 주머가 단지 생식기 모양
때문에 특정한 방식으로 대우받지 않길 바란다고 이야기했다. 우리는
주머가 그저 아기로만 대해지며, 모든 종류의 장난감을 제공받고, 모
든 종류의 책을 읽고, 모든 종류의 수식어로 묘사되길 바랐다. 또 주머
가 다른 아이들과 껴안기도 하고 몸싸움을 벌이기도 하며 아이답게 자
라길 바랐다. 우리는 선생님들에게 젠더 중립적인 호칭에 대해 알려주
면서 어떤 말을 사용하면 좋은지 예시를 들어줬다. 그리고 더 많은 정
보를 얻을 수 있는 우리 블로그 주소도 알려줬다. 선생님들이 적응하
는 데 시간이 걸려도 이해하며, 노력만으로도 감사하므로 만약 실수가
생기더라도 너무 자책하지 말아달라고 부탁했다. 궁금한 점이 생기면
언제나 기쁜 마음으로 대답할 테니 주저 말고 물어보라는 말도 잊지
않았다.

선생님들은 젠더 프리 육아를 이해하거나 동의하는지에 상관없이
우리를 존중해줬고, 주머를 젠더 프리 방식으로 대하려고 의식적으로
노력했다. 젠더 중립적인 호칭 사용에 적응하기까지는 약간의 시간이
더 걸렸지만, 그래봐야 한두 달 정도였다. 키드랜드 직원들은 주머에

게 젠더 중립적 호칭을 사용하는 데 익숙해지려고 최선을 다했고, 그러한 노력 덕분에 언어 변화는 빠르게 일어났다.

영아반에는 매달 아기들의 발을 이용하는 미술 수업이 있었다. 늘 말도 안 되게 귀여운 작품이 만들어졌다. 9월에는 작은 걸작이 탄생했다. 주머의 발이 옥수숫대에 붙은 옥수수 알갱이로 표현돼 있었다. 10월에는 발바닥 유령을 선물받았다. 모두 우리 아기의 자그마한 걸음마가 새겨진 작고 귀여운 기념품들이었다.

주머가 키드랜드에 다니기 시작한 지 몇 달 뒤, 나는 주머를 데리러 갔다가 선생님 중 한 명인 루프와 대화를 나눴다. 루프가 말했다. "오늘 아이들과 미술 수업을 하고 있었어요. 저는 여자아이들에게 줄 분홍색 물감과, 남자아이들에게 줄 파란색 물감을 무심결에 꺼내다가, 순간 멈추고 다시 생각했죠. '내가 뭐 하는 거지? 그냥 모든 아기한테 같은 색 물감을 줘야겠어'라고요." 루프는 과거 젠더에 따라 아이들을 다르게 대하도록 배우면서 생긴 버릇을 깨고자 노력하고 있다고 말했다. 당연한 말이지만, 나는 주머를 매일 돌봐주는 사람들이 스스로의 편견을 돌아보면서 아이들이 생식기에 따라 분류되고 다르게 대우받지 않는 환경을 만드는 데 전념하고 있다는 사실이 무척 고마웠다.

주머가 생후 10개월쯤이던 어느 날, 키드랜드에 예정보다 늦게 주머를 데리러 갔다. 나는 앤, 루프, 레바티가 없는 교실에 갔다가 뒤통수를 맞았다. 그곳에는 두 명의 대체 교사가 있었는데, 젠더에 따른 호칭을 사용하고 있었을 뿐 아니라 심지어 한 사람은 젠더 추정에 따라 주머와 다른 아기를 짝지어서 놀아주고 있었다.

물론 누가 내 아이를 데리고 큐피드 놀이를 하기까지 열 달이나 걸린 것은 다행인 편이었다. 어떤 사람들은 아이가 자궁에 있을 때부터 농담처럼 결혼할 사이로 엮기도 했다. 하지만 기분은 좋지 않았다.

나는 그 놀이에 감춰진 의미를 애써 무시하고 친절한 미소로 대응하며, 평정심을 유지하려고 노력했다. "모든 아기가 주머의 친구죠." 그리고 주머를 안아 들고 집으로 왔다. 며칠 뒤, 나는 로빈과 대화를 나눴다. 사람들이 주머의 미래 성별을 추측하길 원치 않으며 아기들을 성별에 따라 구분하는 것 자체가 좋은 생각이 아니라는 내 생각을 이야기하고, 함께 생산적인 논의를 나눴다. 로빈은 내 말에 전적으로 동의하면서, 그런 일이 생겨서 미안하다고 사과했다. 다음 직원 교육 때 선생님들에게 수치심을 주지 않고 그 주제를 꺼낼 방법을 찾아보겠다고도 했다. 로빈은 키드랜드가 포용적인 장소라는 점을 확실하게 하고, 이분법적인 젠더 고정관념과 성별 분류에 조금씩 제동을 걸고자 했다. 또한 모든 직원에게 주머와 소통할 경우를 대비해 젠더 프리 육아의 개념을 확실히 알려주고자 했다. 그 이후로는 교실에 대체 교사가 있을 때도 모두가 주머를 젠더 중립적인 호칭으로 불렀다.

두 살이 되자, 주머는 다른 친구 몇 명과 함께 유아반으로 올라갔다. 주머가 아직 잘 모르는 아이들과 같은 반이 되면서 우리도 새로운 학부모들을 많이 만나게 될 터였다. 나는 내 젠더 프리 육아 동지인 리아가 '페어런팅 데이바이스(Parenting Theybies, '데이바이스'란 젠더 이분법적 대명사 대신 젠더 중립적 대명사인 they/them으로 불리길 원하는 사람들을 가리키는 말이다—옮긴이)' 페이스북 그룹 페이지에 올린 한 게시물에 영감을 받아서, 우리 가족을 다른 가족에게 소개하는 '인사 카드'를 만들었다. 나는 코끼리가 그려진 작고 귀여운 카드를 구했고, 주머의 반 아이들에게 나눠줄 작은 지점토도 한 통씩 샀다. 카드에는 다음과 같은 메시지를 적었다.

안녕하세요! 우리는 주머의 부모인 브렌트와 카일이에요. 주머가 이제 루비와 같은 반이 되었으니 우리를 소개하고 싶어요! 알고 계신 바와 같이, 우리는 젠더 프리 부모이고 주머에게 젠더 중립적 호칭을 사용하고 있어요. 이에 관해 궁금한 점이 있으시면 우리 블로그 '레이징주머'를 방문하시거나, 우리에게 문자메시지를 보내주세요. 우리는 여러분과 알아갈 시간들을 기대하고 있고, 주머도 루비와 지점토 놀이를 할 생각에 잔뜩 들떠 있답니다! 진심을 담아, 카일과 브렌트 드림.

아이들 사물함에 인사 카드를 남겨둔 그 주에 몇몇 부모가 어린이집 로비나 주차장에서 나를 보면 멈춰 서서 인사를 건네거나 카드를 줘서 고맙다고 말했다. 그들은 젠더 프리 육아가 정말 좋은 생각이라고 이야기하면서, 자신도 가정에서, 혹은 다른 친척들과 만났을 때 젠더 고정관념에 맞서려고 노력한다고 말했다. 우리는 서로 책을 추천해주거나 아이의 생일 파티나 놀이 약속에 서로를 초대하기 시작했다. 모두 30대의 나이에 직업을 가지고 있으면서 아이들을 착하게 키우고자 노력하는 우리는 그곳에서 작은 모임을 이뤘다. 그들 모두와 함께여서 즐거웠다.

주머가 세 살이 될 때까지만 해도 어린이집에서 젠더는 그다지 중심적인 화두가 아니었다. 처음 2년 동안에는 아이들이 말도 제대로 하지 못했다. 세 살 생일이 가까워졌을 때도, 아이들은 젠더에 관련된 것보다는 공룡과 물감, 누구의 방귀 소리가 가장 큰지에 대해 훨씬 더 관심이 많았다. 나는 아직 아이들이 젠더에 관해 이야기하는 것을 별로 들어보지 못했다. 하지만 젠더에 따른 호칭을 뒤죽박죽으로 사용하는 경우는 많았고, 아직 아무도 이를 제지받지 않았다. 보기 좋았던 점은 선생님들이 주머가 환영받는다고 느끼게끔 다른 아이들에게도 젠더 중립적 호칭과 단어의 중요성을 가르쳤기 때문에, 아이들이 쓰는 젠더에 따른 호칭 속에 중립적인 호칭도 섞여 있었다는 것이다. 주머는 집에 돌아오면 내 침대로 기어 올라와서 어린이집에서 배운 노래를 부르며 폴짝폴짝 뛰기 시작한다. "원숭이 다섯 마리 침대에서 뛰다가 한 마리가 떨어지면서 그들의(their) 머리를 쿵!"

물론 키드랜드에서 젠더는 주머의 일상 중 한 부분이다. 대부분의 직원은 시스젠더다. 주머를 제외한 모든 아이가 태어나면서 젠더를 배정받았다. 나는 주머가 다른 아이들로부터 어떨 때는 남자 친구, 어떨 때는 여자 친구, 어떨 때는 그냥 친구 등 모든 종류의 호칭으로 불리는 것을 듣지만, 대부분의 경우 '주머(아기 발음으로는 '수머'나 '두마'처럼 들리긴 하지만)'로 불렸다. 가끔은 학부모와 교사들이 다른 아이들에게 "이제 다 큰 형 같네!"라든지 "우리 씩씩한 공주님!" 등의 말을 하는 것도 듣는다.

상상컨대, 선생님이 주머를 '왕자'나 '공주' 같은 젠더에 따른 호칭으로 부르는 실수를 한 적도 있을 것이다. 평소에 선생님들이 실수로 젠더가 들어간 호칭을 사용한 다음에 굉장히 빠른 속도로 정정하는 모습을 봐왔으므로, 나는 그들이 젠더 프리 대안을 빠르게 찾아내리라고 믿는다. 무엇보다도 선생님들이 주머나 다른 아이들과 소통할 때, 의식적으로 젠더 프리 방식으로 대하고자 노력하는 모습을 보인다는 점이 가장 인상적이다. 선생님들은 손톱에 색을 입힌 남자아이를 칭찬해주며, 분장 상자에서 플라스틱 하이힐 구두를 골라도 절대 말리지 않는다. 여자아이들에게도 자전거 속도를 내라고 응원해주고, 진흙투성이가 돼도 지적하지 않으며, 분장 상자에서 스파이더맨 의상을 꺼내 입은 여자아이가 가짜 괴물에게서 선생님들을 구출해주면 그저 고맙다고 말할 뿐이다. 아이들이 아프다고 할 때도 (무릎이 깨지든, 배탈이 나든, 아빠나 엄마를 보고 싶어 하든) 남녀 구분 없이 계속해서 안아주고 챙겨준다.

나는 주머의 반 아이들과 함께 시간을 보내면서 어떻게든 긍정적인 인상을 주려고 노력한다. 내가 체육관에서 소리를 지르며 아이들을 잡으러 다니다가 숨이 차서 바닥에 쓰러지면, 아이들은 내 위에 층층이 누우면서 소리친다. "일어나, 사자야!"

내가 교실 바닥에 앉아 있는데 세 살 나오미가 책 한 권을 가져왔다. 나는 『무스에게 머핀을 주면(If you Give a Moose a Muffin)』을 읽어주면서, 젠더 중립적인 호칭을 끼워 넣어 이야기에 젠더 중립성을 살짝 섞어보고자 했다.

대니얼은 내가 교실에 갈 때마다 꼭 껴안아준다. 나는 따뜻하게 안아주고 주머와 친구가 돼줘서 고맙다고 말한다.

갤런은 나를 위아래로 훑어보더니 내 근사한 장밋빛 분홍색 점프슈트를 보고 물었다. "왜 잠옷을 입고 있어요?"

나는 한바탕 웃은 다음 말했다. "갤런, 이 근사한 옷은 점프슈트라고 하는 거야. 나는 회사에서 대장이니까 멋있게 보여야 하고, 또 무엇보다 편해 보여야 하거든." 선생님들이 웃었고, 아이들도 따라 웃었다.

"주머 엄마는 잠옷 입고 출근한대요." 서배너가 깔깔대며 웃었다.

나는 교실을 나서면서 농담을 던졌다. "잘 들어, 서배너, 나는 마이어스 박사란다. 그리고 너희들 모두 나중에 대장이 되면 이 점프슈트를 빌리러 오렴." 서배너가 깔깔거리며 웃음을 터뜨렸다.

"친구들, 그럼 즐거운 하루 보내요!" 나는 모두에게 손 키스를 날린 다음, 대장 잠옷 차림으로 출근했다.

주머의 세 번째 생일을 몇 주 앞두고, 키드랜드에서 새로운 소식이 담긴 이메일을 받았다. 키드랜드 교사들이 어린이집의 모든 아이를 대상으로 ASQ-3 발달 검사지(Ages & Stages Questionnaires의 줄임말. 미국에서 개발한 영유아 발달 선별검사 도구—옮긴이)를 사용할 예정임을 알리는 내용이었다. 그 검사지는 에이지스앤드스테이지스에서 나온 것으로, 말하기와 신체적 능력, 사회성, 문제 해결 능력 영역에서 아이들의 발달 정도를 측정하는 데 쓰인다. 아이의 강점뿐 아니라 도움이 필요한 부분을 확인하기 위한 목적이다. 나는 주머의 영유아 검진 때 ASQ-3 검사지를 작성했던 일이 기억났다. 거기에는 '시끄러운 소음이 발생하면 아이가 소리가 어디서 나는지 보려고 돌아보나요?'와 같은 질문들이 있었다. 이에 대한 응답 항목에는 '그렇다', '가끔 그렇다', '그런 적 없다' 등의 보기가 포함돼 있었다. 내 기억이 맞는다면 지난번에 했던 검사지에는 성별이나 젠더와 관계된 항목이 없었다. 하지만 키드랜드에서 이메일을 받고 나서, 혹시 36개월 검사지에는 젠더 관련 질문이 있는지 확인 차 물어보기로 했다.

이메일을 읽고 몇 시간 후, 나는 주머를 데리러 오후의 눈보라를 뚫고 키드랜드로 갔다. 코트에 묻은 눈송이를 털어내며 사무실에 들어갔더니, 로빈이 책상 앞에 앉아 있었다.

로빈은 웃는 얼굴로 말했다. "오늘 주머 옷을 봤어요! 전부 주머가 스스로 고른 건가요?"

나는 웃음을 터뜨렸다. "아, '셔츠 두 개에 레깅스에 반바지' 스타일이 마음에 드셨나요? 아직 많이 서툴러요. 그래도 자기만의 스타일도 있고, 아주 끝내줘요!"

로빈과 나는 ASQ-3 검사지에 대해 이야기하기 시작했다.

"젠더에 관한 질문이 있어요." 로빈이 말했다. "교사가 아이에게 '너는 남자니, 여자니?' 하고 묻도록 지시하는 항목인데, 우리는 그 질문을 주머에게 하지 않기로 했다고 알려드리려던 참이에요."

나도 모르게 왼쪽 가슴에 손이 올라갔다.

"감사해요. 물어봐도 아마 주머는 '나는 주미야!' 아니면 '나는 세 살이야!'라고 대답할 거예요. 아직까지 주머가 자신의 성별을 특정하기는커녕 '남자'나 '여자'라는 말을 쓰는 것 자체를 들어본 적도 없거든요."

로빈은 웃으면서, 젠더를 배정받은 아이나 자신이 특정 젠더라고 생각하는 아이를 포함한 모든 아이들에게 그 질문이 필요하다고 생각하지 않기 때문에, 아예 아무에게도 하지 않을 예정이라고 말했다. 그 질문이 아이들의 발달과 전혀 관계가 없다고 생각할뿐더러, 아이들에게 젠더가 두 가지밖에 없다는 생각을 심어주고 싶지도 않다고 했다. 로빈은 이미 에이지스앤드스테이지스에 연락해서 그 질문을 삭제해달라고 요청하다가 이미 이에 반대하는 운동이 있었으며 다음 버전에는 그 질문이 들어가지 않을 예정이라는 사실을 알아냈다.

사무실을 나와 주머의 교실로 향하는 내내 내 입꼬리는 귀에 걸려 있었고 마치 구름 위를 걷는 듯한 기분이었다. 주머의 교실 문을 열자 주머가 "엄마아아아아!" 하고 소리치며 두 팔을 활짝 벌리고 달려왔다. 나는 아이를 꼭 끌어안고 뽀뽀해줬다.

주머는 선생님인 애비에게 달려가서 다리에 매달렸다. "우리 집에 커피 마시러 오세요, 알았죠, 선생님?"

애비가 생긋 웃었다. "아, 카일, 제가 깜박하고 말씀을 안 드렸네요. 주머가 모든 선생님들을 이번 주말에 커피 마시러 오라고 초대했어요. 토요일에 봬요." 나는 웃음을 터뜨렸다. 애비가 손을 흔들며 작별 인사를 하자, 우리도 손을 흔들어 인사했다.

주머가 양말과 코트를 입도록 도와준 다음, 우리는 손을 잡고 함께 키드랜드를 나와서 눈보라 속으로 걸어갔다. 이곳에서 매일 우리 가족에게 넘치도록 전해주는 사랑에 마음이 무척 따뜻해져서, 도시에 내리는 모든 눈송이가 사르르 녹아내릴 것만 같았다.

12장

젠더 프리 스타일

내가 처음으로 주머 옷을 샀던 날은 임신하기 1년 전쯤이었다. 우리는 친구인 손과 레이와 함께 유타주 모아브에 놀러 갔다. 중심가를 따라 걸으며 서점들을 구경하면서 점심을 먹으러 가다가, 갑자기 내가 비명을 질렀다. 놀란 친구들과 브렌트가 내가 차에 치인 건 아닌지 확인하려고 휙 돌아봤을 때, 나는 커다란 쇼윈도 앞에 서서 상점 안의 진열대를 들여다보고 있었다. 나는 일행을 돌아보며 말했다. "이렇게 귀여운 물건은 처음 봤어."

진열대에는 작고 하얀 우주복이 있었다. 갈색 통나무와 빨갛고 노란 불꽃의 캠프파이어가 펠트 천으로 새겨져 있었고, 불 위에는 막대에 끼워진 펠트 마시멜로가 있었다. 그 우주복을 보니 마치 스모어(구

187

운 마시멜로를 초콜릿과 함께 크래커 사이에 끼워 먹는 캠프용 간식—옮긴이)를 먹을 때처럼 따뜻하고 아늑한 기분이 들었다. 나는 상점 앞에서 물러나 다시 목적지인 멕시칸 레스토랑으로 향하면서 일행에게 사과했다. "놀라게 해서 미안해. 그래도 미치게 귀여운 우주복이었어."

우리는 마르가리타를 마시고 점심을 먹으면서, 그날 아침에 지프를 몰고 붉은 암석 사이를 달렸던 일에 대해 이야기했다. 식사가 끝나고 나서 계산을 마치고 숙소로 돌아가기 위해 손의 지프로 걸어갈 때였다. "나 들어가볼래!" 아까 그 우주복이 있었던 작은 상점에 가까워지자 내가 말했다.

나는 급히 방향을 틀어서 그 상점으로 들어갔다. 친절한 점원이 인사를 건넸다.

"안녕하세요! 창가 진열대에 놓인 캠프파이어 우주복을 사려고요."

점원은 작은 선반을 가리키며 사이즈가 몇 가지 더 있다고 말했다. 나는 선반 앞으로 걸어가서 3~6개월용을 골라 계산대에 올려놓았다.

"아직 아이는 없지만 이 옷이 너무 귀여워서 지나칠 수가 없었어요."

점원이 빙그레 웃었다. "정말 귀엽죠. 미래에 태어날 아기한테 입히시면 정말 사랑스러울 거예요. 제가 보장할게요."

나는 작고 하얀 우주복이 담긴 내 작은 갈색 가방을 들고 "고맙습니다!" 하고 말한 뒤, 신나서 깡충깡충 뛰며 밖으로 나왔다.

모아브에서 돌아오고 두어 달 뒤, 브렌트와 나는 캘리포니아주 태평양 연안 1번 도로를 따라 자동차 여행을 즐기고 있었다. 우리가 '문허니'라고 이름 붙인 여행이었다(결혼식 후가 아닌 전에 갔으므로 '허니문'을 뒤집었다). "몬터레이만에 다 와가네. 수족관에 들어가볼까?" 내가 물었다. 브렌트는 당연히 그러자고 대답하며, 수족관으로 안내하는 표지판을 따라갔다.

몇 시간 동안 수족관을 둘러보고 나니 다시 도로 위를 달릴 시간이 됐다. 어디서나 그렇듯이 출구로 가려면 기념품 가게를 통과해야 했다. 가게는 바다를 테마로 한 물건 천지였다. 바다사자 머그컵과 해파리 트리 장식 옆을 천천히 지나던 나는 아동복 코너를 발견하고 무언가에 홀린 듯 그쪽으로 걸어갔다. 이미 브렌트와 아이를 낳는 일에 대해 진지하게 이야기하던 시기였다. 그 당시 나는 반경 100미터 안에 아동복이 있으면 갑자기 그쪽으로 관심이 쏠리곤 했다.

그곳에는 영유아부터 어린이, 청소년 사이즈의 우주복과 티셔츠, 후드티가 있었다. 단계별 사이즈를 보니 언젠가 이러한 단계를 밟으며 성장할 내 아이에 대한 기대감이 커졌다. 나는 몬터레이만 수족관이라고 적힌, 문어 그림이 들어간 초록색 티셔츠를 봤다.

내가 그쪽으로 걸어가자 브렌트가 뒤에서 다가오며 말했다. "그거 귀엽다."

나는 선반에서 티셔츠를 꺼냈다. "귀여워. 미래의 아기 선물로 하나 사면 안 될까?"

브렌트가 싱긋 웃었다. "그래, 사자." 그는 다양한 사이즈를 보더니 2세 용을 골랐다. "아장아장 뛰어다니는 아기한테 입히면 귀여울 것 같아."

나도 고개를 끄덕이며 동의했다. "진짜." 우리는 그 티셔츠를 샀다. 여행을 마치고 집에 돌아와서 나는 그 티셔츠를 옷장 속, 캠프파이어

우주복 옆에 올려놓았다.

임신을 하니 아기 용품을 물려주겠다는 사람들이 줄줄이 나타났다. 여동생은 마라에게 작아진 옷들이 담긴 상자를 여러 개 줬다. 어떤 친구들은 아꼈던 아기 옷들을 커다란 비닐 가방 두어 개에 담아 건넸다.

나는 아동복 상점들을 돌아다니며 모든 코너를 둘러보기 시작했다. 아기에게 젠더를 정해주지 않을 예정이었으므로, 상점의 특정 코너만 구경할 필요가 없었다. 남자아이용으로 나온 옷이 진열된 코너와 여자아이용 코너를 돌아다니면서 귀여워 보이는 우주복과 레깅스, 상의를 골랐다.

주머 옷을 고를 때 첫 번째 기준은 편안함이었다. 주머에게 조금이라도 뻣뻣하거나 따끔거리거나, 너무 덥거나, 충분히 따뜻하지 않은 옷을 입히고 싶지 않았다. 두 번째 기준은 입히고 벗길 때 너무 복잡하지 않은 제품을 찾는 것이었다. 나는 단추를 제외하고, 지퍼나 똑딱이 단추가 달렸거나, 한 번에 입힐 수 있는 옷 중에서만 골랐다. 편안함과 용이함이 확보되고 나면, 그때야말로 밝은색과 독특한 패턴을 찾으면서 아기 옷 고르는 재미를 누릴 시간이었다.

브렌트는 나에게 원더수트라는 엄청나게 멋진 제품을 만드는 호주 브랜드 본즈(BONDS)를 소개해줬다. 원더수트는 지퍼 하나로 손쉽게 입힐 수 있으며 여태까지 본 아동복 중에 가장 멋진 패턴과 프린트가 들어가 있는 하나의 놀라운 작품이었다. 바나나, 상어, 야광 꽃, 행성, 무지개 줄무늬 등등, 뭐든 다 있었다. 그 회사는 아기 옷을 '남아용'이나 '여아용'으로 만들지 않는다. 우주복은 단순히 어린 아기용이다.

내가 원더수트를 발견한 뒤로, 주머는 사실상 원더수트 속에 살다시피 했다. 원더수트 제품들은 정말 부드럽고 아늑하며, 아기 손싸개와 발싸개로 사용할 수 있는 작은 덮개도 달려 있었다.

주머가 태어나고 첫 한 달 동안 한밤중에 똑딱이 단추를 찾느라 더듬거리다가 단추 하나를 빠뜨리는 바람에 처음부터 다시 채우는 일을 반복하고 나서, 나는 다 때려치우고 단순한 티셔츠와 레깅스, 원더수트로 갈아탔다. 젠더 프리 부모로서 우리는 말을 행동으로 보여주려고 노력하며, 젠더 고정관념을 조장하지 않는 브랜드들을 지지한다.

주머가 두 살이 될 때까지는 브렌트와 내가 아이 옷에 관한 거의 모든 결정을 직접 내렸다. 우리는 편하고 실용적이며 귀여워 보이는 옷들을 샀다. 패턴이나 프린트, 색깔이 없는 옷은 거의 탈락시켰다. 옷감에는 젠더가 없다. 분홍색과 보라색은 여자아이만을 위한 색이 아니며, 파란색과 검은색도 남자아이만을 위한 색이 아니다. 가끔 어떤 패턴을 보고 무심결에 '아, 저건 남아용이네' 혹은 '저건 여아용이다'라는 생각이 스칠 때면, 내가 왜 그렇게 생각했는지 스스로에게 묻는다. 단지 남아용 코너에 있기 때문인가? 아니면 여아용 코너에 있어서? 대체 언제부터 번개가 그려져 있으면 남아용이고, 잠자리가 그려져 있으면 여아용이 된 걸까? 마치 번개나 잠자리가 이 젠더 이분법적 난장판에 휘말릴 이유라도 있다는 듯 말이다. 그렇다. 이 모든 생각은 당연히 내가 TJ 맥스(미국의 아울렛형 할인 매장─옮긴이) 한복판에서 머릿속으로 되뇌었던 독백들이다. 최종적으로 나는 마음에 들면 산다.

브렌트와 나는 애초에 옷에 글씨가 쓰인 것을 별로 좋아하지 않지만, 특히 젠더 프리 아이의 부모로서 젠더와 성별에 관련된 문구가 적힌 옷은 사지 않는다. '바람둥이'나 '나쁜 남자' 혹은 '딸을 잘 단속하세요'라든가 '아빠가 마흔 살까지 데이트하면 안 된대요'라는 문구가 적힌 티셔츠만 보면 진절머리가 난다.

여아용 옷은 더 재미있고 다채로운 프린트가 들어간 편이지만, 더 두껍고 튼튼한 옷이 많은 남아용에 비해 옷감의 질이 좋지 않거나 얇은 경우가 많으며, 폭이 좁은 티셔츠나 통이 작은 바지와 레깅스가 많다는 사실을 알게 됐다. '여아용' 반바지는 대개 '남아용' 반바지보다 훨씬 더 짧다. 여아용 속옷은 보통 종잇장처럼 얇다. 마치 불편한 속옷을 입도록 강요받는 성인 여성들의 삶의 연습 게임 같다. 여아용 코너에 가면 반짝이가 들어간 옷을 발견할 가능성이 훨씬 더 높고, 색상은 온통 파스텔톤이며 패턴은 대개 꽃이나 하트인 경우가 많다. 나는 더 많은 의류 브랜드가 다양한 색상과 독특한 패턴 및 프린트를 선보이는 모습을 보고 싶다.

한편 남아용 코너에 가면 남색과 검은색, 회색이 많으며, 가끔 빨간색이나 노란색이 섞여 있다. 프린트는 대부분 '공룡, 로봇, 구급차' 범주 안에 있는데, 여기에 큰 불만은 없지만 더욱 다양해지길 바라게 된다. 남아용 진열대를 둘러보다가 생각했다. '누가 은행원의 옷장을 줄여놓은 것 같잖아.' 옷깃과 단추가 달린 셔츠, 멜빵, 카키색. 아이가 아이다울 기회는 딱 한 번뿐이다. 나는 뛰어노는 아이를 받쳐줄 수 있도록 질 좋고 튼튼하고 편안한 동시에 눈에 띄게 재미있고 알록달록한 프린트가 그려져 있는 옷을 선호한다. 물론 이런 옷을 만드는 훌륭한 브랜드들도 가끔 있지만, 우리는 주류 대형 브랜드들이 나서서 '여아용 옷'과 '남아용 옷'에 대한 집착을 버리고 진정으로 아이들을 위한 옷을 만드는 데 집중해야 한다고 생각한다.

주머는 두 살이 되자 어떤 옷을 입고 싶은지 의견을 표현하기 시작했다. 우리는 상점에서 쇼핑을 할 때 주머를 풀어주고 어떤 물건에 이끌리는지 지켜본다. 반바지를 사러 가면 상점 곳곳을 돌아다니며 몇 가지 상품을 집어 온 다음, 주머에게 가장 마음에 드는 반바지를 고르게 한다. 주머는 몸이 편안하면서 재미있는 색깔이나 안 어울리는 프린트가 들어간 옷을 좋아하며, 사회가 세운 독단적인 경계를 전혀 인식하지 못한 채로 모든 코너를 자유롭게 돌아다닌다. 주머가 고르는 옷을 보면 절로 웃음이 난다. 주머는 속옷, 셔츠, 하의, 양말, 모자, 신발, 머리핀, 잠옷, 선글라스까지 모든 물건을 마음대로 고르고 싶어 한다. 그러면 우리는 그렇게 해준다. 주머가 어떤 방식으로든 마음껏 자신을 표현할 수 있도록 최선을 다해 지원해준다.

몇 달 동안, 주머가 가장 좋아하는 티셔츠는 자신이 태어나기도 전에 부모가 사두었던 '무노(문어 ─ 옮긴이)' 그림이 들어간 초록색 티셔츠였다. 그 티셔츠를 이틀 연속으로 입고 나서야 주머에게 뇌물을 바쳐가며 겨우 옷을 벗겨서 세탁할 수 있었다. 시원섭섭하게도 이제 그 옷은 주머에게 작아지고 말았다. 이제 우리는 이 멋쟁이 아이가 한 사이즈 큰 티셔츠를 고를 수 있도록 다시 몬터레이만 수족관으로 다 함께 자동차 여행을 떠날 계획을 세우고 있다.

13장

스포트라이트를 받다

2016년 5월, 테드엑스 솔트레이크시티(TED 는 Technology, Entertainment, Design을 의미하는 미국의 비영리 재단으로, 기술과 엔터테인먼트, 디자인 등에 관련된 강연회를 정기적으로 개최하고 있다. 테드엑스는 각 지역에서 TED 측의 라이선스를 받아 독자적으로 개최하는 강연회를 가리킨다—옮긴 이)는 다섯 번째 강연회에 설 강연자를 구한다는 공고문을 냈다. 그 당시 주머는 아직 2개월이 채 안 된 갓난아기였다. 나는 몹시 지쳐 있었던 데다, 몇 주 후면 풀타임 근무를 시작해야 했다. 남는 시간은 논문을 완성하는 데 모조리 쏟아붓고 있었다. 그런 상황에서 굳이 테드엑스 강연회의 강연자로 지원할 필요는 없었다.

그러나 나는 대중 앞에서 젠더 프리 육아를 공개적으로 지지하고 싶었다. 사람들이 우리가 이러한 방식으로 육아를 하는 가장 큰 이유(아이들은 스스로의 정체성을 정의할 기회를 누릴 자격이 있고, 어떤 아이도 젠더로 인한 차별을 경험해서는 안 된다는 사실)를 이해하도록 돕고 싶었다. 나에게는 나를 지지해주는 인맥도 있었고, 젠더와 성을 연구해온 경력도 있었으며, 대학교 강사로서 여러 가지 정보를 추려서 이해하기 쉬운 내용으로 정리해본 경험도 있었다. 심지어 얼굴도 두꺼웠다. 이러한 육아 방식이 매우 의미 있다고 생각했으며, 더 많은 사람들이 이에 대해 알게 되고 할 수 있다는 자신감을 얻는다면 실행에 옮길 것이라고 확신했다. 나는 사람들 앞에 서야 한다는 책임감을 느꼈다.

브렌트에게 강연자로 지원해서 젠더 프리 육아에 대한 강연을 하고 싶다고 말하자, 그는 조금 놀란 표정을 지었다.

"시간이 되겠어?" 그가 물었다.

"당연히 시간은 안 되지만, 다른 부모들에게 훌륭한 자료가 될 거라고 생각하니 최소한 지원이라도 해보고 싶어졌어."

브렌트는 내가 한꺼번에 너무 많은 일을 벌일까 봐 걱정했다. 하지만 언제나 지지해줬던 것처럼, 이번에도 내가 지원해야 한다는 데 동의했다. "만약 합격하면" 하고 브렌트가 타협안을 제시했다. "앞으로 연말까지 새로운 아이디어가 떠오를 때마다 나랑 레이에게 말해줘야 돼. 그러면 당신이 하겠다고 결심하기 전에 우리가 먼저 당신이 할 수 있을지 투표로 정할 거야."

나는 그의 요구를 잠시 생각해본 다음 동의의 표시로 고개를 끄덕였다. 그는 농담으로 한 말이었지만, 사실 좋은 생각이었다. "좋아."

나는 아이디어를 제출해서 다음 단계로 올라갔고, 이제 90초짜리 영상을 만들어야 했다. 내가 만든 영상에서 작은 주머는 내 품에 안겨 있었고, 나는 민낯에 머리를 하나로 질끈 묶고 있었으며, 잠옷만 겨우 면한 수준의 옷을 입고 있었다. 우리는 그 영상을 한 번, 기껏해야 두 번 만에 찍었다. 육아에서 배운 점이 있다면 일을 효율적으로 하는 방법과 완벽주의의 고삐를 늦추는 법이었다. 내가 영상에서 무슨 말을 했는지 정확히 기억나지는 않지만, 분명히 젠더 프리 육아를 그토록 훌륭한 아이디어라고 생각하는 이유와 관련돼 있었을 것이다. 나는 영상을 컴퓨터에 올리고 이메일에 첨부해서 강연자 선발 위원회에 제출했다.

메모리얼데이(Memorial Day. 미국의 전몰자 추도 기념일—옮긴이) 주말, 브렌트와 주머와 나는 셋이서 맞는 첫 휴가를 보내러 와이오밍주를 향해 가고 있었다. 우리는 잭슨홀의 한 모텔에서 머물며 며칠 동안 그랜드 티턴과 옐로스톤 국립공원을 둘러봤다. 그때 주머는 겨우 생후 10주였다. 장엄한 티턴산맥 아래 펼쳐진 들판의 들소 무리를 보며 고속도로를 달리던 중에, 휴대전화로 재빨리 이메일을 확인했던 기억이 난다. 받은 편지함에 메일 한 통이 와 있었다. '테드엑스 솔트레이크시티 최종 결정 통보.'

"브렌트, 테드엑스 강연자가 결정됐대. 지금 확인해야 할까?"

"당연하지!" 브렌트가 들뜬 목소리로 재촉했다. 그는 운전 중이었고, 나는 꾸벅꾸벅 조는 주머와 함께 뒷좌석에 앉아 있었다.

나는 이메일을 열었고 내가 강연자로 선발됐다는 메시지를 봤다.

"나 됐어!" 브렌트에게 말했다. 무척 기쁘면서도, 앞으로 4개월 동안 온 힘을 다해 훌륭한 강연을 준비해야 한다고 생각하니 한편으로는 초조해졌다.

"정말 잘됐다. 우리 자기! 당신이 자랑스러워."

두려움이 밀려들었다. 나에게는 갓난아기가 있었다. 이제 막 풀타임 근무를 시작했으며, 아직 아이를 맡길 곳도 정하지 못했고, 논문 연구도 하고 있었다. 그런데 이제 강연 대본을 쓰고 외운 다음, 1000명 앞에서 생방송으로 강연을 하고, 그 강연을 유튜브에 올려서 영원히 볼 수 있게 해야 하다니. 재앙의 징조였다.

나는 그 강연이 하고 싶었지만, 그보다도 꼭 해야만 한다고 느꼈다. 우리가 처음 젠더 프리 육아를 해보기로 결정했을 때, 이에 관해 가족과 친구들에게 공유할 테드엑스 강연이 없어서 매우 아쉬웠기 때문이다. 그토록 절실히 원했던 자료를 직접 만들 기회가 나타났으니 무슨 일이 있어도 해내야만 했다.

나는 열두 가지 버전으로 대본을 작성했다. 강연 멘토인 신경과학자와 어떤 부분이 선천적이고 어떤 면이 사회화를 통해 형성되며, 이를 구분하기가 얼마나 모호한지 토론했다. 그가 낸 의견 중 일부는 대본에 포함시켰고 일부는 한 귀로 흘렸다. 여러 번의 수정 끝에 최종 대본이 거의 완성되었다.

내 친구 데릭과 레이가 집으로 와서 하루 종일 대본 작업을 도와줬다. 두 달 후, 내가 바라던 대본이 완성됐다는 확신을 갖게 되자, 이번에는 이를 모두 외워야 했다. 테드엑스 무대에서는 대본을 들고 있는 것이 허용되지 않았다. 나는 이와 비슷한 경험이 전혀 없었다. 무언가를 통째로 외웠던 기억은 2005년에 영화 「렌트(Rent)」를 보고서 「아웃 투나잇(Out Tonight)」의 가사를 외웠을 때가 마지막이었는데, 그 노래는 최소한 반복되는 후렴구라도 있었지!

나는 강연 스토리보드를 만들었다. 암기용 카드도 만들었다. 매일 아침에 눈을 뜨면 대본을 읽었고, 샤워하는 내내 낭독했다. 대본을 직접 녹음해서, 출근하는 전철 안에서 헤드폰으로 녹음된 내용을 들으면서 머릿속으로 이를 따라가며 다음 단어와 다음 문장을 떠올렸다. 한 달 내내, 잠들기 전 동화책 읽는 시간만 빼고, 5개월 된 귀염둥이 주머는 아기 침대에 앉아서 엄마가 이야기를 낭독하는 모습을 지켜봤다. 내가 전 세계 사람들에게 들려주고 싶은 이야기였다. 주머의 삶을 더 좋게 만들기 위한 이야기였다. 나는 이 이야기로 많은 아이들의 삶이 더 좋아지길 바랐다.

그해 여름, 나는 테드엑스 솔트레이크시티 강연회에 함께 서게 될 동료 강연자들과 절친한 사이가 됐다. 우리는 연습용 강당이나 해 질 무렵의 주차장에서 서로의 강연을 흔쾌히 듣고 또 들어줬다. 우리는 서로 어휘나 몸짓을 수정해줬다. 서로의 강연을 들으며 눈물을 흘리거나 웃음을 터뜨리기도 하고 마음 아파하기도 했다. 나는 랜스 올레드의 강연 「당신의 일부다처제는 무엇입니까?(What Is Your Polygamy?)」[20]와 파이퍼 크리스천의 강연 「이야기로 지구를 지켜주세요(Tell a Story, Protect the Planet)」[21]가 생생하게 살아 움직이는 모습을 지켜보게 되었다.

9월의 어느 토요일, 나는 킹스버리 홀의 무대에 올라가 「젠더 평등을 원하나요? 그럼 창의적으로 해봅시다(Want Gender Equality? Let's Get

Creative)」[22]라는 제목의 강연으로 내 메시지를 전달했다. 관중 속에는 부모님과 형제자매들이 있었다. 브렌트도 있었다. 내 친구들도 관객석에 앉아 있었다. 그리고 내가 알지 못하는 수많은 사람들이 나를 지켜보고 있었다. 그들은 내 이야기에 귀 기울이며 쿡쿡 웃거나 고개를 끄덕였고, 박수를 보냈다.

강연을 마치고 무대에서 내려오자, 강연 멘토가 나타나 활짝 웃는 얼굴로 두 팔 벌려 나를 꼭 안아줬다. "정말 잘했어." 그가 말했다.

그 후, 사람들이 다가와 내 강연을 듣고 어떤 생각이 들었는지 말해줬다. 한 소아과 의사는 더 많은 부모들이 내 메시지를 들었으면 좋겠다면서, 만약 부모들이 텔레비전 보는 시간이나 당분 섭취를 줄이는 데 신경 쓰는 만큼 젠더 고정관념을 줄이려고 노력한다면 훨씬 더 빨리 평등을 이룰 수 있을 것이라고 말했다. "전적으로 동의해요." 내가 말했다. 그는 나를 한번 안아봐도 되겠냐고 물었고, 나는 흔쾌히 승낙했다.

리브가 점심시간에 주머를 강연장에 데려왔는데, 한 어르신이 다가와서 말했다. "주머, 너희 엄마가 처음 강연을 시작할 때는 회의적으로 생각했는데, 다 끝나고 나니 네가 굉장히 운 좋은 꼬마라는 생각이 드는구나."

나는 영상이 온라인에 올라간다는 사실에 긴장하고 있었다. 테드엑스 강연회의 관중은 예상대로 친절했다. 그러나 이제 내 이야기는 누구나 볼 수 있는 곳에 공개될 것이다. 라이브 강연이 끝나고 두어 달 지나면 영상이 온라인에 게시된다. 조회 수는 한 달에 1000에서 2000

가량 된다. 내가 대비했던 혐오의 물결은 찾아오지 않았다. 아니, 그보다는 내가 찾아보지 않았다고 하는 편이 더 정확하겠다. 나는 유튜브 댓글을 절대 읽지 않기 때문이다. '절대 댓글을 읽지 말라'는 내가 철석같이 외우는 주문이다. 굳이 내 이메일 주소를 찾아내서 맞춤법이 엉망인 문장으로 내가 최악이라고 알려주는 사람은 거의 없었다. 그런 잔인한 메시지는 일일이 대응하지 않고 삭제했다. 나를 에워싼 또 다른 물결은 사랑과 감사로 가득했다.

나는 젠더 프리 육아 계획에 관해 가족과 이야기할 때 내 강연을 찾아서 자료로 활용할 수 있는 사람들과 연결됐다. 수업 시간에 내 영상을 활용한다는 교수들의 이야기를 들었다. 심리치료사들이 트랜스젠더와 논바이너리 청년들의 부모에게 공유할 자료를 만들어줘서 고맙다는 인사를 전해왔다. 논바이너리와 트랜스젠더 사람들은 자신도 주머처럼 자랐다면 좋았을 것 같다고 이야기했다. 아이들을 더욱 평등하게 대하게 됐다는 부모들의 이야기도 들었다. 나는 사람들에게 도움이 되고 영감을 주는 무언가를 만들어낸 자신이 자랑스러웠다. 무척 피곤했지만, 자랑스러웠다.

주머가 6개월이 됐을 때, 브렌트와 나는 광고 속에 깔린 젠더 고정관념 중에서도 특히 어린 시절과 육아에 관한 젠더 고정관념이 만연해 있다는 사실을 매우 절실히 깨달았다. 어느 날, 슈퍼마켓에 다녀온 브렌트가 사 온 물건들을 냉장고와 선반에 넣으면서 불평을 늘어놓았다.

"기업이 '까다로운 엄마들은 지프를 선택해요' 같은 문구를 내걸거나, 특정 상품을 '엄마가 인정한' 상품이라고 홍보하는 것을 보면 아빠는 2순위 부모라는 느낌이 들어. 아빠들을 아이 돌보는 일에 무능력하고 형편없는 사람으로 만드는 광고들이 싫어. 다 엉터리 같아."

나는 얼굴을 찡그리며 말했다. "알아. 유감이야. 정말 엉망진창이라니까. 그럼 땅콩버터는 다른 브랜드 제품으로 샀겠지?"

브렌트가 씩 웃었다. "역시 나를 잘 아네!"

우리는 상품 판매 방식에 주의를 기울이다가 고정관념을 이용하지 않는 제품을 선택했다. 엄마들을 겨냥하기보다 전반적인 부모나 양육자를 대상으로 하는 브랜드에 끌렸다. 우리는 포용력 있는 메시지를 전달하며, 고정관념을 반복하는 대신 이에 맞서려고 노력하는 기업에 돈을 소비했다.

브렌트와 나는 디자인 위크 행사에서 디자인과 마케팅에 담긴 젠더를 주제로 발표를 이어갔다. 그곳에는 패션, 그래픽과 디지털, 건축, 인테리어, 광고와 같은 다양한 디자인 분야의 창작자들이 영감을 얻고 협업하고자 모여 있었다. 우리는 솔트레이크 창작자들이 더욱 포용력 있는 상품과 광고, 문화를 디자인하는 데 기여할 수 있는 역할에 대해 더 비판적으로 생각해보도록 돕고 싶었다.

브렌트는 연설을 싫어한다. 정말 싫어한다. 그는 어떤 방식으로든 자신에게 관심이 집중되는 것을 좋아하지 않는다. 가능하다면 생일도 생략할 사람이다. 브렌트는 내가 젠더 프리 육아에 관련해 무엇을 하든 전적으로 지원해줬지만, 한 가지는 분명히 밝혔다. "당신이 대변인이야, 카일. 난 아니야." 그는 내가 쓴 글을 모두 읽고 인터뷰 전에 유익한 토론도 해주면서도 마이크 앞에 서는 일만은 피하고 싶어 한다. 하지만 브렌트는 굉장히 재능 있는 디자이너이므로, 내가 이 행사를 최대한 효율적으로 만드는 데는 그의 전문성과 협조적 태도가 필요했다. 결국 그는 동참해줬다.

10월의 어느 평일 밤, 주머가 리브와 함께 집에 있는 동안, 우리는 수많은 디자이너와 마케팅 및 광고 전문가, 학생들 앞에서 성별과 젠더의 차이를 이야기하고 있었다. 연설에 대한 거부감을 잠시 보류한 브렌트도 내 옆에 있었다. 우리는 젠더의 영역을 설명하고 젠더 이분법에 이의를 제기했다. 젠더 역할의 역사와 고정관념을 소비지상주의와도 연결시켜 논의했다. 관중들에게 자신의 가설에 의문을 던져보고, 실제 대상이 되는 청중에 대해 고민해보면서 그 대상에서 누가 빠졌는지, 그들의 디자인을 더욱 다가가기 쉽게 만들려면 어떻게 해야 할지 자문해보길 당부했다. 우리는 행사장을 가득 채운 창작자들에게 젠더 평등과 포용의 미래를 디자인하도록 독려했다.

우리가 그날 밤 만났던 뛰어난 창작자들은 다음 날 출근하면 더 잘해볼 것을 약속했다. 그들은 과도하게 사용되는 백인 중년 남성의 이미지 대신 젊은 유색인종 여의사의 사진을 고르는 등, 자신의 사이트에 올라가는 이미지를 반드시 다양화하고자 했다. 그들은 드롭다운 목록(텍스트 상자와 목록 상자의 조합. 보통 때에는 하나의 항목만 표시되지만, 화살 모양을 클릭하면 아래로 목록이 펼쳐져서 그중 하나를 선택할 수 있다—옮긴이)이 확실하게 고객들의 현실을 반영하도록, 남성과 여성뿐인 이분법적 옵션을 버리고 논바이너리, 젠더퀴어, 인터섹스 등의 항목을 넣고, 제시된 항목에 자신이 해당되지 않는다고 느끼는 사람이 있을 경우 자신의 정체성을 직접 입력할 공간까지 추가하고 싶어 했다. 이에 우리는 성별이나 젠더를 묻는 것 자체가 꼭 필요한지 되물음으로써 이견을 제시했다.

그 행사로부터 2년 6개월이 지난 뒤. 나는 이메일 한 통을 받았다. 조슈아라는 이름의 디자이너가 보낸 메일이었다. 조슈아는 환자와 방문객들이 길을 찾는 데 도움이 되도록 대형 의료 센터의 지도를 다시 디자인하는 프로젝트를 진행하고 있다고 했다. 그는 이렇게 말했다.

> 몇 년 전에 「젠더를 디자인하다: 평등의 미학(Designing Gender: The Art of Equality)」이라는 당신의 강연에 참석한 적이 있습니다. 우리는 '남자'와 '여자'를 묘사한 구식 화장실 표지를 사용해왔습니다. 인터넷을 샅샅이 뒤지고 있지만 젠더를 포용하면서도 표준이 될 만한 화장실 표지를 찾기가 힘드네요. 그래서 저만의 표지를 디자인할 생각인데, 혹시 뭐든 제안해 주실 것이 있는지 듣고 싶습니다.
> 추신: 지역사회 디자이너들이 이러한 일에 세심하게 대응할 수 있도록 당신이 도왔다는 점을 꼭 알려드리고 싶습니다.

나는 조슈아에게 업무에 포용력을 부여하는 조치를 취해줘서 고맙다고 답장했다. 그리고 보편적으로 인식 가능하면서 젠더에 구애받지 않고, 가능하다면 조슈아의 작업도 무사히 마치게 해줄 화장실 아이콘을 제안했다. 나는 나중에 완성된 표지를 보고 싶으며, 만약 막히는 부분이 생기면 기꺼이 아이디어를 나누겠다고 말했다. '전송' 버튼을 누르면서 절로 웃음이 났다. 내가 이 디자이너의 이야기의 일부가 되었다는 사실과, 강연이 끝난 지 몇 년이 지난 지금, 그가 우리 메시지를 프로젝트에 담아냈고, 이 의료 센터가 환자들에게 더욱 안전하고 포용적인 공간이 될 것이라는 생각에 감사함을 느꼈다.

나는 '무언가를 보면 무언가를 말하라(if you see something, say something. 부당한 장면을 목격하게 되면 그냥 넘기지 말고 이야기함으로써 가족과 이웃, 공동체를 보호하자는 캠페인—옮긴이)'라는 좌우명을 두 가지 측면에서 신봉한다. 만약 무언가 배제된 것을 발견할 경우, 나는 관리자에게 정중하게 메시지를 보내서 더욱 포용력 있는 대안을 제안할 것이다. 한편 어느 기업이 포용적인 이미지와 용어를 사용함으로써 업무를 훌륭히 해내는 모습을 보면, 내가 그 점을 알아봤으며 고맙게 생각한다는 짧막한 메시지를 보낸다. 소비자에게는 작은 변화를 제안하여 커다란 변화를 이끌어낼 힘이 있다.

젠더 프리 육아의 공개적인 옹호자로서 무대에 오르는 일은 두렵다. 하지만 나는 젠더 프리 육아가 세상을 더 나은 방향으로 변화시키는 데 기여하리라는 확신을 갖고 있으며, 따라서 가능한 한 자주 이러한 메시지를 퍼뜨려야 한다고 생각한다. 이러한 (다양성을 추구하며 평등을 위해 끈질기게 싸우는 포용적인 세상을 만들기 위한) 운동의 한 축이 되는 일이야말로 나의 가장 큰 성취가 될 것이다.

14장

공간 창조

육아 일상에 익숙해질수록, 브렌트와 나는 수많은 아동 놀이 모임이 엄마가 아이를 데려온다는 가정하에 홍보된다는 사실을 알게 됐다. '엄마랑 나랑 요가'나 '엄마랑 아기의 동화책 시간' 등의 문구는 여성이 아이와 집에 머물거나 아이의 과외활동과 놀이 약속, 행사 참석을 조정하는 데 가장 전념하는 쪽이라는 가정을 이어간다. 도서관이나 커뮤니티 게시판에서 이러한 포스터들을 보면 얼굴을 찌푸리게 된다. 그럼 아빠들은? 할아버지, 할머니는? 세상에 수도 없이 많은 논바이너리 부모들은? 배우자와 육아를 똑같이 분담하는 사람으로서 나에게는 '엄마 모임'이 필요치 않았다. 나에게 필요한 것은 양육자와 아이들을 위한 젠더 포괄적 공간이다.

나는 가족들이 한데 모인 가운데, 아이들에게 고정관념을 심어주지 않고 양육자를 이성애자나 시스젠더, 혹은 일부일처제로 결혼한 사람일 것이라고 함부로 단정 짓지 않으면서, 동시에 공동체 의식을 심어주고자 의식적으로 노력한 흔적이 엿보이는 공간을 원했다. 우리는 주머가 6개월쯤 됐을 때 처음으로 젠더 프리 놀이 모임을 열었다. 인스타그램에 소식을 알렸고 페이스북 이벤트를 만들었다. 친구들과 이 소식을 공유하고 유타대학교의 LGBTQ 지원 센터와 솔트레이크시티의 자긍심 센터(Pride Center, 성 소수자를 지원하는 비영리 단체—옮긴이), 그 외에도 이 이벤트를 공유해줄 만한 모든 사람에게 연락을 취했다.

우리는 솔트레이크시티에 있는 거대한 공공장소인 리버티파크에서 놀이 모임을 열었다. 사람들에게 야외 테이블에 묶어둔 보라색과 은색 풍선들을 찾아보라고 했다. 물과 과자를 준비했고, 잔디밭에 담요를 펼쳐놓고 각종 장난감과 책을 올려뒀다. 내 직장 동료들은 각자의 아이들과 함께, 임신을 시도 중인 다른 친구도 데리고 왔다. 어떤 친구는 어린 딸 둘을 데려왔는데 그중 유치원생인 첫째 아이가 「겨울왕국」의 안나 공주 드레스를 입고 있었다.

그는 겸연쩍은 목소리로 말했다. "역시나 우리 딸은 젠더 프리 놀이 모임에 가면서도 공주 드레스를 입고 싶어 하더라."

나는 그를 격려했다. "아이가 안나 드레스를 입는 건 멋진 일이야. 아이가 입고 싶은 옷을 입었고, 너는 그걸 지지해주고 있잖아. 아이들이 마음대로 하도록 놔두는 게 가장 핵심이야."

그는 둘째 아이를 주머와 함께 담요 위에 앉혔다. 비슷한 나이의 두 아이는 나무에서 떨어진 낙엽을 서로에게 던지고 "안녕" 하고 인사를 나누며 어울렸다. 우리는 아이 이야기로 근황을 주고받았다. 아이가 어떤 독특한 자세로 기어 다니는지, 어떤 웃긴 말들을 했는지 등의 소소한 이야기를 나눴다. 서로의 일과 앞으로의 계획에 관해서도 물었다. 평범한 놀이 모임이었지만 은은한 포용성의 빛이 사방에 깔려 있었다.

우리는 몇 달에 한 번씩 놀이 모임을 열었다. 매 모임마다 처음 오는 가족들이 있었다. 직장이나 주머의 학교에서 만난 이들도 있었고, 온라인에서 알게 됐거나 다른 커뮤니티를 통해 우리 이야기를 듣고 온 사람들도 있었다. 보통은 이미 젠더를 배정받았거나 스스로가 남자 혹은 여자라고 인식하는 아이들이 많았지만, 논바이너리거나 젠더 영역을 탐색 중이거나 사회적 과도기를 겪고 있는 아이들도 있었다. 첫해에는 우리 말고는 다른 젠더 프리 부모가 없었지만, 두 번째 해에는 유타에 거주하는 두 젠더 프리 가족이 참석했다.

가장 기억에 남는 놀이 모임은 2018년 11월에 열렸던 모임이다. 당시 주머는 두 살 반이었다. 우리는 온라인에서 친해진 젠더 프리 네 가족을 직접 만나게 됐다. 내 친구 바비와 레슬리는 아기 소저너 와일드 파이어와 함께 뉴욕 브루클린에서 비행기를 타고 왔다. 다른 친구 아리는 아기 스패로와 아홉 살 난 아이 헤이즐을 데리고 플로리다주 올랜도에서 비행기를 타고 왔다. 나는 젠더 중립적 호칭을 사용하며 아이를 키우는 부모들을 위한 페이스북 그룹에서 바비와 레슬리, 아리를 만났고, 그들은 우리와 함께 젠더혁명(Genderevolution) 학회에 젠더 프리 육아를 주제로 한 토론단으로 참석하기 위해 솔트레이크에 왔다.

우리는 주말 내내 함께 어울렸다. 토요일에는 학회에 참석하여, 공감할 수 없는 주류 문화의 젠더 이분법적 육아 방식을 대체할 대안을 열망하며 관심과 지지를 보내주는 이들로 가득한 강당에서, 젠더 프리 육아에 대해 발표하고 우리 이야기를 들려줬다.

일요일에 우리 세 가족은 솔트레이크시티의 국제평화공원에서 젠더 프리 놀이 모임을 열었다. 이 지역에 사는 젠더 프리 가족이 참석했고, 차로 두 시간 거리에서 온 가족도 있었다. 테드엑스를 통해 가까워진, 은퇴한 NBA 선수이자 좋은 친구인 랜스도 아들과 함께 놀러 왔다. 젠더 프리 아이 여섯 명과 젠더 중립적 호칭을 사용하는 논바이너리 부모 세 명, 그리고 시스젠더 부모와 아이 여덟 명이 모였다. 우리는 다 함께 놀이터에서 뛰어놀며 따뜻한 코코아를 마시고 비건 도넛을 먹었다. 국제평화공원을 돌아다니면서 갖가지 조각품도 구경하고 낙엽 더미 속을 뒹굴며 놀기도 했다. 서로 각자의 호칭을 존중해줬고 각자의 젠더 정체성과 표현을 칭찬해줬다. 새로운 친구들을 사귀면서 부모는 부모대로, 아이는 아이대로 자유를 누릴 수 있었던 아름다운 아침이었다. 그야말로 나에게 꼭 맞는 놀이 모임이다.

주머가 두 살이 되기 몇 달 전, 우리는 솔트레이크의 어린이 체육관 타이니 텀블러스에서 열린 주머의 친구 아서의 세 번째 생일 파티에 초대됐다. 우리는 타이니 텀블러스에 한 번도 가본 적이 없었다. 토요일 오후, 그곳으로 걸어 들어간 순간, 그곳은 주머가 가장 좋아하는 장소로 새롭게 등극했다. 주머는 봉에 매달리거나 평균대를 건너고, 매트 위에서 뛰어놀고, 비눗방울을 따라다니며 터뜨리고 놀았다. 주머는 그곳과 완전히 사랑에 빠졌다.

90분 동안 생일 파티에서 신나게 뛰어놀고 집으로 돌아왔지만, 주머는 그곳에 대해 끊임없이 이야기했다. "타이니 텀블러스 가고 싶어"라는 말을 아침에 일어나서 밤에 잠들 때까지 입에 달고 살았다. 아서의 생일 파티 몇 주 후, 차를 타고 타이니 텀블러스 근처를 지날 때였다. 우리가 어디 있는지 알아챈 주머가 뒷좌석에서 기대에 찬 목소리로 소리쳤다. "우리 타이니 텀블러스 가는 거야?" 나는 주머가 우리 위치를 인지한다는 사실에 크게 놀랐다. 주머가 그 체육관에서 더 많은 시간을 보내고 싶다는 명확한 메시지를 전달하고 있었으므로, 우리는 아이의 바람을 실현시켜주고자 다가오는 주머의 생일 파티를 그곳에서 열기로 결정했다.

나는 타이니 텀블러스의 웹사이트에서 생일 파티를 온라인으로 예약할 수 있다는 사실을 알게 됐다. 해당 버튼을 클릭하고 신청서를 작성하기 시작했다. 신청서는 주머의 이름과 나이를 물었으며, '남성'과 '여성'이라는 옵션과 함께 젠더를 물었다. 나는 그 항목을 비워둔 채로 '다음' 버튼을 클릭했지만, 두 개의 성별 중 하나를 선택하지 않으면 다음 페이지로 넘어갈 수 없었다. 나 원 참.

나는 이러한 드롭다운 목록에 관해 나만의 규칙을 정해뒀다. 주머의 성별이나 젠더 항목을 선택하기 전에 고려할 점을 몇 가지 생각해둔 것이다. 나는 스스로에게 다음과 같은 질문을 던진다. '이 기관이 주머의 성별을 반드시 알아야 하는가?' '만약 주머의 성별을 알게 된다면, 주머를 대하는 그들의 태도에 영향이 있을까?'

주머는 울퉁불퉁한 철봉이나 평균대에서 놀 때 생식기를 이용하지 않으므로, 타이니 텀블러스는 주머의 성별을 알 필요가 없었다. 무엇보다 주머가 아직 자신의 젠더 정체성을 나에게 알려주지 않았기 때문에, 나는 그 항목에 응답할 수 없었다. 나는 사이트에서 체육관 전화번호를 찾아 전화를 걸었다.

전화를 받은 친절한 직원은 자신을 피비라고 소개하며, 무슨 도움이 필요한지 물었다.

"안녕하세요, 피비. 다름이 아니라 아이 생일 파티를 예약하려고 사이트에 들어갔는데, 젠더 항목을 비워두려고 했더니 다음 페이지로 넘어가지 않네요. 우리는 아이의 젠더를 따로 정해주지 않았고, 아이도 아직 자신의 젠더를 이야기해주지 않았거든요. 그래서 젠더를 선택하지 않고 생일 파티를 예약할 방법이 있는지 알아보려고 전화했어요."

피비는 빠르게 대응했다. 감동이었다. "앗, 정말 죄송합니다! 저도 그런 질문이 신청서에 있는 게 탐탁지 않아요. 회사에서 만든 양식이거든요. 당연히 젠더를 선택하지 않으셔도 됩니다. 제가 직접 예약해드릴게요! 아기 이름을 알려주시겠어요?"

"아이(Their) 이름은 주머예요."

"알겠습니다. 아이(Their) 파티 날짜는 언제로 해드릴까요?"

나는 진심으로 감동했다. 피비는 내가 젠더 중립적 호칭을 사용한다는 사실을 눈치채고 자연스럽게 대화를 이어갔다.

"가능하다면 3월 24일로 하고 싶어요."

"3시에 예약이 비어 있네요. 테이블보나 그릇, 컵 같은 장식에 쓸 색깔 두 가지만 골라주시겠어요?"

"아, 잠시만요. 주머에게 물어볼게요." 주머는 내 앞에서 거실 바닥에 앉아 놀고 있었다. "주머, 아가, 오늘은 무슨 색깔이 제일 좋아?" 주머는 플라스틱 피크닉 바구니에서 눈을 떼고 나를 올려다보며 말했다. "분홍!"

"좋아. 다른 색깔은?" 내가 물었다.

"오르자." 주머가 작은 플라스틱 오렌지 조각을 들고 신난 목소리로 말했다.

"분홍색이랑 오렌지색으로 부탁드려요." 나는 피비에게 말했다.

"주머가 몇 살이 되는 건가요?" 피비가 물었다.

"두 살이 될 거예요!" 나는 시간이 벌써 이렇게 흘렀다는 사실에 새삼 놀라면서 대답했다.

다음 몇 주 동안, 우리는 주머의 모든 반 친구들에게 초대장을 돌리고, 아이가 있는 친구와 가족들을 초대했다. 내 가족들은 주머의 다가오는 새로운 한 해를 축하해주려고 세인트조지에서 네 시간 동안 차를 몰고 왔다. 새엄마 에이프릴이 보낸 '우리 귀여운 손주아이가 생일 선물로 뭘 받고 싶어 하니?'라는 문자를 보고 느꼈던, 진심으로 따뜻하고 가슴 뭉클한 감정이 아직도 생생히 기억난다. 가족들이 타자나 손 글씨로 젠더 중립적 호칭을 적은 것을 보면 우리를 적극적으로 지지해주는 그들의 마음이 눈에 보이는 듯하다.

주머가 낮잠에서 깨어나자, 브렌트는 주머에게 귀여운 형광 꽃무늬 원더수트를 입혔다. 우리는 주머에게 말했다. "그거 알아? 이제 타이니 텀블러스에서 주머의 생일 파티를 할 시간이야!" 주머는 졸린 눈을 반짝 뜨더니 폴짝폴짝 뛰며 손뼉을 쳤다. 무척이나 신나 보였다.

스무 명의 아이와 가족들이 타이니 텀블러스로 몰려들었다. 모든 아이들이 신발을 벗어 던지자, 그곳의 선생님들은 놀라우리만치 신속하게 어린아이들을 매트 위에 동그란 대형으로 둘러앉혔다. 피비는 아이들에게 한 명씩 돌아가며 자기소개를 한 다음에 주머를 위한 커다란 상상 속 생일 케이크 반죽에 재료를 넣도록 시켰다. 다음과 같은 식이었다. "나 우나는…… 블루베리!" 그러면 모두 동그란 대형 가운데로 블루베리를 던져 넣는 시늉을 하고 바닥을 가볍게 톡톡 두드렸다.

"나 갤런은…… 초콜릿!" 톡, 톡, 톡.

"나 서배너는…… 스파이더맨!" 톡, 톡, 톡.

"나 주미는…… 아보카도!" 톡, 톡, 톡.

"나 대니얼은…… 과일 과자."

"나 리버는…… 케사디야!"

그리하여 역사상 가장 맛없는 케이크 반죽이 완성됐다.

아이들은 자지러지게 웃으며 체육관을 뛰어다녔다.

노래를 부르거나 무지개 낙하산 놀이 등을 하는 단체 활동에 참여하기도 했다. 부딪치거나 다쳐서 우는 아이는 거의 없었다. 그렇게 아이들이 100만 킬로와트의 에너지를 쏟아내며 노는 동안, 부모들은 담소를 나눴다.

"케이크랑 아이스크림 먹을 시간이에요!" 피비가 모두의 주목을 끌자, 아이들과 부모들은 줄지어 파티 방으로 들어갔다. 파티 방에는 분홍색과 오렌지색 테이블보로 장식된 작은 테이블과 의자들이 있었고, 분홍색과 오렌지색 종이컵과 접시들이 테이블 위에 놓여 있었다. 내 단짝 친구 레이는 2주 전에 페이스타임으로 주머에게 어떤 종류의 케이크를 먹고 싶은지 물어봤다.

"추추 케이크." 주머가 곧바로 대답했다.

레이가 확인 차 물었다. "좋았어, 주머 코요테, 기차 케이크 말하는 거지?"

주머가 페이스타임으로 고개를 끄덕였다. "응! 추추 기차 케이크!"

레이가 웃었다. "꼭 기차 케이크로 해줄게, 귀염둥이!"

레이는 귀여운 조카둥이를 위해 꼭 자기다운 2층짜리 주문 제작 케이크를 준비해 왔다. 우리는 커다란 숫자 2 모양의 초를 케이크에 꽂은 다음 불을 붙였고, 피비가 조명을 껐다. 내가 묵직한 걸작 케이크를 들고 주머를 향해 걸어가면서 "생일 축하합니다" 하고 노래 부르자, 그곳에 모인 모든 사람이 노래를 따라 불렀다. 나는 케이크를 주머 앞에 내려놓고 주머에게 촛불을 끄게 했다. 아직 입김을 잘 불 줄 모르는 주머가 마치 말 소리 같은 "푸웁프읍프읍" 소리를 내며 침을 튀기자, 브렌트가 촛불 끄기를 도와줬다. 모두 박수 치며 주머의 생일을 축하해 줬다.

사람들이 케이크와 아이스크림을 먹느라 바쁜 동안, 나는 파티 방을 둘러보다가 갑자기 시간이 멈춘 듯한 느낌에 사로잡혔다. 임신 중일 때만 해도 우리 아이의 두 번째 생일 파티가 어떤 모습일지 상상이 안 갔다. 어느덧 젠더 프리 육아를 한 지 2년이 지났고, 우리는 그곳에서 우리를 사랑하고 지지해주는 사람들에게 에워싸여 있었다. 주머는 친구들과 테이블에 둘러앉아 서로의 그릇에 담긴 케이크를 빼앗아 먹으면서 깔깔대며 웃고 있었다. 주머는 분명 사랑받고 있었다. 아빠가 방을 가로질러 걸어와서 나를 안아줬다. 아빠는 내 눈을 바라보며 말했다. "나는 우리 귀여운 손주아이를 정말 많이 사랑한단다. 저 아이를 보렴. 너는 정말 잘 해왔어. 네가 자랑스럽다." 우리는 자그마한 몸으로 거짓말처럼 우리 세상을 완전히 뒤흔들어놓은 두 살짜리 주머 코요테를 바라봤다.

15장

미디어 대소동

첫 방송 출연 요청은 주머가 태어나고 내가 육아휴직 중일 때 들어왔다. 예전 직장 동료 중에 텍사스에서 아침 방송을 진행하는 이가 있었다. 그녀는 이메일을 보내, 자신이 담당 프로듀서들에게 젠더 프리 육아 이야기를 아이디어로 제안했으며 모두가 마음에 들어 했다고 했다. 이미 인스타그램에서 주머의 출생 통지 게시물도 봤다고 했다. 그리고 나에게 한 코너에 출연해서 인터뷰에 응할 의향이 있는지 물었다. 나는 아직 내 아이의 다양한 울음소리가 어떤 의미인지도 파악하지 못한 상태였기에, 뉴스 인터뷰는 약간 부담스러웠고 시기상조라고 생각했다.

몇 시간 뒤, 브렌트가 퇴근하자 나는 이 이야기를 꺼냈다. 지금 당장 뉴스 출연에는 관심이 없으며, 해야 할 말은 블로그와 인스타그램에만 올리고 싶다고 말했다. "그리고 수백만 개의 텍사스 텔레비전 화면에 나오고 싶지도 않아. '안녕하세요, 저는 네 시간 전에 부모가 됐어요, 제가 어떻게 모든 정답을 알게 됐는지 이야기해볼게요.'" 내 말에 브렌트가 웃음을 터뜨렸다.

"나 역시도 뉴스에 출연할 준비는 안 됐어." 브렌트가 말했다. "당신이 준비되면 나는 지지하겠지만, 당신을 인터뷰하고 싶어 하는 사람들이 모두 우리 입장을 최우선으로 고려해주는 건 아니니까, 정말 신중할 필요가 있다고 생각해."

나는 고개를 끄덕였다. "동감이야. 그냥 너무 어색해. 우리는 그저 우리 아이를 고정관념으로부터 지켜주려는 것뿐인데……. 아이가 젠더를 탐험할 기회를 주려는 거잖아. 이게 뉴스거리가 되나?" 나는 젠더 프리 육아에는 관심도 없으면서 그저 나를 구경거리로 만드는 데에만 흥미를 느끼는 진행자와 나란히 뉴스 스튜디오에 앉아서 '셋, 둘, 하나' 하는 카운트다운과 함께 전국에 생중계되는 상상을 하며 몸서리쳤다.

나는 우리의 실제 경험을 대변하기보다 자극적인 헤드라인을 내세우는 매스컴의 낚시성 기사에 등장하고 싶지 않았다. 블로그와 인스타그램에 직접 써서 올리는 이야기는 모두 내 통제하에 있었다. 잘게 조각나서 재편집될 인터뷰에는 관심이 없었다. 나를 잘 모르는 아침 뉴스 앵커에게 "이 괴짜 부부 좀 보세요!" 하고 말하는 즐거움을 주고 싶지도 않았다.

주머가 두 살이 되기 전까지 나는 모든 미디어의 요청을 거절했다. 열 명도 넘는 잡지 기자와 라디오, 텔레비전 방송 프로듀서들이 인스타그램이나 이메일로 연락해서 인터뷰를 할 수 있는지 물었다. 나는 우리 이야기를 통제할 수 있는 방식을 선호했다. 그렇게 하면 우리 삶의 개인적 순간들을 불특정 다수의 대중에게 공개하고 싶은 부분만 선택해서 보여줄 수 있었다. 젠더 프리 육아의 메시지를 우리 인스타그램 계정의 설명과 스토리에 이해하기 쉽고 긍정적이고 간결한 분량으로 전달했다. 나는 우리 가족의 이야기를 들려주고 다른 사람들과 교류하는 책임을 담당해서 좋았지만, 한편으로는 젠더 프리 육아가 주류 문화로 나아가는 데 기여하고자 한다면 언젠가는 통제를 포기해야 할지도 모른다는 사실을 이해하고 있었다.

주머의 두 번째 생일을 한 달 앞둔 2018년 2월 20일, 알렉스 모리스라는 저널리스트에게서 인터뷰에 응할 생각이 있는지 묻는 이메일을 받았다. 젠더 프리 육아 동지인 내 친구 바비는 아이들에게 자신의 젠더 정체성과 표현 방식을 알아낼 기회를 주고자 하는 육아 철학에 관한 『뉴욕』지 특집 기사 건으로 알렉스와 이야기를 나눴다고 했다. 바비는 내 테드엑스 강연 영상을 알렉스에게 보여주면서, 자신이 가족과 친구들에게 자신의 육아 계획을 소개할 때 그 영상을 활용했다고 말했다.

강연 영상을 본 알렉스는 단지 젠더 프리 육아를 하는 사람으로서만이 아니라 사회학 박사이자 사회 체계 속 젠더를 연구하는 직업을 가진 사람으로서의 나를 인터뷰하고 싶어 했다. 바비는 나에게 그 특집 기사의 또 다른 목소리가 되어달라고 부탁했다. 그는 서로 아는 친구를 통해 만난 알렉스에게 좋은 인상을 받았다고 했다. 알렉스가 우리의 일을 지지하고 있으며, 우리 이야기를 존중하는 방식으로 기사화할 것이라고 나를 설득했다.

나는 브렌트에게 이 일을 전했다. 이제 인터뷰를 할 준비가 됐으며 바비를 돕고 싶다고 말했다. 브렌트는 결정권을 내게 넘기면서, 내가 인터뷰를 하고 싶다면 자신도 괜찮다고 말해줬다. 나는 알렉스가 쓴 다른 기사들을 찾아봤다. 가수 할시와 배우 에번 레이철 우드에 관한 기사가 있었다. 알렉스가 젠더와 성, 낙태에 관해 쓴 글을 보니 나와 비슷한 관점을 지녔다는 느낌이 들었고, 그래서 나는 인터뷰에 응하기로 했다.

알렉스는 뉴욕에, 나는 유타에 있는 관계로 우리의 첫 대화는 화상 채팅으로 이뤄졌는데, 거의 세 시간 동안 이어졌다. 나는 저널리스트들이 흥미롭고 민감한 이야기를 얻어내고자, 상대방에게 친절하게 대하며 편안하게 마음을 열도록 유도하는 데 능하다는 사실을 알고 있다. 그 방면에서 알렉스는 굉장히 뛰어났다. 나는 진심으로 즐겁게 대화를 나눴다.

그 이후로 추가적인 자료를 요청하거나 사실을 확인하기 위한 이메일과 문자, 전화가 오갔다. 『뉴욕』지 팩트체크 담당자인 아일라가 전화로 주머의 장난감 말 이름이 실제로 네이네이 더글러스 공항 말(Nay Nay Douglas the Airport Horse)이 맞는지, 우리가 네이네이에게도 젠더 중립적 호칭을 쓰는지 확인할 때, 나는 참지 못하고 웃음을 터뜨렸다.

전화를 끊기 전, 아일라는 자신 역시 대학에서 젠더 연구 과정을 수강했으며 이 기사가 나오기를 무척 기대하고 있다고 말했다. 젊은 세대의 입장에서 볼 때, 이 기사가 전통적인 이분법적 방식 외의 새로운 대안적 육아 방식을 보여주는 롤 모델을 제시한다고 했다.

나는 아일라에게 그렇게 말해줘서 고맙다고 말하며 자신감을 심어줬다. "젠더 프리 육아는 육아와 관련해 내가 내린 가장 훌륭한 결정이에요. 만약 당신이 부모가 되어 이런 방식으로 육아를 하길 원한다면 전혀 걱정할 필요 없어요." 이 특집 기사가 다른 젊은이들, 즉 새로운 대안을 원하는 미래의 부모들에게 영감을 주는 데 도움이 되리라는 느낌이 들었다.

『뉴욕』지의 또 다른 직원인 포토 에디터 맷이 이메일을 보내왔다. 맷은 기사에 쓸 사진이 한 장 필요하다며 우리 인스타그램 계정에 있는 사진들 중 괜찮아 보이는 사진 몇 장을 골라 내 의견을 물었다. 수백, 수천 명의 사람들이 화려한 기사 페이지나 『뉴욕』지가 운영하는 웹사이트 '더 컷(The Cut)'의 디지털 페이지에서 보게 될 우리 가족의 사진을 고르자니, 불편한 기분이 들었다. 한 가지 확실한 것은 내가 주로 혼자 찍힌 사진을 원하지 않는다는 것이었다. 나는 맷에게 우리 가족 전체가 나온 사진으로 해야 한다고 당부했다. 맷은 우리 요청을 존중했고, 우리는 코튼우드 협곡에서 찍은 우리 셋의 사진으로 정하는 데 동의했다.

알렉스는 기사가 곧 나올 예정이며, 잡지가 발매되고 하루나 이틀 후에 '더 컷'을 통해 온라인에도 올라갈 예정이라고 말해줬다. 나는 잡지가 나오는 날 아침 일찍, 해당 호의 디지털 버전을 통째로 다운로드 해서 처음으로 그 기사를 봤다. 잡지는 그로부터 2주 후에 솔트레이크 시티 반스앤드노블(Barnes and Noble. 미국의 대형 서점 체인—옮긴이)에 입고 됐고, 브렌트와 나는 세 권을 구매했다.

내가 오랫동안 좋아했던 잡지[23]에서 우리 사진을 보고 우리 이야기 를 읽게 되니 기분이 묘했다. 결과물은 마음에 들었다. 알렉스가 우리 이야기를 존중한다는 느낌이 들었으며, 우리 모습이 제대로 그려졌다 고 생각했다. 나는 그 기사에 인터뷰를 제공한 부모 몇 명 중 한 사람 이었다. 내 친구 바비와 리아, 앤드리아도 모두 각자의 동기와 일화에 대해 이야기했다. 우리 이야기들은 서로의 이야기 사이사이에 엮여 있 었다. 육아와 관련된 우리의 모든 결정은 아이들이 자신만의 방식으로 젠더에 다가가도록 지지해주자는 공통의 목표를 향하고 있었다. 나는 커피를 들고 소파에 앉아서 기사를 다시 한번 읽었다.

「젠더 프리!(It's a Theyby!)」 기사가 온라인에 배포됐고, '더 컷' 독자 들의 반응은 대체로 긍정적이었다. 나는 진보적인 독자를 위한 진보적 출판물인 『뉴욕』 지와의 인터뷰에 마음을 열어두고 있었다. 긍정적인 평판은 자기 충족적 예언(미래에 대한 기대와 예측을 강력하게 믿음으로써 그 믿 음 자체에 의한 피드백을 통해 행동을 변화시켜 실제로 기대한 바를 현실화하는 현상— 옮긴이)이었다. 아빠에게서 문자메시지가 왔다. '『뉴욕』 지 기사 읽었다. 우리 딸이 자랑스럽구나. 쪽.' 나는 눈물을 글썽였다. 젠더 프리 육아를 더 순조롭게 만들어주는, 이토록 놀라울 정도로 협조적인 가족과 친구 들이 있었기에 내가 공개적으로 목소리를 낼 수 있었음을 깨달았다.

젠더 프리 기사가 '더 컷'에 올라간 지 며칠 지나지 않아, 우리 이야기는 발이라도 달린 듯 빠르게 퍼져나갔다. 「부모가 아기의 젠더를 다른 가족들에게조차 비밀로 하다」나 「이 아이의 기저귀 속에는 무엇이 있을까?」, 「퀴어 육아 방식을 끌어들이는 힙스터 부모들」 같은 헤드라인과 함께 주머의 사진이 수십 개 국가의 주요 뉴스 기사에 올랐다. 맥락에 상관없이 우리 기사를 인용하면서 내 이름 철자를 틀리게 기재하거나 내 학위를 누락시키는 기사들도 있었다. 나는 관심과 돈에 목말라서 아이를 학대하고 주머에게 돌이킬 수 없는 심리적 타격을 입힌 엄마로 돌변해 있었다.

나는 내 육아 방식이 '기삿거리'라고 생각하지 않았지만 24시간 돌아가는 온라인 미디어의 시대에서는 사람들이 클릭할 만한 것은 무엇이든 기삿거리가 되었다. 고작 몇 주 만에 우리 이야기와 우리 가족의 사진이 전 세계로 퍼져나가는 모습을 목격했다. 우리는 이탈리아와 포르투갈, 독일, 프랑스, 브라질 기사에도 등장했다. 브렌트는 다음에는 어디서 기사가 터질지 알아내려고 기사를 추적했다. 나는 무슨 일이 일어나든 무시하려고 애를 썼다. 특집 기사에 실렸던 모든 가족 중에 하필 우리 가족(브렌트, 주머와 나)이 유독 사람들 입에 오르내렸다.

나는 이렇게 될 줄 몰랐다. 매스컴이 얼마나 비윤리적으로 변했는지 깨닫지 못하고 있었다. 누군가가 내 인스타그램에 있는 사진을 무단으로 가져가서 신문에 싣고, '더 컷' 기사나 내 블로그, 인스타그램에 적힌 글을 가져가서 마치 나와 직접 인터뷰를 한 것처럼 '인용'이라는 말로 위장하는 일이 생길 줄은 전혀 몰랐다.

진작 알았어야 했다. 단 한 번의 인터뷰도, 우리 가족을 기삿거리로 만들려는 사람에게는 청신호가 될 수 있었다. '더 컷'에 기사가 실린 지 1년도 더 지났지만, 나는 아직도 우리에 관한 이야기가 담긴 기사를 경계한다. 바로 지난주만 해도 우리는 이스라엘 기사에 등장했다. 『뉴욕』지와의 인터뷰를 후회하지는 않는다. 다만 그로 인해 일어날 일들에 더 대비했어야 했다.

철저히 익명이었던 삶이 고작 몇 가지 정보만 얻은 수백만 명의 사람들로 인해 하룻밤 사이 한 인간이자 부모로서 이러쿵저러쿵 비판받는 삶으로 바뀌어버리니 기분이 이상했다. 브렌트와 나는 주머가 있을 때는 엉터리 매체에 관련된 이야기를 하지 않기로 약속했다. 주머가 깨어 있을 때 우리는 주머와 놀아주고, 주머를 안아주며 태연한 척 생활했다. 우리 작고 예쁜 두 살 아가는 부모가 어떤 문제를 겪고 있는지 전혀 알지 못했다. 브렌트는 주방에서 나를 안아주며 내가 정말 훌륭한 부모라고 말해주곤 했다. 그러면 나도 그가 멋진 부모라고 말해줬다. 그러고 나서 우리는 감당해내야 할 수많은 타인의 새로운 비판과 함께 잠자리에 들었다.

꽤 사려 깊고 윤리적이었던 『허프포스트 UK』의 한 저널리스트는 내게 몇 가지 질문을 보내며 말했다. "당신의 허락 없이는 아무것도 쓰지 않겠습니다." 그녀는 기삿거리로 돌아다니는 내 육아 방식에 대한 몇 가지 오해를 해소할 기회를 줬다. 나는 이메일로 그녀의 질문에 답하면서, 우리가 아이에게 분홍색이나 파란색 옷을 못 입게 한다는 등의 말도 안 되는 소문들을 진압했다. 그 기사는 우리가 미디어에 노출된 지 약 일주일 뒤인 4월 10일에 공개됐다. 우리 인스타그램 계정에도 관련된 활동이 순식간에 늘어났는데, 그 파장의 강도와 온도는 해당 기사가 어떤 식으로 쓰였고 어떤 독자를 대상으로 하는지에 따라 제각각 달랐다. 『허프포스트 UK』의 파장은 그렇게 거대하지 않았으며, 다행히도 대체로 긍정적이었다(그 망할 기사는 사실상 내가 썼으니까).[24]

『뉴욕』 기사가 공개된 지 2주가 지난 어느 날, 나는 잠에서 깨어나 휴대전화를 확인하다가 호주에 있는 친구 레이철에게서 온 메시지를 봤다. 레이철은 방금 자신이 가장 좋아하는 호주 팟캐스트에서 우리 이야기가 나오는 것을 듣고, 그 방송 사이트에 들어가 젠더 프리 육아에 관한 기사를 읽었다고 말했다. 나는 몹시 당황했다. 이 소식은 브렌트를 큰 충격에 빠뜨릴 터였다. 우리 가족에게 관심이 집중되면서 브렌트는 이미 큰 타격을 입은 상태였고, 자신의 모국에서까지 우리 기사가 나리라고는 생각지 못하고 있었다.

나는 브렌트를 바로 깨워서 말하기보다, 그가 평소처럼 커피를 마실 때까지 기다리기로 했다.

잠에서 깨어난 브렌트는 나와 함께 늦게까지 우리 인스타그램 댓글창에서 악플러들에게 성별과 젠더의 차이점을 가르쳐주다가 자정이 훨씬 넘어서 잔 사람치고는 컨디션이 괜찮아 보였다. 브렌트는 퍼블릭키친에 가서 아침 식사를 하자고 제안했다. 우리는 옷을 대충 걸친 다음, 셋이서 차를 타고 레스토랑으로 가서 자리를 잡고 커피와 아침 식사를 주문했다.

내가 이야기를 꺼냈다. "할 말이 있어."

브렌트는 주머에게 크레파스 몇 개와 색칠 공부 책을 꺼내주고 있었다. 그가 나를 힐끗 봤다. "무슨 일이야?" 이제 나를 똑바로 쳐다보면서, 브렌트가 물었다.

"그게 말이야, 우리 이야기가 호주에 알려졌어. 레이철이 어제 뜬 팟캐스트와 기사 링크를 보내줬어."

"어떤 팟캐스트? 기사 출처가 어디래?" 그는 기분이 좋지 않았다.

"아, 주류는 아닌 것 같아. 「마마미아」라는 곳에 올라왔대."

"「마마미아」라고! 카일! 「마마미아」는 주류 매체야! 호주에서 가장 유명한 사이트라고!" 그는 분노와 좌절에 사로잡혔다. 줄곧 기사가 멈춰주기만을 바랐지만 우리 이야기는 퍼지고 또 퍼져나갔고, 이제 그는 감정적으로 완전히 지쳐버렸다. 우리 둘 다 그랬다.

바리스타가 우리 앞에 커피를 내려놓았다. 보통은 세상에서 가장 예의 바른 사람이며 모든 행동에 대해 사람들에게 세 번씩 고마워하던 브렌트인데, 지금은 눈앞에 놓인 라테를 인식하지도 못할 정도로 정신이 나가 있었다. 그의 숨소리가 점점 커져가자, 브렌트만의 표현 방식에 익숙한 나는 그가 점점 더 초조해하고 있음을 알아차렸다.

그가 물었다. "이 소식을 언제 들은 거야? 왜 그걸 지금 말해? 대체 왜 여기서 말하는 거야? 배고프단 말이야!"

"미안해. 당신이 이렇게까지 화를 낼 줄 몰랐어. 밖에 나가서 바람 좀 쐬고 올래?" 내가 제안했다.

그 순간, 우리 삶은 엉망진창이었다. 우리는 숨도 제대로 쉴 수 없었다. 우리 이야기가 국제적인 스포트라이트에 노출된 것이다. 새로운 기사가 뜰 때마다, 웬 모르는 사람이 우리 집 현관문을 열고 매일 다른 모르는 사람 수천 명을 불러들이는 듯한 느낌이었다. 일분일초마다 새로운 사람들이 나타나 우리 일상을 훔쳐보며 감시하고 있었다. 지지해 주는 사람도 많았지만 그렇지 않은 사람도 많았으며, 누가 어떤 진영에 속해 있는지 구분하기란 불가능했다.

브렌트는 자리에서 일어나더니 금방 돌아오겠다고 말하고는 나갔다. 퍼블릭 키친 앞문으로 걸어 나가 인도를 따라 블록 끝까지 걸어가는 브렌트의 모습이 보였다. 몇 분 뒤, 그가 돌아와서 자리에 앉았다.

"엄마한테 전화해서 우리가 기사에 나올 수도 있다고 말씀드렸어." 브렌트는 풀이 죽어 있었다. "이미 알고 계시더라. 킴벌리한테 들었대. 우리가 이런 일을 겪게 돼서 유감이라면서 우리 모두를 사랑한다고 당신한테도 전하라고 하셨어. 내가 미리 말씀드렸어야 했어. 그냥 사람들이 우리 이야기를 멈춰서 호주까지 퍼지지만 않는다면 별문제 없을 거라고 막연히 낙관했던 것 같아."

나는 한숨을 내쉬었다. "뭐, 이제 호주에도 알려진 건 확실해. 오늘 호주 뉴스에서 들어온 인터뷰 요청을 두 개나 거절했어. 당신 부모님이 알고 계신다니 다행이야. 하지만 두 분이 내일 아침 텔레비전에서 놀림 당하는 우리 모습을 보게 되실까 봐 마음이 안 좋아."

둘 다 원치 않았던 상황이므로, 우리는 이를 처리할 방법을 알아내려고 노력했다. 아침 식사가 도착하자 우리는 말없이 토스트와 계란을 먹었다. 우리 테이블에서 들려오는 유일한 소음은 엄마, 아빠의 힘든 감정 노동 따위는 까맣게 모른 채, 오트밀을 씹으면서 스티커와 작은 장난감 스쿨버스를 가지고 노는 주머의 노래하는 듯한 목소리뿐이었다.

다음 날, 우리는 일어나자마자 인스타그램에 뜬 새로운 팔로워 수 천 명과 새로운 댓글 수백 개를 확인했는데, 대다수가 끔찍한 내용을 담고 있었다. 우리 계정에서 일어났던 활동 중, 수적으로도 가장 크게 급증했으며 내용도 그 어느 때보다도 부정적이었다.

브렌트가 노트북을 펼치고 빠르게 검색했다. "아, 젠장." 그는 자신이 보던 화면을 내게 보여줬다. 「이 엄마와 아빠가 자신의 '젠더 프리' 아기가 딸인지 아들인지 아무에게도 말하지 않으려고 하는 이유」라는 커다란 제목이 화면을 가로질렀다. 브렌트는 나를 보며 말했다. "영국 타블로이드판 신문에 나왔어."

『데일리 미러』와 『더 선』을 비롯한 영국 신문들이 우리 이야기를 찾아낸 것이었다. 나는 열아홉 살 때 영국에서 7개월간 살면서 런던 교외의 한 술집에서 바텐더로 일한 적이 있었다. 그곳의 손님들이 맥주를 벌컥벌컥 들이켜면서 『더 선』과 『데일리 미러』를 읽곤 하던 것이 떠올랐다. 그 신문들은 왕족이나 영국 스포츠 스타, 유명인들에 관한 저속한 가십거리와 의견, 과장된 이야기들로 가득했다. 그 당시 나는 이러한 신문에 실려 전국 각지의 주방, 사무실, 기차, 미용실, 술집에서 수백만 영국 사람들의 입방아에 오르내리게 된 이들을 생각하며 안타까워하곤 했다. 내가 바로 그러한 가십거리가 되리라고는 꿈에도 생각지 못했다.

그날 오후, 주머가 낮잠을 자는 동안 브렌트와 나는 인스타그램 계정을 어떻게 해야 할지 대화를 나눴다. 우리는 계정을 비공개로 바꾸거나 삭제할 생각까지도 해봤다. 2주 안에 우리를 팔로우하는 계정은 1000명에서 1만 2000명으로 늘어 있었다. 물론 우리를 지지해주는 사람들도 넘쳐났지만, 수천까지는 아니더라도 수백 명의 사람들이 우리를 구경거리로 생각하며 팔로우하고 있다는 사실을 깨닫고 보니, 전반적인 관중들의 분위기가 점점 더 어둡게 느껴졌다. 우리는 그저 이 육아 실험이 어떻게 끝날지 궁금해하면서, 혹은 내심 실패하길 바라면서 가상의 무리 속에 섞여 조용히 구경만 하는 사람들이 많다는 사실을 알고 있었다.

우리는 몇 달 전보다 훨씬 눈에 띄게 됐다. 수백 명의 사람들이 우리에게 메시지를 보내, 우리 이야기와 젠더 프리 육아에 대해 듣게 되어 무척 고맙다고 말해줬다. 그들은 전통적인 아동기 젠더 사회화의 대안을 원했고, 우리는 그들에게 적절한 용어와 지원망을 제공해주는 동시에 롤 모델이 되어주고 있었다. 논바이너리와 트랜스젠더 사람들이 연락해서 자신들도 주머와 같은 방식으로 양육됐으면 좋았을 것이라고 말하며, 우리를 필요로 하는 사람들을 위해 꿋꿋하고 당당하게 버텨달라고 말했다. 브렌트와 나는 계정을 공개 상태로 두는 게 좋겠다고 결정했다. 젠더 프리 육아는 전 세계적으로 주목받는 개념이 되어가고 있었다. 이야기가 퍼져나간 방식은 이상적이지 않았지만 이제 우리 이야기가 알려진 만큼, 더 이상 도망가지 않을 생각이었다.

그날 밤, 저녁 식사를 마치고 내가 주방을 정리하는 동안 브렌트는 주머를 목욕시켰다. 우리는 주머를 침대에 눕힌 다음, 와인 한 병을 땄다. 하루 종일 인스타그램 계정과 최근 늘어난 영국 악플러들을 무시

한 끝에, 마침내 직면해보기로 결심했다. 내가 잔에 와인을 따랐고, 우리는 각자 휴대전화를 들고 침대에 앉았다. 브렌트는 자신의 개인 인스타그램 계정에 로그인했고 나는 @raisingzoomer 계정에 들어갔다.

나는 시합을 앞두고 전술을 짜는 코치처럼, 브렌트에게 장난스러운 격려의 말을 던졌다. "좋아. 젠더 프리 육아에 관심 있는 수많은 사람들이 이 댓글들을 읽고 있다는 사실을 명심해. 우리는 이런 상황에도 흔들리지 않고 그들의 자신감을 계속 북돋워줄 거라는 인상을 줘야 돼. 그중에는 같은 편이 절실한 트랜스젠더 청소년들도 있어. 우리가 무슨 말을 하든 내일 기사에 인용될 수 있으니, 영리하게 대처해야 해!"

브렌트는 레드 와인을 한 모금 홀짝이고 붉게 얼룩진 입술로 웃으면서 말했다. "알겠습니다! 나는 코튼우드 협곡에서 찍은 우리 셋의 사진 아래 댓글을 맡을게. 당신은 주머가 아이스크림콘을 들고 있는 사진을 맡아."

나는 고개를 끄덕이며 와인 한 모금을 마신 다음, 최대한 많은 댓글에 답하려고 애쓰다가 눈꺼풀이 너무 무거워지자 휴대전화를 내려놓고 잠자리에 들었다. 맞선다는 것 자체가 중요했다. 내가 만든 아름다운 마을을 악플러 군단이 짓밟도록 내버려두지 않을 생각이었다. 나는 악플러들과 맞서 싸우며 잘못된 것을 바로잡아주고 그들의 무지함에 팩트체크로 대응하면서도, 무엇보다 포용과 사랑으로 대하려고 노력하길 기대하는 많은 사람들을 떠올렸다.

내가 댓글을 삭제하거나 특정 계정을 차단하면 '언론의 자유'를 침해한다고 생각하는 사람들도 있었다. 누군가는 언론의 자유라고 말하지만 나에게는 괴롭힘이었다. 누구든 자신이 원하는 대로 나에 대해 말할 권리가 있다. (그래, 어디 내가 보호시설로 보내져야 한다고 계속 떠들어봐.) 하지만 내 무대가 아니라, 각자 자신의 무대에 올라가서 말해야 한다.

소수의 기자와 프로듀서들이 매일같이 연락을 취해왔다. 「굿모닝 영국(Good Morning Britain)」에 출연하면 어떻겠냐고? 「폭스와 친구들(Fox and Fiends)」에 나와달라고? 비행기를 타고 워싱턴까지 올 수 있냐고? 뉴질랜드 라디오 방송? 내가 우리 이야기를 다큐멘터리로 만들길 원한 적이 있었나? 아니다. 나는 텔레비전 인터뷰에 전혀 관심이 없었다. 그저 하루를 버텨내는 데만도 모든 에너지를 쏟아부어야 했다. 프로듀서와 저널리스트들에게 똑같은 메시지를 보냈다. '연락 주셔서 감사하지만, 관심 없습니다.'

금액을 제시하며 다시 연락하는 이들도 있었다. 5분에 1000달러, 3000달러를 주면 응하겠냐고? '고맙지만 사양하겠습니다.' 더 이상 문제를 악화시키고 싶지 않았다. 이미 우리가 기사에서 어떻게 그려지는지 충분히 보고 있었다. 만약 진정으로 젠더 프리 육아에 관심이 있는 사람이라면, 날씨 방송과 통근 시간 체증을 유발한 교통사고 소식 사이에 공개되는 90초짜리 클립이 아니라 우리 인스타그램과 블로그에 찾아와서, 내가 이야기를 들려주는 방식에 따라 우리를 알아가야 할 것이다.

몇 달 동안, 우리 이야기는 전 세계로 퍼져나가 너무 많은 매체들에서 다뤄졌고, 이제는 더 이상 세어볼 필요도 없었다. 우리는 아마도 남극 대륙을 제외한(레딧[Reddit, 소셜 뉴스 웹사이트로 직접 쓴 글을 등록하면 다른 사용자들의 투표로 정해진 순위에 따라 주제별 섹션이나 메인 페이지에 올라가게 된다—옮긴이)을 구경하다가 우리 이야기를 접한 남극 과학자가 있을지도 모르겠지만) 모든 대륙에서 수십 가지 언어로 된 기사에 등장했을 것이다. 뭐랄까, 마치 전화 게임(참가자들이 동그랗게 둘러앉은 가운데, 첫 번째 사람이 특정 메시지를 두 번째 사람에게 귓속말로 전달하고, 두 번째 사람은 또 다음 사람에게 전달하는 식으로 진행하다가 맨 마지막 사람이 자신이 들은 메시지를 공개해 첫 번째 사람이 말한 내용과 비교해보는 게임—옮긴이)을 구경하는 느낌이었다. 우리 이야기는 원본 기사에서 멀어질수록 오류투성이의 이상한 내용으로 변해갔다. 한번은 브렌트가 젠더 연구학과 교수이고 내가 그의 제자라는 이야기도 있었다. 우리는 그 소문을 두고 한바탕 실컷 웃었다.

하루는 직장에 있는데 내 친구이자 동료인 리베카가 사무실로 들어와 말하길, 그날 아침, 그녀의 배우자인 이고르가 모국인 러시아의 온라인 뉴스를 읽다가 잠시 멈칫하더니, 자신이 보던 노트북 화면을 리베카 쪽으로 돌리며 이렇게 말했다고 했다. "왜 카일 사진이 러시아 뉴스에 나오는 거야?"

그날 브렌트는 내게 전화로 다른 러시아 기사에 대해 말해줬다. "주머가 태어난 날 병원 침대에 누워 있는 당신 사진이 실렸어." 토할 것 같기도 하고 미친 듯이 웃기기도 했다. 어떻게 이런 일이 일어날 수 있을까? 나는 우리가 눈에 보이는 곳에서 꿋꿋이 버티며 흔들리지 않는 모습을 보여주는 것이 얼마나 중요한지 알면서도, 3개월에서 6개월 정도 우리 가족을 숨겼다가 모든 상황이 끝난 뒤에 나타날 수만 있다면 소원이 없겠다고 생각하며 그저 입을 꾹 다물고 있었다. 내 사진들이 인터넷에 도배되고, 모르는 사람들이 이를 보며 인터넷 뉴스 댓글난이나 회사 휴게실 커피포트 근처에서 이러쿵저러쿵 떠들어대는 상황에는 마음의 준비가 안 돼 있었다. 나는 더 이상 감당하기 어려울 정도로 지나치게 심각해지기 시작하는 상황들을 가볍게 넘기려고 노력했다.

"블라디미르 푸틴이 젠더 프리 육아에 대해서 어떻게 생각할 것 같아?" 사무실 책상 앞에 앉아 억지웃음을 지으며 브렌트에게 말하는데, 참다못한 눈물이 얼굴로 흘러내렸다.

나는 이 이상한 일들이 곧 나를 덮쳐올 해일처럼 머리 위를 맴도는 와중에도, 열성적인 부모이자 침착한 배우자의 역할에 충실하고 주어진 풀타임 업무를 해내면서, 몇 주 전의 일상을 되찾으려고 노력했다. 친구들과 예전 대학 동기들, 몇 년 동안 소식이 없었던 지인들에게서 우연히 발견한 기사나 팟캐스트 방송, 혹은 페이스북에서 나를 주제로 벌어진 뜨거운 논쟁의 스크린숏들이 끊임없이 전달됐다. 내 특유의 회복력으로도 이 상황을 따라가기가 벅찼다. 매일 새롭게 늘어가는 관심 속에서 내 자신감이 계속 타격을 맞는 만큼, 브렌트의 불안도 커져갔다.

매일 아침 주머가 일어나기 전과 매일 밤 주머를 침대에 눕힌 후에 몇 시간씩, 나는 인스타그램 댓글로 대담하게 나를 공격해오는 수많은 사람들에게 정확한 정보로 대응하려고 애썼다. 신문과 같은 간행물 사이트의 댓글난은 일부러 보지 않았다. 우리 인스타그램 계정을 관리하는 것만으로도 시간이 부족했다.

젠더 프리 육아를 실행해보고 싶다고 말하는 사람이 있는가 하면,

내 아이를 나에게서 빼앗아야 한다는 사람도 있었다. 나는 최대한 말을 아끼며 친절하게 대응하는 데 전념했다. 늘 나를 지켜보는 사람들이 있었고, 내가 이런 상황을 다루는 방식이 젠더 프리 육아가 좋은 생각이라고 믿는 누군가의 결심에 영향을 미칠 것이라는 사실을 알고 있었기 때문이다. 나는 내가 하는 일이 우리 가족에게 최선이며, 나에게 동의하지 않는 사람들은 결국 나를 잊어버리게 되리라는 생각을 머릿속에 계속해서 되새겼다.

처음부터 무례한 댓글을 쓰고 우리 지지자들을 공격할 작정으로 계정을 찾아왔던 사람들이 있었다. 그들은 인정사정없었다. 브렌트와 나는 그들이 성별과 젠더의 차이점과 뉘앙스에 관해 더 읽어보고, 젠더 고정관념이 그들과 아이들에게 영향을 미치는 방식을 생각해보도록 독려했고, 상황을 악화시키거나 그들처럼 욕설을 퍼붓지 않으면서 질문에도 대답해줬다.

그렇게 하다 보니, 처음에는 우리를 혐오하기로 마음먹었다가, 나중에는 잘 이해하지 못한 상태에서 마음을 닫은 채 비난하기로 결정했던 자신의 태도를 도리어 사과하는 사람들도 생겼다. 그들은 다시 돌아와 댓글난에서 우리를 지지해주며, 다른 무례한 악플러들을 향해 이렇게 말했다. "저도 한때는 카일과 브렌트가 이상한 사람들이라고 생각했지만 이제 이해하게 됐고, 그들이 주머를 위해 굉장히 멋진 일을 하고 있다고 생각합니다." 뜻밖의 장면이었다.

미디어 대소동 이후, 내 두려움은 몇 단계 더 상승했다. 우리는 거주지와 주머의 어린이집을 언제나 사생활에 부쳤다. 어린이집 이름을 블로그나 소셜 미디어에 절대 밝히지 않았다. 주머의 사진이나 어린이집 부근에서 찍은 사진을 올리지 않았고, 절대 게시물에 우리 위치를 표시하지도 않았다. 사람들이 우리 집이 어디 있는지 알게 될까 봐 두려웠다. 무엇보다 가장 두려운 일은 내 육아 방식에 대한 반발심이 너무 강해진 누군가가 작정하고 우리를 찾아내서 주머를 빼앗아 가는 것이다.

나는 언제나 집을 완벽한 상태로 유지해야 할 것 같은 강박을 느꼈고 주머가 절대로 공공장소에서 짜증을 부리지 않길 바랐다. 젠더에 대해 나와 다른 생각을 가진 사람들에게 주머가 얼마나 사랑받고 건강한지 증명해야 한다는 생각이 들었기 때문이다. 나는 게이나 트랜스젠더라는 이유로 집에서 쫓겨나거나 최악의 경우 부모에게 살해되는 아이들까지 존재하는 상황에서, 내가 내 아이에게 젠더 중립적 호칭을 사용한다는 이유만으로 나를 아동 학대범으로 몰고 가는 사람들에게 몹시 화가 났다.

우리는 추가적인 예방책을 세우기 시작했다. 모든 창문에 나무로 방범창을 설치하고 보안 카메라도 여러 대 달았다. 현관문 안쪽에는 체인도 달았는데, 이는 침입자를 막기 위한 것이기도 했지만 주머가 밖으로 나가지 못하게 하려는 목적도 있었다. 주머가 현관문 여는 방법을 터득한 바람에, 한번은 잠옷 차림으로 테라스에 나가 있는 주머를 발견한 적도 있었기 때문이다.

나는 주머가 다니는 어린이집의 관리자들과도 이 문제를 상의했다. 나는 로빈에게 겁이 난다고 말했다. 로빈은 우리 사정을 다 알고 있었다.

로빈이 말했다. "우리는 이미 주머를 보호하려고 조치를 취하고 있어요."

대화 내내 가슴이 미어질 듯 아팠다. 이 모든 상황이 너무 감당하기 힘든 수준이 됐고, 너무 멀리 퍼져나갔다는 사실에 화가 났다. 무엇보다도 이런 일을 미리 예상하지 못했던 나 자신에게 화가 났다. 내가 젠더 프리 육아의 유일한 대변인인 것 같은 기분이 들어 너무 힘들었고, 그래서 더 많은 가족들과 이런 무게를 나누고 싶었다.

나는 패배감에 사로잡힌 비참한 모습으로 키드랜드 사무실에 서 있었다.

로빈이 말했다. "모든 직원에게 지금 무슨 일이 일어나고 있는지 말해뒀어요. 주머가 여기 다니는지 묻는 사람이 있으면 아니라고 대답해야 한다는 걸 모두 알고 있어요. 주머의 이름이 붙어 있는 물건들도 옮겨놨으니, 시설을 둘러보는 예비 학부모들도 주머가 여기 다니는지 알지 못할 거예요." 나는 울음을 터뜨렸다. 끔찍한 짐이 된 듯한 죄책감과 동시에 지독하게 사랑받고 있다고 느꼈다. 로빈과 키드랜드의 모든 직원은 주머를 아끼고 우리 가족을 사랑해줬으며, 그들이 할 수 있는 한에서 우리가 안전하다고 느끼도록 최선을 다하고 있었다.

몇 달이 지나자 상황이 진정되기 시작했다. 기사는 계속 나왔지만 빈도가 점차 줄어들고 있었다. 내게서 자신들이 바라던 반응을 얻어내지 못한 악플러들은 흥미를 잃고 인터넷 쓰레기 처리장 속으로 서서히 사라졌다. 8주 동안 몰아치던 폭풍우가 걷히고 태양이 다시 얼굴을 내민 것만 같았다. 나는 다른 일에 집중할 수 있었다. '페어런팅 데이바이스' 페이스북 그룹 친구들에게 미디어 활동에 관심 있는 사람이 있는지 물었고, 몇 사람이 기꺼이 자신의 이야기를 공유하겠다고 나섰다. 나는 인터뷰를 갈구하는 저널리스트들에게 그들의 이름과 이메일 주소를 전달해줬다. 나는 모든 기자들과 일일이 이야기를 나누는 데 관심이 없기도 했고, 뜻을 같이하는 젠더 프리 부모들이 각자의 이야기를 알릴 수 있도록 돕고 싶은 마음도 있었다. 이야기를 다양하게 만들려면 일단 다양한 사람들이 필요했다.

온라인 커뮤니티 내의 수많은 친구들이 자진해서 인터뷰를 하기 시작했다. 그들이 진심으로 기자와 이야기하는 데 흥미가 있어서든, 이 운동을 키워가야겠다는 생각과 연민 때문이든, 나는 친구들에게 항상 고맙게 생각하고 있다. 바비 매컬러프는 꾸준히 인터뷰를 했다. 티파니 쿡, 아리 데니스와 다른 친구들도 인터뷰를 했다. 코리 도티는 이미 자신의 이야기를 해오고 있었고, 제시 테일러 크루즈도 마찬가지였다. 네이트와 줄리아 샤프는 6월에 NBC와 인터뷰를 했는데, 네이트가 매사추세츠 케임브리지의 라디오 방송국에서 했던 인터뷰는 내가 가장 좋아하는 젠더 프리 육아 자료이기도 하다.[25] 나는 몇 주 동안 아무렇지 않은 표정으로 다 괜찮은 척 연기했지만, 사실 무대 위 뜨겁고 눈부신 스포트라이트 아래 철저히 혼자 남겨진 것처럼 외로웠다. 그때 동료 부모들이 빛 속으로 들어와줬고, 나는 마침내 무대에서 내려와 몸과 마음을 회복할 수 있었다.

「마마미아 아웃 라우드」 팟캐스트[26]는 레이철이 말해줬던 바로 그 호주의 첫 번째 팟캐스트였는데, 알고 보니 전반적으로 젠더 프리 육아를 지지하는 입장이었다. 진행자들도 대화를 나누면서 점점 생각이 바뀐 것 같았다. 그들은 아이들이 성별을 근거로 어떤 다른 대우를 받고 젠더를 추정당하게 되는지에 관해 과학 연구 자료들을 바탕으로 논의를 주고받았고, 자신들이 가진 편견과 가정들을 실시간으로 털어놓았다. 나는 그 방송을 정말 재미있게 들었지만, 「마마미아」의 창작자인 미아 프리드먼이 한 말이 계속 마음에 걸렸다.

미아는 젠더 프리 육아에 대해 이렇게 이야기했다. "당신은 일상생활에서 매일 마주치는 사람들과 작은 대립을 겪어야 할 것입니다. 당신의 입장을 끊임없이 재확인해야 할 것입니다. 매일매일, 어린이집이나 슈퍼마켓에서, 또 아이의 조부모님과도, 당신은 계속해서 작은 전쟁들을 치르며 늘 방어 태세를 취해야 할 것입니다."

이는 우리 가족에게는 진실이 아니었다. 그리고 시드니에 사는 어떤 사람이 팟캐스트를 들으면서 "오, 나도 아이를 이렇게 키워야겠어" 하고 생각했다가, 그들의 삶이 매일매일 작은 전쟁들로 가득할 것이라는 가정을 듣고 나면 마음이 바뀔지도 모른다는 생각이 나를 괴롭혔다. 보통은 우리 가족 이야기의 오류를 정정하려고 모든 프로듀서와 저널리스트, 앵커에게 일일이 전화해야겠다는 마음이 들지 않았지만, 이것만큼은 꼭 정정해야겠다고 생각했다.

나는 미아 프리드먼의 인스타그램 계정을 클릭하여 다이렉트 메시지를 보냈다. 우선 내가 그 팟캐스트를 재미있게 들었다고 알린 다음, 방송에서 했던 말 중에 우리 현실을 정확하게 반영하지 않았다고 생각되는 것들, 특히 젠더 프리 육아가 일상적으로 괴로운 악몽인 것처럼 보이게 만들었던 부분을 바로잡을 기회를 요청했다. 미아는 전적으로 동의하며, 자신의 팟캐스트 「노 필터」에서 인터뷰를 하자고 제안했다. 4개월 후, 우리는 스카이프로 한 시간 동안 이야기를 나눴다. 그 팟캐스트는 2018년 8월 26일에 공개됐고,[27] 나는 내 이야기를 되찾게 되어 기뻤다.

우리 이야기가 전 세계적으로 알려진 지 약 1년이 지난 2019년 2월 13일, 나는 잠에서 깨어나 인스타그램을 확인했다. 몇몇 사람들이 남긴 무례한 댓글들이 보였다. 그 댓글들을 읽고 나자 혈압이 솟구치는 동시에 기분이 가라앉았다. 댓글에 화가 나기도 했지만, 그보다 더 이상 내게 이런 싸움에 맞설 시간과 에너지가 없다는 사실이 매우 속상했다. 매일 새로운 사람이 보낸 비슷한 종류의 댓글이 생겨났고, 나는 그 즉시 해결해야겠다고 느끼곤 했다. 그런데 그날 아침에는 내 안의 무언가가 달라졌다. 나는 어제 한밤중에 우리 침대로 기어 들어와 잠든 내 어여쁜 아이를 들여다보며 생각했다. '당신들은 더 이상 내 시간을 훔쳐 갈 수 없어.' 어쩌면 나중에 한꺼번에 처리하거나 삭제해버릴 수도 있고, 어디선가 내 지지자가 튀어나와서 우리를 방어해주려고 할지도 모르겠다. 하지만 당장은 모르는 사람들에 대한 감정을 끌고 가는 데 지친 상태였다. 내가 지켜내고 싶은 유일한 존재는 너무나 빨리 성장 중인, 내 앞에 있는 이 작고 놀라운 인간뿐이다. 나는 휴대전화를 내려놓고 주머를 안아 들었다. 주머는 엄지손가락을 입 안에 넣고 여전히 눈을 뜨지 못한 채로 말했다. "엄마, 안녕."

나는 인터넷을 까맣게 잊어버린 채, 환하게 웃으며 대답했다. "좋은 아침이야, 주미."

우리를 포함한 젠더 프리 가족들에 대한 기사는 계속해서 쏟아졌다. 이제 충분한 자료가 확보됐으므로, 누구든 젠더 프리 육아 방식에 관심이 생기면 구글 검색을 통해 손쉽게 우리에게 닿거나 다른 수백 가지의 관련 자료를 찾아낼 수 있다.

국제적인 스포트라이트를 받는 일은 매우 지치고 부담스러운 동시에 기묘한 경험이다. 내 아이의 사진을 모르는 언어로 된 온라인 기사에서 보게 될 때의 기분은 매우 불쾌하다는 말로도 부족하다. 내가 내린 결정은 이제 주머의 이야기의 일부가 될 것이며, 온라인에서 영원히 존재할 것이다. 주머가 나중에 구글에 자신의 이름을 검색해본다면, 아마 보통 청소년들보다 훨씬 더 많은 검색 결과를 발견하게 될 것이다. 젠더를 배정받지 않고 주어진 기대와 제약 없이 자유롭게 양육되던 어린 시절, 세상의 호기심과 관심의 대상이 됐던 당시의 전 세계 뉴스 헤드라인들을 보게 될 것이다.

주머의 디지털 발자국은 아이가 걷기도 전에 시작돼버렸다. 하지만 나는 우리가 옳다고 믿는 방식으로 육아를 하고 있으며, 우리 이야기를 공유하기로 결정함으로써 이에 공감하는 다른 사람들에게 영감을 줬다고 생각한다. 나는 우리가 해온 방식에 자부심을 느낀다. 우리는 대부분의 사람들이 절대 하지 못할 경험을 했다. 우리의 육아 방식이 수백만 명의 사람들에게 비판의 대상으로 전시되는 폭풍우를 겪었고, 이를 극복하는 과정에서 약간의 상처를 입었지만, 결과적으로 무사했다. 주머도 나중에 엄마, 아빠가 자신을 조건 없이 사랑하며, 스스로 원하는 모습으로 성장하면서 있는 그대로 인정받고 지지받는다고 느낄 수 있도록 매일 의식적인 결정을 내렸다는 사실을 이해하길 소망한다.

나는 우리로 인해 젠더 프리 육아를 결정한 가족들을 만나게 되는 커다란 행운을 누렸다. 주머가 자라날수록 젠더를 배정받지 않는 아기들이나 젠더 중립적 호칭을 사용하는 아이들도 늘어날 것이며, 이러한 육아 방식을 옹호하는 사람들도 많아질 것이다. 이미 엄청난 변화가 일어나고 있는 만큼, 주머가 성인이 될 때쯤에는 그 어느 때보다 논바이너리가 많은 세상이 되어 있을 것이다. 2031년, 열다섯 살 주머는 2018년을 돌아보며 아마 이렇게 생각할 것이다. '그깟 호칭이 뭐라고 다들 호들갑을 떨었던 거지?' 그런 다음, 호버보드(영화 「백 투 더 퓨처」 시리즈에서 개인용 이동 수단으로 사용된 공중 부양 보드—옮긴이)에 올라타고 젠더에는 관심도 없는 친구들과 우주정거장으로 놀러 갈지도 모른다.

16장

뱅뱅뱅!

일찍이 브렌트와 나는 주머가 원하는 헤어스타일을 알려줄 때까지는 머리카락이 자라도록 놔두고 눈을 가리지 않게끔 앞머리만 조금씩 다듬어주기로 결정했다. 주머가 18개월쯤 됐을 때부터 앞머리를 다듬어주기 시작했고, 거의 두세 달에 한 번씩 다듬어줘야 했다. 나는 주머를 유아용 의자에 앉혀놓고 머리핀이나 끈으로 뒷머리를 치웠다. 그런 다음, 브렌트의 면도용 가위를 꺼내서 눈썹 선보다 짧은 길이로 앞머리를 잘랐다. 다소 조심스럽고 보수적으로 잘랐던 처음 한두 번은 별문제가 없었다.

"주머 앞머리 다듬어야 할 것 같아. 아니면 그냥 길러볼까?" 어느 토요일 아침, 내가 브렌트에게 물었다.

"요즘 주머가 머리핀을 싫어하니까, 내 생각에는 항상 머리카락이 눈앞을 가려서 불편할 것 같은데." 브렌트가 말했다. "그래도 어떻게 될지 일단 지켜봐도 되겠다."

나는 고개를 끄덕였다. "앞머리가 길도록 놔둬보자."

20분 뒤. 점심 식사를 위해 주머를 유아용 의자에 앉혔다. 내가 주머를 볼 때마다 주머는 음식물이 잔뜩 묻은 손으로 앞머리를 눈앞에서 치우고 있었다. 나는 머리핀을 들고 주머의 앞머리를 옆으로 넘겼다. 주머는 핀을 잡아 빼버렸고 아이의 머리카락에는 아보카도가 헤어 젤처럼 묻어 있었다.

"안 되겠다. 앞머리 잘라줄게." 나는 브렌트의 가위를 가지러 욕실로 향했다.

주머는 머리를 숙인 채로 아보카도를 손에 쥐고 식사를 계속했다. 나는 주머의 앞머리를 들어 올리며 생각했다. '이번에는 금방 다시 안 잘라도 되게 조금 더 짧게 잘라야겠어.' 유아용 의자 앞에 서서 가위를 들고 주머의 머리를 내려다보며 결심했다. 그것은 명백한 실수였다. 일직선으로 한 번 가위질을 했는데, 오른손으로 가위질을 하면서 앞머리가 왼쪽으로 넘어가 사선으로 잘리고 말았다. 앞머리를 잡고 있던 손가락을 떼자 일부 머리카락은 다시 원래 위치로 돌아왔지만, 나머지는 바닥으로 후두둑 떨어졌다. 앞머리는 고르지도 않을뿐더러 우스꽝스러울 정도로 짧았다.

"앗, 안 돼애애." 내가 소리쳤다. "이건 아니야!" 나는 내 손으로 자른 끔찍한 앞머리를 자세히 살펴봤다.

"무슨 일이야?" 브렌트가 거실에서 큰 소리로 물었다.

나는 깔깔대며 웃기 시작했다. 주머의 앞머리는 정말 최악이었지만 딱히 해결책이 없었다. 시간만이 유일한 해결책이었다.

"주머 앞머리를 자르다가 그만 망쳐버렸어." 브렌트는 얼마나 잘못됐는지 보려고 주방에 들어오면서 말했다. "30분 전만 해도 우리가 앞머리를 기르기로 결정한 줄 알았는데."

나는 입술을 오므리며 고개를 끄덕였다. "그러게. 막상 관리가 안 돼서 잘랐는데 이렇게 됐네. 조금 더 수습해볼까?" 브렌트에게 물었다.

브렌트가 웃음을 터뜨렸다. "아니, 계속하면 안 될 것 같아. 이미 너무 많이 잘랐잖아."

얼굴에 아보카도를 잔뜩 묻힌 주머가 역사상 가장 짧고 삐뚤빼뚤한 앞머리를 한 채, 우리를 올려다봤다.

"미안해, 아가야." 내가 말했다. "다시 자랄 거야."

나는 유튜브로 앞머리 다듬는 방법을 찾아본 다음, 샐리 미용 용품점으로 향했다. 적절한 미용 도구를 구매하고 열아홉 살짜리 직원에게 속성 레슨을 받은 뒤, 내 가위질 기술을 향상시키기로 맹세했다.

잘못 자른 머리일수록 자라는 데 시간이 더 걸리는 듯한 억울한 느낌이 드는 법이다. 앞머리 사건이 있고 일주일 뒤, 나는 대학에서 친해진 오랜 친구의 집을 방문해 그녀의 아이들을 처음으로 만나기 위해, 주머를 데리고 캘리포니아에 갔다. 비행기에 탈 때, 한 승무원이 주머를 힐끗 보더니 말했다. "누가 가위질을 했나 보네."

나는 재빨리 부끄러운 계산을 했다. 이 승무원이 내가 두 살짜리 아기가 가위를 가지고 놀도록 내버려뒀다고 생각하게 하는 게 나을까, 아니면 내가 미용 쪽으로는 가망이 없다고 생각하게 하는 게 나을까? "음, 사실 제가 앞머리를 잘라줬어요. 너무 못 잘랐죠. 알아요. 점점 괜찮아질 거예요. 아이들은 금방 회복하니까요." 나는 잔뜩 당황한 목소리로 말했다. 그리고 얼른 비행기 뒤편으로 자리를 찾아갔다.

몇 달 후, 미디어 대소동이 일어났을 때, 수천 명의 사람들이 매일 우리 인스타그램 계정에 방문하여 주머의 사진에 댓글을 달았다. "얘네 부모는 심지어 머리도 제대로 못 자르네!" 나는 댓글을 보며 며칠 동안 두고두고 웃었다. 그 말이 정확했다. 나는 그 앞머리를 통해 많은 것을 배웠고, 지금은 주머가 얼른 돈을 지불할 만한 헤어스타일을 원한다고 말해줘서 내가 주방 미용실 업무에서 은퇴할 날만 손꼽아 기다리고 있다.

나는 주머가 짧은 머리는 '남자 머리'이고 긴 머리는 '여자 머리'라고 생각하며 자라지 않길 바란다. 머리카락은 그저 머리카락일 뿐이며, 사람들은 자신의 머리카락을 자기 마음대로 할 수 있어야 한다고 생각한다. 다행히도 주머는 다양한 젠더와 다양한 헤어스타일을 가진 온갖 종류의 사람들을 알고 있으며, 주변 사람들 사이에서는 이분법적 젠더에 따른 헤어스타일이 그다지 인기가 없었기 때문에, 아직까지 주머는 그런 식으로 헤어스타일을 구분하지 않았다. 주머가 세 살이 되는 동안, 나도 어깨 길이의 머리카락을 허리까지 길렀다가, 다시 턱선 길이로 잘랐다가, 또다시 매우 짧게 자르는 등 다양하게 바꿔왔다.

어느 금요일 아침, 나는 주머에게 오늘은 내가 미용실에 가야 하니 브렌트와 함께 등원하라고 말했다. 오후에 주머를 데리러 가자, 새로운 헤어스타일을 보고 주머가 물었다. "엄마 머리카락은 어디로 갔어?"

내가 말했다. "짧게 잘랐어. 긴 머리카락은 아마도 어딘가 쓰레기 더미 속에 있을 거야." 나는 백미러를 보며 말했다. "꼭 「퍼피 구조대」에 나오는 라이더 같네. 엄마는 마음에 드는데. 너도 좋지?"

주머가 고개를 끄덕이며 말했다. "응, 나도 좋아."

그런 다음 내가 물었다. "주머, 너도 머리 자를래?"

주머는 고개를 저으며 "아니" 하고 가볍게 대답하고는 계속 과자를 먹었다.

주머는 긴 머리를 좋아했지만 세 살이 돼서도 머리에 액세서리를 다는 것은 별로 좋아하지 않았다. 그러다가 가끔씩 고무줄이나 핀으로 눈앞의 앞머리를 치워줄 수 있었고, 어느덧 스스로 머리를 감고 나서 브렌트에게 드라이어를 달라고 하는 수준까지 왔다. 주머의 머리카락이 엉켜 있을 때면 편법이긴 하지만 M&M 초콜릿을 쥐여주면서 머리를 빗기게 해달라고 부탁하는 수밖에 없었다. "주머!" 나는 애원했다. "제발 머리 좀 빗기게 해줘. 방금 숲속에서 발견된 아이 같잖아!" 가끔 살짝 늑대 아이 같기도 했지만 주머는 행복했고, 나에게는 그게 가장 중요했다.

주머가 자라면서, 나는 언젠가 주머가 새로운 스타일로 머리를 자르는 데 관심을 가지리라고 상상했다. 지금은 자신의 '노란' 머리색을 좋아하는 것 같지만 언젠가는 색다른 색으로 염색하는 실험에도 관심을 가질 것이라고 생각했다.

나는 젠더 프리 헤어스타일을 시도해보자는 아이디어를 구상하기 시작했고, 이미 염두에 둔 완벽한 파트너도 있었다. 솔트레이크시티 루나틱 프린지의 스타일리스트이자 몇 년 동안 내 머리를 잘라주던 친구 에밀리에게 술을 마시러 가자고 제안했다. 그 미용실은 다양한 스타일을 실현시켜주는 포용적이고 안전한 공간이었으므로, 나는 언제나 그 미용실이 좋았다. 그곳에는 늘 퀴어와 특정한 젠더에 구애받지 않는 스타일리스트와 고객들이 있었고, 모두가 서로를 보며 얼마나 멋있어 보이는지 칭찬했다.

우리는 워터위치의 바에 앉아서 칵테일을 마시며 계획을 세웠다. 에밀리가 할 일은 하루 동안 봉사해줄 스타일리스트들을 모집하고, 미용실 사장을 설득하여 이 이벤트에 쓸 제품을 기부해줄 수 있는지 물어보는 것이었다. 나는 모델 구하는 일을 맡고, 브렌트가 사진을 찍어주기로 했다.

우리는 에밀리의 도움으로 열두 명의 어린 모델을 모집했다. 두 살인 주머가 가장 어렸고, 다른 모델들은 세 살부터 열일곱 살까지 나이대가 다양했다. 열 명의 스타일리스트가 자원했다. 어느 여름날 일요일 아침, 우리는 모두 루나틱 프린지로 몰려갔다.

어린 모델들이 도착하기 전에, 모든 스타일리스트에게 당부해둘 것이 있었다. 우리는 미용실 의자들 사이로 동그랗게 둘러섰다. 내가 자기소개를 했다.

"여러분, 안녕하세요. 저는 카일이라고 해요. 저는 에밀리의 고객이자 친한 친구예요. 저에게는 주머라는 두 살 난 아이가 있는데 우리는 아이의 젠더를 정해주지 않았어요." 주머는 내 다리에 기대서 있었다. 나는 주머를 내려다보며 미소 지었다. "우리는 주머에게 젠더 중립적 호칭을 사용하고, 주머의 세계를 최대한 젠더 포괄적인 곳으로 만들어주려고 노력하며, 주머에게 그저 자신이 되고 싶은 사람이 되라고 격려해요." 내가 손으로 주머의 머리를 살짝 헝클어트리자, 주머는 사진 장비를 들고 들어오는 브렌트에게 달려갔다.

"저는 머리카락이 개성의 표현과 깊이 관련돼 있다고 믿어요. 저와 같은 부모들과 주머 같은 아이들이 영감을 얻을 만한 스타일 안내서가 있으면 좋겠다고 생각해서 오늘 이 자리를 마련했어요. 감사하다는 말씀을 드리고 싶어요. 오늘 여기까지 와주시고 이 행사를 진행할 수 있도록 시간을 할애해주셔서 감사해요. 오늘 정말 특별한 아이들이 올 거예요. 시스젠더인 아이들도 있고, 트랜스젠더나 논바이너리인 아이들도 있어요. 저는 우리가 공간을 마련해서 아이들이 원하는 것에 초점을 맞춘, 특별한 날을 선사해주게 됐다는 사실을 정말 고맙게 생각해요. 그럼 모델들의 사진을 보면서 간단한 정보와 함께, 오늘 아이들이 어떤 스타일에 관심을 보이는지 살짝 알려드릴게요."

나는 노트북을 들고, 직접 제작한 파워포인트 슬라이드를 열었다. "이 아이는 에일라예요. 에일라는 네 살이고 무지개색 멀릿 스타일(앞머리와 옆머리는 짧고 뒷머리는 긴 헤어스타일—옮긴이)을 원해요." 스타일리스트들이 빙그레 웃으며 일제히 고개를 돌려 멀릿광이 분명해 보이는 콜을 쳐다봤다.

콜이 말했다. "오 좋아요! 제가 에일라를 맡을게요!"

나는 계속해서 사진을 보여줬고, 스타일리스트들은 재빨리 각 모델에게 누가 최선일지 골라냈다.

모든 사람이 각자 누구와 아침 시간을 함께 보낼지 정하고 나서, 한 스타일리스트가 내게 다가왔다. "당신이 주머에게 해주는 일이 정말 멋지다고 말씀드리고 싶어요. 대단하다고 생각해요. 그리고 이 캠페인에 참여하게 되어 너무 기뻐요." 우리는 서로 마주 보며 웃었지만 둘 다 눈물을 살짝 글썽였다. 짧은 유대의 순간을 보낸 뒤, 나는 그에게 와줘서 고맙다고 말했다. 곧 우리는 음악과 함께 북적대기 시작한 미용실 분위기에 합류했고, 모델과 부모들이 도착했다.

부모가 옆에 서 있는 가운데, 아이들이 검은색 회전식 의자에 올라앉았다. 어떤 아이들은 부모의 무릎에 앉았다. 스타일리스트가 어린 모델의 눈높이에 맞춰 쭈그려 앉은 자세로 말했다. "오늘 머리를 어떻게 하고 싶은지 말해줄래."

아이들은 상상력 가득한 아이디어를 자신 있게 요청했다. "옆은 엄청 짧게 하고 맨 위에는 파란색 머리를 길게 하고 싶어요." 한 모델이 말했다.

"좋아! 그렇게 해보자!" 그 아이의 담당 스타일리스트인 스티븐이 말했다.

리오는 형광 분홍색 머리를 원했다. 클로버는 말 같은 스타일을 원했다. 조는 솜사탕 같은 유니콘 스타일을 원했다. 그리고 에미/노아는 와인색의 짧고, 부드럽고, 깃털 같은 스타일을 원했다. 스타일리스트들은 아이들의 머리를 감기고, 다듬고, 염색하고, 만져주면서, 어린 고객들을 알아갔다.

내 친구 제스는 세 살 난 아이 아이다를 데리고 와서, 내가 위층으로 달려가 부모에게 사진 사용 허가서를 받고 다시 아래층으로 내려와 브렌트를 도와 사진 촬영용 조명을 설치하는 동안, 고맙게도 주머를 돌봐줬다. 나는 잠시 멈춰서 주머에게 물었다. "오늘 머리 어떻게 하고 싶어? 색깔도 바꾸고 싶어?"

주머가 나를 보며 말했다. "응, 분홍색 머리 하고 싶어."

아이다는 제스를 보며 말했다. "나는 공룡 머리 할래!"

바로 그때, 라라라는 이름의 스타일리스트가 다가와서 말했다. "이 두 아이가 머리를 염색할 수 있게 붙임머리를 가져올게요."

나는 아이를 맡겨두고, 마르티넬리 스파클링 사이다 병과 라크루아 탄산수 캔을 따서 작은 플라스틱 컵에 따른 다음, 작은 프링글스 통과 과일 과자 봉지와 함께 쟁반에 담았다. 이 아이들에게 특별한 기분을 느끼게 해주고 싶었다. 승무원처럼 미용실을 돌아다니면서 아이들에게 간식을 주자, 검은색 망토를 두른 채로 스타일리스트가 자기 머릿속의 상상을 이뤄주는 모습을 구경하던 아이들은 신이 나서 금세 먹어치웠다.

우리는 모델들의 단독 사진, 스타일리스트와 함께한 사진, 부모와 함께한 사진을 촬영했다. 그 후에는 모두 함께 미용실 로비에서 피자를 먹으며 서로의 헤어스타일을 칭찬하면서 아이들이 관심받는다고 느끼게 해줬다.

몇 주 뒤, 브렌트가 디자인 마법을 부린 다음, 우리는 레이징주머

사이트에 젠더 프리 헤어스타일 룩북을 올리고[28] 인스타그램에도 #젠더프리헤어라는 해시태그와 함께 사진을 게시했다. 팔로워 몇 명이 자신의 사진과 아이들의 사진에 #젠더프리헤어라는 태그를 붙이기 시작했다.

어느 비 내리는 오후. 소파에 푹 파묻혀 있던 내가 주머에게 룩북과 해시태그를 보여주자. 주머는 모든 모델을 손가락으로 가리키며 말했다. "머리 멋있다!"

브렌트와 에밀리. 그리고 우리 커뮤니티가 만들어낸 이 프로젝트에 자부심을 느꼈다. "나도 마음에 들어!" 내가 말했다. "네 머리도 멋있어, 주머!" 나는 언제나 주머에게 머리가 멋있다고 말해줄 것이다.

주머의 세 번째 생일이 지나고 몇 달 뒤. 주머는 진지하게 특정 헤어스타일에 꽂혔다. "나 티라노사우르스 스타일 하고 싶어!" 주머가 선포했다.

"음. 그래? 좋아. 무슨 말인지 알겠어. 티라노사우르스 머리 해줄게." 나는 머리끈을 찾아서 주머의 정수리에 작은 번 두 개를 만들었다. "됐다. 티라노사우르스 머리."

"고마워, 엄마." 주머는 "크아아아아아!" 소리를 내며 달려갔다.

앞머리가 눈을 덮기 시작하자, 브렌트는 주머를 앉혀놓고 상담했다.

"귀염둥이, 앞머리가 또 눈을 가리기 시작해서, 아빠는 주머가 앞이 안 보여 다칠까 봐 걱정돼." 브렌트가 말했다. "네가 결정하렴. 앞머리를 기르고 싶으면 머리카락을 귀 뒤로 넘길 수 있을 때까지 마음에 드는 머리핀이나 머리띠로 눈을 가리지 않게 넘기면 되고, 아니면 아빠가 앞머리를 잘라줄 수도 있어." 브렌트가 나를 힐끗 보며 웃었다. "왜냐하면 엄마는 가위를 들고 네 앞머리 근처에 올 권리를 잃었거든."

주머는 의자에 앉아서 진지하게 고민했다. "길게 기르고 싶어."

"좋았어, 같이 타깃에 가서 머리핀을 고르자." 브렌트는 두 팔로 커다란 주미를 안아 들고 계단을 내려가 신발을 신겼다.

타깃에 도착하자 브렌트는 주머를 카트 안에 앉히고, 머리핀과 방울, 집게핀, 곱창끈 세트가 진열된 헤어 액세서리 코너로 갔다. "자, 세 가지만 골라봐." 브렌트가 카트에 기대서서 말했다. 주머는 일어나서 모든 물건을 둘러봤다.

"저걸로 할래!" 주머가 반짝이는 무지개색 똑딱핀 세트를 가리켰다.

브렌트는 핀을 집어서 주머에게 건넸다. 주머는 핀을 조심스레 카트 안에 내려놓고 다시 진열대를 봤다.

"나비핀." 주머가 말했다. 브렌트는 나비핀 세트를 집어서 주머에게 줬다.

"좋아, 주머, 자전거 탈 때 머리를 묶을 수 있게 이 무지개색 곱창끈을 사면 어떨까?"

주머가 브렌트를 쳐다봤다. "저거 하면 아파?"

브렌트가 상품 뒷면을 읽어봤다. "'아야 하지 않아요'라고 쓰여 있네. 머리카락을 잡아당기지 않는다는 뜻이야."

주머는 승낙의 표시로 고개를 끄덕인 다음, 손을 뻗어서 곱창끈 세트를 집어 카트에 담았다. 계산대로 향하는 길에 주머는 보라색 반짝이 나비핀 한 개를 꺼내 앞머리에 꽂았다.

"아빠, 이제 자전거 공원 가도 돼?" 주머가 물었다.

"당연하지. 우리 예쁜 나비야. 자전거 공원으로 가자." 브렌트가 대답했다.

그렇게 우리 귀여운 노난 머리 꼬마는 자전거 공원으로 출동했다.

17장

인어와 육상의 꿈

　　젠더 고정관념은 자기 충족 예언이 될 수 있다. 한 가정에 쌍둥이가 태어났다고 해보자. 한 명은 남자아이, 한 명은 여자아이다. 만약 부모가 자신의 신생아 아들이 딸보다 신체적 활동 능력이 뛰어나다고 생각한다면, 그들은 딸보다 아들을 더 많이 움직이게 하면서, 아들이 기어 다니고 오르내리도록 격려할 것이다. 이러한 불평등한 격려 덕분에 아들의 근육은 힘을 얻게 될 것이며, 딸보다 일찍 자신감과 기술을 터득할 것이다. 몇 년 동안 아들의 '활동 욕구'를 우선시하고 나면 아들은 딸보다 훨씬 탄탄한 체력을 갖추게 된다. "알겠지? 남자아이들이 확실히 빠르다니까." 부모는 아들과 동등한 신체적 교육을 받지 못한 딸에게 이렇게 말할 것이다.

무엇이 타고난 능력이고 무엇이 아닌지, 그리고 무엇이 유아기부터 사회적으로 구축되고 만들어졌는지 완전히 파악하기란 어려울지도 모른다. 『실험적 아동 심리학 저널(Journal of Experimental Child Psychology)』에 실린 유익한 연구에서, 연구원들은 엄마와 생후 11개월 유아들로 이루어진 그룹을 대상으로 실험을 수행했다.[29] (엄마들이 기록한 바에 따르면) 아기들의 절반은 여성이었고, 절반은 남성이었다. 실험을 위해 연구원들은 경사로를 설치하여 그 위에 단을 올리고 양쪽에 그물을 쳤으며, 경사로의 기울기를 완전히 평평한 각도부터 상대적으로 가파른 각도까지 바꿀 수 있게 만들었다.

연구원들은 엄마에게 아이를 단 위에 올려놓도록 요청했다. 엄마들에게 아이의 기어가는 능력을 다양한 기울기에서 측정하게 했다. 그런 다음, 아기들이 단 위를 기어 다니면서 다양한 경사에서 아래로 내려오게 만들었다.

남성과 여성 아기들은 운동신경 면에서 똑같은 수준의 성과를 보여줬다. 한 가지 다른 점은 엄마들이 측정한 결과였다. 여자아이의 엄마는 딸의 성과를 과소평가했으며, 남자아이의 엄마는 아들의 성과를 과대평가했다. 우리가 남자아이와 여자아이들에게서 보는 대부분의 신체적, 감정적, 언어적 차이는 대개 고정관념을 통해 사회적으로 구축되고 강화된다.

만약 우리 아이들이 남자와 여자가 동등하다고 믿으면서 자라길 원한다면, 우리는 그들을 어린 시절부터 동등하게 대해야 한다. 아이들이 '남자아이=남성성', '여자아이=여성성'이라는 제약으로부터 자유롭게 성장하길 바란다면, 아이들이 젠더 경계 없이 자신의 흥미를 찾아갈 공간을 제공해줘야 한다.

어떤 여자아이는 경기장 바깥쪽에서 응원하는 것보다 직접 축구를 하는 데 더 흥미를 느낄 것이다. 어떤 남자아이는 스포츠에는 쥐뿔도 관심이 없고, 미술이나 제빵, 패션에 관심을 가질지도 모른다. 또 어떤 남자아이는 스포츠를 좋아하면서 동시에 화장품에도 관심이 많을 수 있다. 우리는 아이들의 실제 관심사를 파악하기 전에 관심의 범주를 정해주는 일을 멈춰야 한다.

플로리다로 가족 휴가를 떠났던 어느 날, 나는 리조트에서 제공되는 액티비티 목록을 살펴보고 있었다. "수영 수업!" '오오, 재미있겠다!' 나는 생각했다. 전단지에는 이렇게 적혀 있었다. '여자아이들은 인어 꼬리를 착용하고 남자아이들은 상어 지느러미를 착용할 것입니다.' 나는 호텔 침대의 빳빳한 이불 위에 앉은 채로 미간을 잔뜩 찌푸렸다. '그냥 이렇게 말하면 안 되나? "이 재미있는 수업 시간에 아이들은 인어 꼬리와 상어 지느러미 중 한 가지를 선택할 수 있습니다." 아이들 수업을 만들면서 잠시만 멈춰서 곰곰이 생각해보면 안 될까? "흠…… 인어 왕자가 되고 싶은 남자아이들도 있을 것이고, 바다에는 (충격!) 여자 상어도 있으니까 동물 중에 상어를 제일 좋아하는 여자아이들도 있겠군. 그럼 그냥 꼬리와 지느러미를 다 꺼내놓고 아이들이 원하는 모험을 선택하게 하면 어떨까?"' 나는 속으로는 다소 거침없이 생각하면서도, 실제로 제안할 때는 항상 상냥한 목소리로 친절하게 이야기한다. 그렇게 해야 성공률이 올라가기 때문이다.

아무런 악의 없이 선의로 한 행동이라고 생각한 일에 대해 질책당하고 싶은 사람은 아무도 없다. 올랜도 힐튼 호텔의 액티비티 관리자가 '하느님이 주신 섹시한 인어 공주 역할을 버리려고 하는 이 승부욕 강하고 적극적인 여자 꼬맹이들, 내가 무서운 상어 역할을 하게 두나 봐라!'라고 생각했을 리는 없다고 믿는다. 다만 고정관념들이 우리의 무의식 속에 너무 깊이 새겨져 있기 때문에, 주의를 기울이지 않으면 그러한 편견을 영원히 지속시키는 선택을 하게 될지도 모른다고 생각한다.

우리 가족은 그 수업에 가지 않았다. 상어/인어의 젠더 이분법 때문이 아니라 주머가 아직 두 살이라서 수영을 못 하기도 했고, 또 그날은 원래 디즈니월드에 갈 계획이었다. 나는 그 전투를 다른 진보적인 페미니스트 부모나, 화려하게 빛나는 꼬리를 잽싸게 입고는 "이분법은 엿이나 먹어라" 하고 말할 남자아이의 몫으로 남겨뒀다.

내 어린 시절, 육상 대회는 우리 집에서 큰 행사였다. 마이어스 집안의 아이들은 민첩하고 승부욕이 강했다. 나는 매년 한 번씩 열리는 동네 육상 대회를 크리스마스만큼 손꼽아 기다렸다.

우리 부모님은 케이마트에서 다양한 형광색 메시 원단으로 된 아쿠아 슈즈인 '아쿠아 삭스'를 사줬다. 우리는 그 신발이 우리를 다른 초등학생들보다 더 가볍고 공기역학적인 몸으로 만들어주는 비밀 무기라고 확신했다. 나중에 알고 보니 우리가 그 신발을 신었던 진짜 이유는 8.99달러밖에 안 하는 그 신발이 빠르게 성장하는 세 아이에게 나이키 운동화를 사주는 것보다 훨씬 더 현실적인 대안이었기 때문이었다.

내가 임신하기 1년 전, 동네 고등학교 풋볼 구장과 육상 경기장을 둘러싼 울타리에 '어린이 단거리 육상 대회' 현수막이 매달려 있는 것을 발견했다. 우리가 1990년대에 자주 참가했던 오리건주 육상 대회의 기억이 눈앞에 어른거렸다. 엄마는 땅콩버터와 잼을 바른 샌드위치, 오렌지, 게토레이가 담긴 아이스박스를 챙기곤 했다. 아빠는 오렌지색 8리터들이 스포츠 물병에 얼음물을 가득 채워줬다. 나는 내 아쿠아 슈즈에 어울리는 연두색 곱창끈을 골랐고, 우리는 나무판자 장식이 들어간 닷지 캐러밴을 타고 고등학교 육상 경기장으로 가서, 100미터 달리기를 하며 햇볕에 빨갛게 익어서 돌아오곤 했다. '어린이 단거리 육상 대회라니!' 나는 속으로 생각했다. '내 아이가 저기서 달릴 날이어서 왔으면 좋겠다!'

그해 6월, 내 자궁에 수정란이 착상했다. 아직 세포 수준에 불과한 주머는 2016년 육상 대회에서 달릴 수 없었다. 그 이듬해에도 3개월밖에 안 된 주머에게 맞는 아쿠아 삭스 사이즈가 없었으므로, 2016년 어린이 단거리 대회도 그냥 넘겨야 했다. 2017년에도 주머는 참가 가능 연령인 두 살에 9개월이 못 미쳤고, 우리는 내년, 2018년이야말로 '주머의 해'가 될 것이라고 위안 삼았다. 2018년 어느 더운 여름날, 나는 퇴근하는 차 안에서…… 문제의 현수막을 봤다. '어린이 단거리 육상 대회, 6월 5일!' 브렌트에게 즉시 전화를 걸었다.

"어린이 단거리 육상 대회가 다음 주 화요일에 열린대. 우리도 나가자!" 내가 말했다.

"좋아." 브렌트가 말했다. 아마도 여전히 노트북으로 작업을 하는 중인 듯했다.

"당신은 나만큼 신나지는 않나 보네." 내가 툴툴댔다.

"그럴걸. 그래도 당신이 신난다니 나도 좋다." 브렌트가 대답했다.

"일정 만들어서 공유할게. 사랑해. 안녕."

주머는 자신의 이름에 걸맞게 매우 민첩한 아이로 성장하고 있었다. 달리기를 좋아하는 주머는 아무에게나 "나 잡아봐라!" 하고 소리치며 달려가곤 했다. 나는 주머가 경주로에서 달리는 것을 좋아할지, 아니면 잔디밭에서 자유롭게 달리기를 더 좋아할지 시험해봐야겠다고 생각했다.

육상 대회는 화요일 저녁에 열렸다. 나는 일찍 퇴근해서 어린이집에 들러 주머를 데리고 곧장 집에 돌아와 채비를 했다. 우리는 물병을 채우고 머리카락을 깔끔하게 묶었다. 티셔츠에 반바지를 입고, 우리의 재빠른 발에 양말과 운동화(주머는 '달리기 탄발'이라고 부른다)도 신었다. 브렌트도 집에 도착해서 옷을 갈아입었고, 그렇게 다 같이 차를 타고 가다가 리틀 시저스에 잠깐 들러서 피자를 샀다. 꾸물거릴 시간이 없었다. 우리는 경기장에 가야만 했다.

대회 전날, 나는 대회 전단지를 자세히 들여다봤다. 젠더에 관련된 내용은 없었다. 애초에 그럴 필요가 있을까? 참가 부문은 두 살부터 열 살까지 연령대별로 나뉘어 있었다. 사실상 모든 참가자들이 사춘기 이전 아동이었다. 순전히 재미를 위한 대회인 셈이다. 우리는 경기장에 도착해서 지원서를 작성했다.

어린이 이름: 주머 코트니-마이어스

보호자: 카일 마이어스

만약 아이가 넘어져서 온몸의 뼈가 부러져도 우리에게 책임이 없다는 점을 이해하시나요? (내가 의역한 내용임): 네.

성별: (생략)

나는 참가비를 받는 자원봉사자에게 지원서를 건넸다.

"대회가 젠더별로 나뉘어 진행되나요?" 내가 물었다.

"아니요." 자원봉사자가 친절하게 대답하며 20달러를 잔돈으로 바꿔줬다.

나는 주머를 50미터 달리기, 100미터 달리기, 소프트볼 던지기, 허들 달리기 부문에 등록했다.

"허들 달리기요?" 내가 소리 내어 웃었다. "두 살짜리가 허들 달리기를 완주할 수 있을까요?" 나는 자원봉사자에게 물었다.

자원봉사자가 펜으로 경기장 너머를 가리켰고, 나는 눈으로 신호를 따라갔다. 멀리뛰기 경기장 옆에 플라스틱으로 만든 크로케 후프(크로케는 야외에서 나무망치와 나무공을 이용하는 구기 경기이며, 후프는 공을 통과시키는 U자형의 작은 문이다. 후프의 높이는 보통 30센티미터 정도이다―옮긴이)만 한 허들이 경주로 위에 일렬로 세워져 있었다.

"말도 안 돼. 저렇게 귀엽게 만들 수가 있다고요?" 내가 소리쳤다. 우리는 쿡쿡대며 웃었다. "허들이라니." 믿을 수 없이 귀여운 광경에 정신을 빼앗긴 채로 고개를 절레절레 저으며, 나는 조그맣게 속삭였다.

우리는 스탠드에 자리를 잡고 치즈 피자로 탄수화물을 충전했다. 모든 연령, 모든 젠더가 참여하는 경보 경기를 시작으로 어린이 단거리 육상 대회가 막을 올렸다. 우리는 아이들이 항상 한쪽 발이 지면에 닿아 있게 하면서 앞으로 나아가려고 최선을 다하며 낑낑대는 모습에 배를 잡고 웃었다. '최고의 경주야.' 나는 생각했다. '아이들이 같이 달리고 있잖아. 정말 보기 좋다.'

스피커에서 모든 두 살과 세 살 어린이들에게 50미터 경기장으로 내려오라고 말하는 아나운서의 목소리가 들렸다.

나는 주머를 보며 말했다. "너 부른다! 네가 뛸 차례야!"

주머가 신난 목소리로 말했다. "주머 달리기!"

우리는 일어나서 관중석 아래로 내려가 경기장으로 향했다. 출발선 부근 잔디밭에 가까워졌을 때, 진행자의 말이 들려왔다. "2세, 3세 남자아이는 이쪽 라인에, 2세, 3세 여자아이는 이쪽 라인에 서주세요." 나는 순간 얼어붙었다. 겨우 걸음마를 뗀 아이들이 젠더로 구분되고 있다는 사실에 충격을 받았다. 자신의 젠더를 정하지 않은 주머가 어디에 서야 할지 진행자에게 물어볼까 고민했다. 나는 이런 식으로 하지 말고 그저 아이들이 함께 뛰게 해달라고 요청할까도 생각해봤다. 주머에게 그냥 아무 라인이나 고르게 할까도 생각했다.

나는 말했다. "지금 아이들을 분류하시는 거예요? 이런 건 젠더로 구분하면 안 되죠." 진행자는 내 말을 듣지 못한 것 같았다. 상황이 바삐 돌아가고 있었고, 나는 어떻게 해야 할지 몰랐다. 오로지 한 가지 생각만 들었다. '이건 안 할 거야.'

브렌트는 주머가 달리는 사진을 찍으려고 결승선 근처에 서 있었다. 그는 주머를 허리춤에 들쳐 메고 인파 속을 걸어 나오는 나를 봤다. 브렌트가 우리 쪽으로 천천히 걸어왔다. "남녀로 나눠서 한대?" 그가 물었다.

나는 고개를 끄덕였다. 슬프고 속상했다. "한 라인에 남자아이들을 세우고 다른 라인에 여자아이들을 세워서 젠더별로 달린대. 30초 동안 어떻게 해야 하나 고민하면서 서 있었어." 나는 고개를 흔들었다. "도저히 못 하겠어. 주머한테 라인을 고르라고 하지 않을 거야. 진행자들에게 다시 생각해보라고 하기에는 다들 너무 바빠. 왜 이게 괜찮지 않다고 생각하는 부모가 나밖에 없는 걸까?"

브렌트가 인상을 썼다. "옳은 일을 한 거야, 카일. 그래도 너무 유감이다. 당신이 이걸 얼마나 기다렸는데."

"당신이 주머랑 같이 가서 우리 짐 좀 챙겨줄래? 나는 참가비를 돌려받으러 가야겠어." 내가 말했다. 브렌트가 팔을 뻗자 주머가 달려가 안겼고, 둘은 함께 관중석으로 향했다.

내가 접수 테이블로 걸어가자, 내 참가비를 받으며 대회가 젠더별로 진행되지 않는다고 말했던 자원봉사자가 웃으면서 필요한 것이 있느냐고 물었다.

내가 말했다. "이 대회는 젠더 구분 없이 진행되는 줄 알았는데요."

자원봉사자가 말했다. "앗, 아이들을 분류하고 있나요?"

"네, 저는 제 아이를 한쪽 라인에 세워서 다른 아이들과 다르다고 느끼게 하고 싶지 않아요. 가족 모두 이 대회를 정말 많이 기대하고 있었지만, 저는 이제 막 걸음마를 뗀 아이들에게 젠더별로 다른 라인에서 뛰라고 하는 건 옳지 않다고 생각해요. 참가비를 돌려받고 싶어요."

자원봉사자는 10달러짜리 지폐를 건네며 말했다. "죄송합니다. 아이들을 분류하는지 미처 몰랐어요."

"저도 유감이에요. 내년에는 좋아질 수 있도록 주최 측에 이야기해 주시면 좋겠어요."

나는 경기장을 빠져나오며 울었다. 아직 학교도 안 다니는 어린아이들이 젠더로 구분되고 있는 상황이 너무 실망스러웠다. 대체 왜 이런 걸까? 바로 이런 순간들이 문제의 씨앗이 되어 여자아이들과 남자아이들이 극단적으로 달라지게 만든다. 육상경기의 경우에는 남자아이들이 더 잘하게 된다.

브렌트가 주머를 카시트에 앉히는 동안, 나는 아이가 보지 못하게 눈물을 숨기며 앞좌석에 앉았다. 브렌트는 피자 상자와 소지품 가방을 트렁크에 실은 뒤, 운전석에 올라탔다. 나는 몇 번 깊게 숨을 들이마셨다. 주머 앞에서는 이 이야기를 하고 싶지 않았다.

"리버티파크로 놀러 갈까?" 내가 브렌트에게 물었다.

"그러자." 브렌트가 내 다리에 손을 얹고 나를 위로하며 대답했다.

"나 달리기 안 해?" 주머가 뒷좌석에서 물었다.

이렇게 떠나려니 마음이 너무 안 좋았다. 주머는 그저 달리고 싶었을 뿐이다. 하지만 내가 여기 남음으로써 그토록 없애고자 노력해온 이분법적 체계를 영구 지속시키는 데 일조하게 된다면, 그 역시 마음이 안 좋았을 것이다.

브렌트는 주머의 말에 쾌활한 목소리로 대답했다. "우리 아가, 리버티파크에 가서 엄마랑 아빠랑 달리기할 거야! 재미있겠지?"

주머가 머리 위로 두 팔을 뻗었다. "우와!" 주머는 힘차게 외친 다음, 건방진 목소리로 말했다. "내가 이길 거지롱." 나는 우리가 그 육상 대회를 떠난 일로 주머가 속상해하지 않는 데 안도했다. 적어도 나만큼 속상해 보이지는 않았다.

내 여동생 스토리가 공원에서 우리와 합류했다. 우리는 차에서 내려 놀이터 쪽으로 걸어갔다. 브렌트는 피자 상자를 손에 들고 말했다. "나는 준비됐어!" 내가 인도를 따라 상상 속 결승선으로 뛰어 내려가는 동안 브렌트와 주머, 스토리는 상상 속 출발선에 서 있었다.

"달릴 준비 됐나요?" 내가 소리쳤다.

참가자들이 한목소리로 외쳤다. "네!"

나는 그들과 20미터 떨어진 곳에서 소리쳤다. "제자리! 준비! 땅!"

선수들이 나를 향해 달려오기 시작했다. 브렌트와 나는 주머가 실제로 얼마나 빠른지 실감하며, 서로 마주 보고 웃었다. 나를 향해 달려오는 주머의 작은 팔들이 오르락내리락하며 힘차게 움직였고, 얼굴은 결연했다. 내가 바닥에 무릎을 꿇고 앉아 팔을 벌리자, 주머가 내 품에 파묻혔다.

브렌트는 주머의 바로 뒤에 있었다. "주머! 네가 이겼어! 너 정말 빠르구나!"

주머는 활짝 웃었다.

"잠깐 쉬었다가 엄마랑 시합할래?" 내가 물었다.

주머가 고개를 힘차게 끄덕이며 말했다. "응, 시합해, 엄마."

우리는 구름사다리에 매달리고 미끄럼틀을 타며 놀이터에서 뛰어 놀았다. 누가 나무까지 먼저 뛰어가는지, 누가 아빠에게 먼저 뛰어가는지 겨루는 작은 시합도 했다. 분명 계획했던 육상 대회는 아니었지만, 내가 그토록 바라던 포용적 육상 대회였다.

나는 더 많은 페미니스트들이 남자아이와 여자아이 사이의 일상적인 젠더 구분 속에서 심각한 불평등을 인식하길 바란다. 더 많은 페미니스트들이 앞으로 나가서 말하길 바란다. "내 눈앞에서는 안 돼요!" 더 많은 페미니스트들이 생식기를 사용할 일이 없음에도 성별로 구분되는 활동을 따르는 것이 젠더 고정관념과 불평등의 영속화에 일조하는 일임을 깨닫길 바란다.

내가 마침내 어린이들을 모두 같은 교실에 모아놓고 모든 것을 '남자아이'나 '여자아이'로 구분하지 않는 활동을 찾아내더라도 그리 놀라운 일은 아닐 것이다. 만약 반드시 두 줄 이상 줄을 세워야 하는 상황이라면, 나는 젠더를 제외한 다른 기준으로 줄을 세워보길 독려한다. 봄과 여름에 태어난 아이들과 가을, 겨울에 태어난 아이들로 나눠 줄을 세워보자. "사과 주스가 더 좋아요" 줄과 "오렌지 주스가 더 좋아요" 줄을 세워보자. 젠더로 분류되지 않는 과외활동은 사람들이 생각하는 것보다 더 효과적이다. 그러한 활동을 통해 아이들은 앞으로 살아가면서 다 함께 놀고 배우고 이야기할 것이니, 지금부터 다양성과 포용력을 받아들여야 한다는 교훈을 배운다.

나는 어린이 단거리 육상 대회 운영진에게 이메일을 보냈다. 그들에게 우리가 그곳에 갔다가 그냥 나오게 된 경위를 알려줬다. 내년 육상 대회에서는 여자아이와 남자아이를 분류하지 말아달라고 부드럽게 요청하면서 그 이유도 간단히 설명했다. 며칠 뒤, 운영진으로부터 답장이 왔다. 그들은 내 이메일이 운영진들 사이에서 굉장히 많은 대화를 이끌어냈다고 말했다. 그리고 이 문제에 관심을 갖게 해주어 고맙다고 하면서, 내년 어린이 단거리 육상 대회에서는 내 제안을 받아들일지 고려 중이며, 모든 아이들이 환영받고 응원받으며 참여할 수 있도록 노력하겠다고 말했다.

그로부터 1년 뒤, 퇴근하고 주머를 데리러 가는 길이었다. 고등학교 운동장을 지나는데 사람들이 행사 시설을 설치하는 광경이 눈에 들어왔다. '분명 어린이 단거리 육상 대회일 거야.' 나는 속으로 생각했다. 울타리 위에는 '어린이 단거리 육상 대회, 6월 4일 오후 5시 15분'이라는 현수막이 걸려 있었다. '오늘이잖아.'

계기판의 시계를 봤다. 거의 5시였다. 브렌트는 일 때문에 피닉스에 가 있었다. 30분 후면 친구 몇 명이 나와 주머와 저녁을 같이 먹으러 우리 집에 올 예정이었다. 2019년 어린이 단거리 육상 대회는 코트니-마이어스 가족의 계획에 없었다. 나는 그들이 내 제안을 받아들였길 바랐다. 올해가 작년과는 조금 다르길 바랐다.

우리가 참여하지 않은 육상 대회 다음 날, 주머와 브렌트와 나는 우리 가족의 친구가 공연하는 학년말 재즈밴드 콘서트를 보러 갔다. 청소년 뮤지션들의 무대를 기다리고 있는 후원자들이 모인 관객석에 가까위겼을 때, 친구 트레이시가 우리를 발견하고 인파 속에서 나타났다.

몇 년 동안 만나지 못했던 터라 근황을 주고받고 있었는데, 어깨 길이의 갈색 머리에, 스노콘이 그려진 분홍색 셔츠와 은하수 프린트 레깅스를 입고, 반짝거리는 꽃무늬 슬립온을 신은 어린아이가 달려와서 트레이시 옆에 섰다. 나는 아이를 한참 쳐다보고서야 누구인지 알아봤다.

"애로?" 내가 흥분한 목소리로 물었다. 애로는 마지막으로 봤을 때보다 정말 많이 자라 있었다.

"네!" 그가 씨익 웃자, 유치가 있었던 자리를 밀고 나온 새 영구치들이 보였다.

"지금 몇 살이지?" 내가 물었다.

"일곱 살이에요." 그가 명랑한 목소리로 대답했다.

나는 믿을 수 없어서 고개를 저었다. 갓난아기였던 애로를 돌봐주던 일이 바로 어제처럼 느껴졌다.

"어린이 단거리 육상 대회 때문에 속상해하셨다고 엄마한테 들었어요." 애로가 무덤덤한 말투로 말했다.

나는 싱긋 웃으며 트레이시를 힐끗 바라봤다. 트레이시가 애로의 머리를 헝클어트리며 말했다. "애로, 우리끼리만 해야 하는 대화도 있는 거야."

"괜찮아." 나는 트레이시를 안심시켰다. "맞아, 애로, 작년에 그 대회에서 경주할 때 남자아이와 여자아이를 갈라놓는 바람에 엄청 속상했어." 내가 말했다. 불현듯 육상 대회가 어젯밤이었다는 사실이 생각났다. "어제 대회에 나갔니?" 내가 물었다.

애로가 고개를 끄덕였다. "100미터 달리기 시합에서 뛰는 영상 보실래요? 제가 이겼어요."

"당연히 네가 이겼겠지. 나도 물론 영상을 보고 싶어." 내가 대답했다.

애로가 엄마의 휴대전화를 만지작거리며 영상을 찾는 동안, 나는 트레이시를 올려다보며 물었다. "아이들이 젠더로 나뉘어서 뛰었어?"

트레이시가 고개를 끄덕이며 눈을 굴렸다. "응."

그 순간, 나는 어제 그곳에 가지 않아 다행이라고 생각하면서도, 동시에 내가 작년에 제기했던 불만 사항이 아무런 변화를 만들지 못했다는 사실에 실망했다.

애로가 나를 올려다봤다. "남자애들이 저한테 여자 같다면서 계속 줄을 잘못 섰다고 말했어요. 저는 머리가 길어서 자기들이랑 같이 뛰면 안 된다고 했어요. 어떤 애는 저를 밀쳤어요."

나는 이 예쁘고 자신감 넘치며, 씩씩하고, 젠더에 구애받지 않는 아이를 바라보면서, 아이가 그저 있는 그대로의 모습 때문에 괴롭힘을 당했다는 사실이 마음 아팠다. 만약 행사가 확실하게 포용적인 방식으로 진행됐더라면 이와 같은 사고는 예방할 수 있었으리란 생각에 화가 났다. 내가 운영진에게 경고했던 바로 그런 일이 일어난 것이다.

"애로, 그런 일이 생겼다니 정말 유감이야. 그 아이들이 너처럼 멋진 아이를 알아갈 시간이 없었다는 게 안타깝네. 내가 보기에는 머리도 아주 근사해. 그리고 나를 보렴. 나는 여자인데 머리가 짧잖아. 머리카락에는 젠더가 없어. 뭐든지 네가 하고 싶은 대로 하면 돼." 나는 애로를 보며 빙그레 웃었다. "그러니까, 네가 그 아이들 전부한테 먼지를 먹였다는 거지? 그 영상 보여줘."

애로는 50미터, 100미터 달리기와 허들 달리기에서 자신이 다른 남자아이들을 제치는 영상을 보여주며 말했다. "나는 플래시처럼 번개처럼 빨라요." 나는 동의의 표시로 고개를 끄덕였다. 애로가 덧붙였다. "그리고 나는 원더우먼처럼 옷도 멋있게 입어요."

내가 미소 지었다. "그래, 맞아, 애로."

이길 때가 있으면 질 때도 있는 법이다. 어린이 단거리 육상 대회 운영진이 내 조언에 귀 기울여 젠더별로 분류된 경주를 폐지했더라면 좋았을 것이다. 애로가 또래 집단에 속하지 못했다고 느끼지 않고 행사를 즐길 수 있었다면 좋았을 것이다. 젠더 정체성과 표현은 다양하며, 또 그렇게 다양할수록 좋다는 사실을 아이들이 어릴 적부터 배우며 자라왔다면 좋았을 것이다.

어린이 단거리 육상 대회 주최자들은 이러한 동향을 아직 따라가지 못하고 있다. 고정관념과 불필요한 분류에서 벗어나려는 시대의 동향에서 뒤처져 있다. 언젠가 그들도 잠에서 깨어나, 자신들이 먼지 속에 남겨졌으며 평등을 향해 달려가는 것이 가장 큰 이익이 된다는 사실을 깨닫게 될 것이다. 그때까지 나는 젠더 프리 경주를 준비해야 할 것 같다.

18장

하비 밀크 대로

나는 자라면서 퀴어인 사람들을 본 적이 없었다. 어린 시절부터 청소년 시절이 거의 다 지나갈 때까지, 게이나 레즈비언인 사람들에 대해서는 아무것도 들어본 적이 없었다. 우리 부모님은 게이 친구가 없었거나 그 문제에 대해 아무 의견도 없는 듯 보였다. 부모님이 게이에 반대하는 듯한 발언을 하는 것을 들어본 적은 없었지만, 반대로 게이를 지지하는 듯한 말을 하는 것도 들어본 적 없었다. 부모님은 자신의 아이들 중 한 명(혹은 여러 명)이 퀴어가 될 가능성도 생각해본 적 없는 듯 보였다.

나는 시스젠더 여자아이였고 다행히 남자아이들에게 끌렸으며, 내가 여자아이나 논바이너리 사람에게 끌릴 수도 있다는 것을 의식하지 못하고 있었다. 열여섯 살 때, MTV에서 나오는 백스트리트 보이스의 뮤직비디오를 보고 있었는데 아빠가 거실로 들어오며 말했다. "저 케빈이라는 애를 보면 게이도 될 수 있을 것 같아." 우리는 한바탕 크게 웃었고, 그게 전부였다. 그 단 한 번의 소통으로 나는 아빠가 게이 문제를 지지하는 쪽이라고 결론 내렸다. 내가 게이 문제에 관해 뭐라도 아는 것이 있었던 것은 아니었다.

20대 초반이 됐을 때, 나는 남자만큼 여자에게도 끌린다는 사실을 깨달았고, 스물네 살에는 젠더퀴어인 리즈와 사귀기 시작했다. 엄마에게 내가 양성애자라고 말하자, 엄마는 그저 "그래, 사귀는 사람이 있니?" 하고 말했고, 나는 리즈에 관해 이야기했다.

나는 아빠와 아빠의 아내 에이프릴에게도 이메일로 내가 양성애자임을 밝혔다. 만나서 이야기하거나 통화로 말하기는 너무 두려웠다. 아쉽게도 이메일 제목에 뭐라고 썼는지는 기억나지 않는다. '커밍아웃할게요!' 아니면 이렇게 썼던가. '안녕! 나 양성애자예요. 바이!' 아빠는 답장을 보내지 않았지만, 그 이메일을 분명 확인했음에도 나를 조금도 다르게 대하지 않았다. 그것이 아빠만의 방식이다. 아빠는 굳이 풍파를 일으키지 않는 친절한 사람이다.

그 당시에는 내 성적 정체성이 양성애자에서 범성애자(성별에 관계없이 '사람'을 사랑하는 성적 지향을 자신의 정체성으로 받아들인 사람—옮긴이)로 진화하게 되리라고는 생각지 못했으며, 스물여섯 살쯤 되자 '퀴어'라는 말이 나와 가장 잘 어울린다고 결론지었다. 나는 나만의 성적 정체성을 찾는 동시에 솔트레이크시티의 퀴어 커뮤니티를 찾아다니고 있었고,

그렇게 유타주에서 벌어지는 크고 긍정적인 변화의 일부가 되었다.

2011년, 스페인 오비에도에서 해외 연수 과정을 밟던 중에 데릭 키친을 만났다. 일주일 동안의 빡빡한 스페인 수업들을 듣고 나서 주말이 되면 유타에서 온 100명의 학생들은 단체로 당일치기 여행을 떠났다. 한번은 카약을 타러 갔는데, 데릭이 나에게 파트너를 제안했다.

데릭은 하얀 팔과 다리, 얼굴, 귀에 선크림을 고루 바른 다음, 붉은 머리칼 위에 모자를 썼다. "선크림 바를래?" 그가 물었다.

"아니, 아직 괜찮아. 스페인 태양에 구릿빛으로 태워보려고." 우리는 마주 보며 웃었다. 구명조끼를 입은 다음, 강에 카약을 띄우고 그 위에 올라탔다.

강을 떠다니면서, 데릭과 나는 연애와 가족, 목표에 관해 이야기를 나눴다. 데릭은 자신의 연인 무디 이야기를 들려줬고, 나는 싱글로서의 삶에 대한 애정과 나만의 성적 정체성을 알아내기 위해 얼마나 노력하고 있는지에 대해 이야기했다. 우리는 자연스레 서로에게 끌리며 마음을 열었다.

2013년 봄, 데릭과 무디는 키친 대 허버트 사건에서 유타주를 상대로 소송을 제기한 세 동성 커플 중 하나였다. 그 사건은 유타의 동성 결혼 금지법이 헌법에 위배된다는 점을 근거로 들었다. 내가 캘리포니아의 주민발의안 8호 사건에서 알게 된 것처럼 주(州)를 상대로 하는 소송은 시간이 오래 걸렸고, 데릭의 소송이 제기된 3월 25일부터 변론 기회가 주어진 12월 4일까지는 긴 기다림이 요구됐다. 봄에서 여름, 가을, 겨울로 계절이 바뀌는 내내, 데릭은 자신이 옳은 일을 하고 있다고 믿으며 자신감과 희망을 잃지 않고 기다렸다. 11월 마지막 주, 데릭이 내게 전화했다.

"수요일에 지방법원으로 와줄래? 판사 앞에서 변론을 할 예정인데, 네가 와주면 정말 좋을 것 같아." 나는 당연히 가야만 했다.

나는 밖에 서서, 언론사 사람들이 사진과 영상을 촬영하는 동안 데릭과 무디, 그들의 변호사, 다른 두 커플이 법원으로 들어가는 모습을 지켜봤다. 사람들은 웅장한 법정 안으로 몰려가서 로버트 J. 셸비 판사가 도착하기를 기다렸다. 법정 안에는 입석밖에 없었고, 관중의 대다수가 원고를 지지하는 사람들이었다. 변론이 끝나고 셸비 판사는 변호사들에게 감사를 표한 뒤, 빠르게 망치를 두드리며 휴정을 선언했다. 그리고 이제 우리가 할 수 있는 일은 기다리는 것뿐이었다.

"무슨 소식 없어?" 일주일 뒤, 나는 문자메시지로 데릭에게 물었다.

"아직. 하지만 내 생각에는 연휴 전에 결론이 날 것 같아." 데릭이 대답했다. 데릭은 소송 절차가 어떻게 진행되는지에 대해 나보다 훨씬 많이 알고 있었다. 그는 소송의 유예와 항소 등에 관한 지식을 「스쿨하우스 록!(Schoolhouse Rock!)」(1973년부터 미국 ABC에서 방영한 교육용 애니메이션. 각기 다른 주제에 관한 내용을 매 에피소드에서 3분짜리 노래로 제작하여 방영하는 형식으로 인기를 끌었다— 옮긴이) 스타일로 가르쳐주면서, 기다림은 절차의 한 부분일 뿐이라고 나를 안심시켰다. 데릭은 나이에 비해 현명했고, 지적으로든 감정적으로든 이해력이 굉장히 뛰어났으며, 계산이 밝고 겸손하고 정이 많았다. 나는 그가 훌륭한 정책가가 될 것이라고 생각했다. 그는 결국 솔트레이크시티 시의회 의원을 거쳐 유타주 상원

의원이 됐다.

2013년 12월 20일, 셸비 판사는 원고의 손을 들어줬고, 이로써 유타주에서 동성 결혼은 합법이 됐다. 잠깐 동안. 유타주를 대변하는 변호인단이 주가 소송에서 질 경우의 판결 유보를 요청하는 통상적인 서류를 제출하지 않았던 것이다. 유타주의 유보 요청 서류가 누락된 상황에서, 동성 결혼 금지법은 헌법에 위배되며 유타주는 동성 커플에게 결혼을 허용해야 한다는 판사의 판결은 그 즉시 효력이 생겼다. 기회가 주어진 17일 동안, 유타주 전역 스물두 개 카운티에서 1200쌍이 넘는 커플이 결혼증명서를 받으러 관공서로 달려갔다. 내가 어린 시절을 보냈으며 지금도 우리 가족이 살고 있는 보수적인 동네인 유타 남부 워싱턴 카운티도 예외는 아니었다. 12월 21일, 나는 존경하는 칼린 S. 마이어스 판사님인 우리 아빠에게서 전화를 받았다.

"안녕, 우리 딸. 우리 사무실은 결혼하고 싶어 하는 커플들한테서 하루 종일 전화를 받고 있어. 듣자 하니, 여기 유타 남부의 다른 판사들 대부분은 이번에 바뀐 법이 확실치 않다면서 결혼을 안 시켜줄 생각이라네. 나도 판결문을 읽어봤어. 동성 결혼은 유타주에서 합법이 맞고, 그래서 나는 이 커플들을 기꺼이 결혼시켜줄 생각이야. 이번 주만 해도 엄청나게 많은 결혼식이 잡혀 있단다."

나는 입꼬리가 귀에 걸렸다. "정말 잘됐어요, 아빠. 아빠가 사람들이 결혼하도록 도와준다고 하니 정말 기뻐요."

아빠가 말을 이어갔다. "그래서 말인데, 여기 와서 이 결혼식들에 증인으로 참석해서 증명서에 서명하는 데까지 도와줄 수 있니?"

나는 목이 메어왔다.

"당연하죠. 내일 내려갈게요. 저를 먼저 떠올려줘서 고마워요, 아빠."

"나는 늘 너를 먼저 떠올린단다, 카일리."

나는 자이언 국립공원에서 37킬로미터 떨어진 작은 시골 마을인 유타주 허리케인에 위치한 아빠의 법정으로 들어갔다. 아빠가 처음 집행한 결혼식의 주인공은 두 여성이었다. 그들은 티셔츠에 청바지를 입고 서 있었고, 두 어린아이가 그들의 다리에 기대서 있었다. 아빠는 그동안 수백 건의 여성과 남성 간의 결혼식에서 사용했던 대본을 그대로 쓰되, 그의 앞에 서 있는 동성 커플을 묘사하는 단어로 완벽하게 대체하여 진행했다. 그는 두 여성에게 모두 반려자와 배우자, 아내라는 단어를 자연스럽게 사용했다. 유일하게 어색해졌던 순간은 맨 끝에 이렇게 말했을 때였다. "이제 원하신다면…… 입 맞추셔도 됩니다." 나는 다음 결혼식 전에 이 부분을 반드시 아빠에게 말해줘야겠다고 마음속으로 다짐했다. 그 커플은 아무도 데려오지 않았으므로, 아빠의 법원 서기와 내가 결혼증명서에 증인으로 서명했다. 두 남성이 다음 순서를 기다리며 법원 로비에 서 있었다.

"저기, 아빠……." 내가 입을 뗐다. 우리는 법정에 단둘이 있었다.

"왜 그러니, 딸?" 아빠는 역사의 옳은 편에 선 진보적 동지가 되는 것이 얼마나 뿌듯한 일인지 실감하며, 웃는 얼굴로 나를 바라보고 있었다.

"아빠가 한 말 중에 그 커플한테 '이제 원하신다면 입 맞추셔도 됩니다'라고 했던 부분이 걸려서요. 아빠…… 그 사람들은 결혼하러 왔잖아요. 당연히 입 맞추고 싶죠. '원하신다면'이란 말은 빼세요."

아빠가 소리 내어 웃었다. "그래, 나도 아까 왜 그랬는지 모르겠어. 알겠다!"

법원이 연휴로 문을 닫기 전, 아빠는 관람석에서 퀴어 딸이 웃으며 지켜보는 가운데, 그날 동성 커플 몇 쌍을 더 결혼시켰다.

주는 유보를 정식으로 신청했고, 유타주를 상대로 한 이번 소송은 캘리포니아 건과 비슷한 양상으로 법원 체계에 따라 항소와 판결을 반복하며 이어지다가, 대법원이 주의 항소 신청서를 기각한 2014년 10월이 돼서야 끝이 났다. 동성 커플은 유타주에서 결혼할 수 있었다. 그리고 2015년 6월, 미국 대법원은 모든 주의 동성 결혼 금지법을 폐지하고 50개 주 전체에서 이를 합법화했다.

유타주에서 유명한 게이 커플이 된 데릭과 무디는 솔트레이크 시내의 공용 공간인 갤리번 센터에서 멋진 결혼식을 올리기로 계획했고, 모두를 초대했다. 결혼식은 대중에게 공개됐다. 그들은 친구와 가족, 그리고 그들이 결혼 평등의 길을 닦고자 나선 것에 고마워하는 수천 명의 지지자들에게 둘러싸였다. 브렌트와 나는 데릭과 무디가 남편과 남편이 될 때, 자랑스러운 마음으로 관객 속에 있었다.

주머가 거의 세 살이 됐을 때, 내 친구 태라가 12월 말 솔트레이크 카운티 빌딩에서 열리는 자신과 드넬의 결혼식에 우리를 증인으로 초대했다.

주머는 브렌트와 나 사이 의자에 앉았다. 주머는 태라와 드넬의 반지가 들어 있는 작은 나무 상자를 들고 있었다.

"이게 뭐야?" 주머가 물었다.

"그건 태라와 드넬의 결혼반지야. 태라랑 드넬이 오늘 결혼하거든." 내가 주머에게 말했다.

"결혼이 뭐야?" 주머가 물었다.

"어떤 사람들은 서로 사랑해서 결혼하기로 선택해. 엄마랑 아빠도 서로 사랑해서 결혼했어. 그리고 태라와 드넬도 서로 사랑해서 결혼하는 거야."

주머는 나를 쳐다보고 있었다. 아직 어린 주머의 머리로는 낭만적인 사랑과 결혼을 이해하지 못했다.

나는 농담을 덧붙였다. "대체로 결혼을 하면 세금과 건강보험에도 도움이 된단다."

브렌트가 웃으며 고개를 절레절레 저었다.

주머는 천천히 눈을 깜박이더니 물었다. "세금이 뭐야?"

나는 손가락으로 주머의 긴 구릿빛 머리칼을 쓸어내리며 말했다. "아직 너는 신경 안 써도 되는 거야."

태라가 시간이 됐다고 말하자, 우리 다섯 명은 스웨터와 청바지 위에 검은색 예복을 걸친 카운티 직원을 따라, 의자 몇 개와 크리스마스 리스 장식이 있는 작은 방으로 들어갔다. 결혼식은 짧고 사랑스러웠으며, 주머에게는 첫 결혼식이었다.

주머의 두 번째 생일날, 우리는 주머에게 새 책을 사주러 웰러 북 워크스라는 솔트레이크시티의 동네 서점에 갔다. 우리는 전형적인 공립도서관 가족이어서, 매달 다섯 권 내지 열 권의 책을 빌려 가방 하나를 채운 다음, 몇 주 동안 읽고 반납하는 과정을 반복한다. 나는 책을 잘 사지 않는 편이지만, 이왕 살 때는 확실한 목적을 가지고, 세상에 더 도움이 될 만한 무언가를 만들어내는 사람들을 지지해주는 데 돈을 쓴다. 우리는 고정관념의 냄새가 느껴지며 지나치게 젠더가 반영된 책들을 피하면서, 시간을 들여 진열장을 훑어봤다. 그러다가 나는 제시 시마의 『해리엇이 휩쓸려 가다(Harriet Gets Carried Away)』를 우연히 발견했다.

나는 긴 의자에 앉아서 책을 펼쳐봤다. 해리엇은 뉴욕에 사는 어린 꼬마이며 하루도 빠짐없이 코스튬을 입고 다닌다. 이야기 속에서 해리엇의 생일날, 그녀의 두 아빠와 해리엇은 생일에 필요한 마지막 물건들을 사러 상점으로 향한다. 상점에 있는 동안, 해리엇은 새로운 친구들을 만나 모험에 휩쓸리는 바람에, 집으로 돌아가는 길을 찾아야 하는 처지에 놓인다. 아기자기한 삽화가 들어간 귀여운 이야기다. 나는 해리엇이 모험심 강한 꼬마라는 점과 두 아빠가 있다는 점이 마음에 들었다. 브렌트와 주머에게 그 책을 보여주자, 둘 다 주머의 생일 선물로 좋은 책이라는 데 동의했다.

그날 밤, 나는 주머와 침대에 꼭 붙어 누운 채로 그 책을 읽어줬다. 주머는 한 페이지에 나온 해리엇의 아빠들을 가리키며 말했다. "아빠가 둘."

나는 주머를 바라보며 말했다. "맞아, 해리엇은 아빠가 두 명이야."

주머는 나를 보며 물었다. "주미도 아빠가 두 명 이떠?"

나는 말했다. "너는 아빠 한 명이랑 엄마 한 명이 있지. 어떤 아이들은 엄마가 두 명 있고, 어떤 아이들은 아빠가 두 명 있어. 어떤 아이들은 마파(mapa), 아마(amma), 자자(zaza)(논바이너리와 같은 성 소수자 부모들은 엄마, 아빠의 젠더 이분법을 탈피하고자, 부모를 가리키는 호칭을 새롭게 만들어 사용하기도 한다─옮긴이) 같은 다른 이름의 부모가 있어. 어떤 사람들은 할아버지, 할머니와 함께 살기도 해. 가족의 모습은 정말 다양하단다."

주머가 고개를 끄덕이며 말했다. "아하."

나는 주머에게 모든 것이 모든 사람을 위한 것이고, 모든 사람이 사랑받는 새로운 세상을 만들어주기 위해 노력하고 있다. 이 과정에서 나를 도와주는 가족과 친구, 커뮤니티, 법원, 작가들이 있어 행운이라고 느낀다.

주머가 태어난 지 바로 몇 주 후, 브렌트와 나는 주머를 카시트에 앉히고 솔트레이크시티 빌딩으로 향했다. 그곳에서 솔트레이크시티 시의회는 900 사우스 도로의 이름을 하비 밀크 대로로 변경하는 결정을 내릴 예정이었다. 나는 2008년에 영화 「밀크」가 나오기 전에는 하비 밀크가 어떤 사람인지 몰랐다. 그랬던 내가 이제는 입석밖에 없는 회의실에 다른 주민 수백 명과 함께 모여, 동성애자 인권 운동에 큰 공헌을 한 인물의 이름을 딴 도로가 생긴다는 사실을 자랑스러워하며, 도로 명칭 변경에 지지를 표하러 그곳에 와 있었다. 우리는 다 함께 '솔트레이크시티는 모든 사람이 환영받는 곳'이며 '사랑은 사랑'이라고 말하고자 그곳에 모여 있었다. 나는 뒤쪽에 있는 긴 의자에 앉았다. 브렌트는 주머를 안고 내 뒤에 서 있었다. 우리 둘은 우리 친구이자 시의원인 데릭 키친이 명칭 변경에 투표하고, 곧이어 다른 모든 의원들도 이를 따르는 모습을 함께 지켜봤다. 공식적으로 결정됐다. 솔트레이크시티에는 하비 밀크의 이름을 딴 도로가 생겼다.

한 달 뒤, 시티는 900 이스트 도로와 900 사우스 도로, 즉 하비 밀크 대로가 만나는 지점에서 기념 파티를 열었다. 5월 중순이지만 날이 매우 더웠고, 나는 주머에게 민소매 우주복을 입혔다. 밝은 회색 바탕에 큼지막한 파란색 땡땡이 무늬가 들어간 옷이었다. 브렌트는 주머의 기저귀 가방에 외출에 필요한 모든 필수품을 챙겨 담았다. 우리는 주머를 유모차에 앉히고 파티가 열리는 곳으로 걸어갔다.

차량 통행이 통제된 교차로 한복판에 설치된 무대 위, 이퀄리티 유타(Equality Utah, 유타주 최대 규모의 비영리 성 소수자 인권 단체—옮긴이)의 위원장이 이번 기념식의 의의에 관해 이야기했다. 솔트레이크시티의 시장 재키 비스컵스키는 하비 밀크 덕분에 자신이 공공연한 동성애자로서 시장 자리에 오를 수 있었다고 말했다. 밴드 네온 트리스의 보컬 타일러 글렌이 노래를 부르자, 사람들은 춤을 추고 포옹하며 포용과 수용, 사랑으로 가득 찬 멋진 날을 축하했다.

수 킬로미터에 걸쳐, 정지 표지판 아래마다 '하비 밀크 대로'라는 글자가 적힌 새로운 초록색 도로 표지판이 설치됐다. 나는 커다란 나무 그늘 아래에서 주머를 안고 아이스커피를 마시다가 새로운 표지판에 눈길을 던졌다. "브렌트, 우리 사진 한 장 찍어줄 수 있어?" 브렌트에게 휴대전화를 건네고 자리를 잡았다. 사진 속에서 나는 주머를 번쩍 들고 있다. 주머의 바로 위에는 초록색 하비 밀크 대로 표지판이 걸려 있다. 나는 주머를 올려다보고 있고, 태어난 지 8주밖에 안 된 주머는 앙증맞게 웃는 얼굴로 파티가 열리는 곳을 바라보고 있다.

나는 미래에 일어날지도 모르는 일을 상상하는 데 시간을 허비하지 않는다. 나는 주머가 자라면서 어떤 연애를 하게 될지 아는 척하지 않는다. 브렌트와 나는 주머가 상대방의 동의만 있다면 모든 성별과 연애가 축하받아야 한다고 배울 수 있는 환경을 만들어주고자 고군분투한다. 정해진 가설은 없다. 우리는 그저 주머가 자신이 좋아하거나 성적으로 이끌리거나 사랑하는 사람이라면 누구든지 편하게 집에 데려올 수 있길 바란다.

그래도 만약 굳이 10년 후 우리 삶을 상상해본다면, 나는 우리 집이 자기 모습 그대로 있을 공간이 필요한 아이들에게 안전한 은신처가 되어주는 모습을 그린다. 주기적으로 대여섯 명의 아이들을 위한 저녁 식사를 준비한 다음, 주머와 주머의 친구들에게 저녁 먹으러 오라고 소리쳐 부르는 내 모습을 상상한다. 식탁에 둘러앉아서 밀레니얼세대의 아이들인 알파세대가 연애와 성적 정체성을 묘사할 때 사용하는 모든 용어를 습득하고 있는 내 모습을 상상한다. 퀴어로 커밍아웃한 지 얼마 되지 않아 집에서는 안전하지 않다고 느껴서, 우리와 며칠 함께 지내고 있는 주머의 친구를 위해 깨끗한 수건을 꺼내는 내 모습을 상상한다. 청소년들을 안아주면서 그들에게 있는 그대로 완벽하다고 말해주는 내 모습을 그려본다.

나는 주머와 주머의 친구들에게 내가 퀴어라고 말할 것이다. 그들에게 마이어스 할아버지가 백스트리트 보이스의 케빈을 좋아하며, 유타주에서 처음으로 동성 결혼을 공식화한 판사들 중 한 명이라고 이야기해줄 것이다. 주머가 더 자라면 하비 밀크 대로를 가리키면서 하비 밀크가 누구인지 설명해주고, 시의회가 그의 이름을 딴 도로명에 투표할 때 그 방에서 가장 어린 사람이 바로 주머였다고 말해줄 것이다. 우리는 태라와 드넬과 함께 계속 가족 저녁 식사 모임을 이어갈 것이며, 데릭 삼촌과의 모험에 함께할 것이다. 앞으로도 퀴어 가족에 관한 이야기를 읽고, 유튜브 채널 「퀴어 아이들 이야기(Queer Kids' Stuff)」의 영상을 시청하고, 퀴어 예술가와 고소인들을 지지할 것이다. 주머는 퀴어가 될 수도, 이성애자가 될 수도 있고, 아니면 내가 들어본 적 없는 용어로 자신의 정체성을 정의할 수도 있을 것이다. 다만 언젠가는 주머가 자신이 무조건적으로 사랑받는다는 사실을 알게 되리라는 것, 이 한 가지는 확신한다.

19장

모아브에서 보낸 주말

대통령의 날(조지 워싱턴과 에이브러햄 링컨의 생일을 기념하는 날로, 2월의 세 번째 월요일이다—옮긴이) 주말, 코트니-마이어스 세 식구는 주머의 세 번째 생일을 딱 한 달 남겨두고, 유타주 모아브로의 두 번째 여행을 위해 다 같이 차에 올라탔다. 나는 지난 몇 달 동안 장시간 업무를 해온 탓에 휴가가 절실하기도 했지만, 무엇보다도 주머와 브렌트와 셋이서 가족만의 귀중한 시간을 보낼 날을 손꼽아 기다리고 있었다. 미리 많은 계획을 짜놓지는 않았다. 조금 걷고, 모아브 자이언츠(모아브에 위치한 공룡 박물관—옮긴이)를 구경하고, 맛있는 음식을 먹고, 스파에 들어갔다가, 휴식을 취하는 과정을 반복할 생각이었다. 무엇보다도 72시간 동안 사방에서 심장이 터져나가는 기분을 느끼는 것은 계획에 전혀 없던 일이었다.

네 시간의 운전과 잠시 들른 패스트푸드점에서의 저녁 식사 후, 저녁 8시쯤 호텔에 도착했다. 길었던 한 주의 피로에 지친 브렌트와 나는 방에서 느긋하게 휴식을 취했다. 우리는 잠옷으로 갈아입고 두 개의 퀸 사이즈 침대에 각각 불가사리처럼 대자로 뻗어 누웠다. 주머는 브렌트가 누운 침대로 기어 올라가 아빠 품에 파묻혔다. 우리는 텔레비전 쇼 「다이너, 드라이브인, 그리고 다이브(Diners, Drive-Ins and Dives)」의 에피소드를 절반쯤 보다가 9시도 안 돼 곯아떨어졌다.

다음 날 아침, 나는 실물 크기의 공룡 모형이 있는 체험형 공원 모아브 자이언츠에 갈 채비를 하면서 텔레비전을 틀었다. 습진 약 광고가 나왔다. 여성으로 추정되는 배우가 가려운 몸을 긁으면서 불편한 기색을 연기했다. 주머는 베개로 요새를 만들다가 문득 화면을 보더니 물었다. "저 사람은 뭐 하는 거야? 저 사람 괜찮아?" 그러고는 답을 바라는 눈빛으로 나를 쳐다봤다.

나는 아이가 모르는 사람에게 젠더 중립적 호칭을 사용했다는 데 기분 좋게 놀라면서, 웃는 얼굴로 말했다. "저 사람은 너처럼 습진이 있어서 피부가 가려운가 봐. 그래서 안 가렵게 해주는 약을 바르고 있는 거야."

주머는 고개를 끄덕이며 "아아" 하고 만족스러운 듯 말한 다음, 다시 방 안의 모든 베개를 모으는 데 전념했다.

주머는 보통 다른 호칭보다 이름을 부르는 쪽을 택하지만, 나는 주머가 친구와 선생님을 지칭할 때 '형'이나 '누나', '아저씨', '아줌마'

등, 가끔은 적절하지만 항상 그렇지는 않은 젠더 이분법적 호칭을 쓰는 것을 듣는다. 물론 주머는 하루 종일 젠더에 따른 호칭을 들으며 지낸다. 어린이집에서는 그 어느 곳보다 더욱 그런 호칭에 노출될 수밖에 없다. 주머는 사람들이 주머를 가리킬 때 젠더 중립적 호칭을 사용하는 것도 듣는다. 나는 상대방이 스스로 어떤 호칭을 선호하는지 알기 전까지는 누구에게나 젠더 중립적 호칭을 사용하려고 늘 노력한다.

나는 주머의 말에 답할 때, 정확한 호칭을 사용한다. 주머는 이렇게 말할 것이다. "아빠 어디 가? 나는 그녀(her)가 보고 싶어?"

나는 이렇게 대답할 것이다. "나도 그(him)가 보고 싶어. 그는 금방 집에 올 거야." 우리는 주머에게 대명사는 우리가 누군가에 대해 이야기할 때 쉽게 표현하기 위한 지름길인데, 다양한 사람들은 다양한 대명사를 사용하며, 가장 좋은 방법은 당사자에게 어떤 대명사로 불리고 싶은지 물어보는 것이라고 가르쳐줘야 할 단계에 들어서고 있다.

하루 종일 걸으며 모험을 즐긴 뒤, 우리는 스시 레스토랑에서 저녁을 먹고 다시 호텔로 걸어왔다.

"우리 뜨거운 탕 들어가?" 호텔 로비에 도착했을 때쯤 주머가 신난 목소리로 물었다.

"그럼! 뜨거운 탕에 들어가자! 호텔에 방수 기저귀가 있는지 봐야겠다."

주머와 나는 기념품 가게로 걸어가서 리틀 스위머 기저귀와 스타버스트 사탕을 샀다. 주머는 한 손에는 기저귀, 다른 한 손에는 사탕을 든 채로 계단을 뛰어올라 우리 방이 있는 곳까지 복도를 따라 달려갔다.

주머는 내가 문을 열 때까지 신나게 폴짝폴짝 뛰었다. 방 안에 들어가자마자 주머는 신발을 벗어 던지더니 셔츠를 벗으려고 낑낑댔다.

"내가 도와줄게, 아가." 나는 주머의 셔츠를 머리 위로 들어 올리며 말했다. "누워 있으면 방수 기저귀 입혀줄게."

주머는 꾀꼬리 같은 목소리로 반복해서 말했다. "우리 뜨거운 탕 간다!"

"맞아, 귀염둥이, 우리 뜨거운 탕에 들어갈 거야."

브렌트는 몸이 안 좋은지, 휴지 한 갑을 끼고 침대에 누워 있었다. 그는 방에 남기로 했다. 나는 수영복을 입고 주머와 함께 뜨거운 탕으로 출발했다.

주미를 호텔 수하물 카트에 잠시 태워주고 나니, 어느새 수영장 구역에 도착했다. 그곳에는 온탕 욕조 두 개가 있었다. 더 크고 긴 욕조에서 작은 폭포를 통해 다른 작고 둥근 욕조로 물이 떨어지고 있었다. 위쪽 온탕 안에는 60대 후반 정도로 보이는 커플이 있었다. 나는 인사를 건네며 오늘 하루가 어땠는지 물었다. 그들은 아치스 국립공원에서 하이킹을 했다고 이야기했고, 나는 그들에게 모아브 자이언츠의 공룡들에 대해 이야기했다. 주미와 나는 아래쪽 욕조에 들어가서 그 커플의 시야에서 벗어났다. 우리는 아까 봤던 공룡을 흉내 내며 놀았다. 그때 주머가 말했다. "엄마, 좀비 해봐!"

나는 큰 소리로 웃었다. "좀비는 어디서 들었어?"

주머는 팔을 앞으로 쭉 뻗고 눈을 가늘게 뜬 다음, 으르렁거리는 소리를 내며 욕조 안의 긴 의자를 따라 걸었다. "이렇게 엄마. 이게 좀

비야." 나는 다시 한번 크게 웃은 뒤, 시키는 대로 했다. 엄마 좀비가 다가가자 주머가 꺅 소리를 질렀다.

"음식 만들자!" 주머가 제안했다.

"좋아! 뭘 만들고 싶어?"

예상대로 주머는 맥앤드치즈를 요구했다.

"어떤 맥앤드치즈로 드릴까요?" 나는 상상 속 온탕 식당의 유일한 손님, 주머에게 물었다.

"나는 블루베리 넣어주세요." 주머가 말을 시작했다. "또······ 또······ 또······ 프렌치프라이랑 아이스크림이랑 토스트."

나는 주머의 주문대로 잽싸게 만드는 시늉을 하고 주머에게 내밀었다. "여기 있습니다, 맛있게 드세요!"

내가 주문하고 주머가 요리할 차례가 되자, 나는 랍스터와 맥앤드치즈가 들어간 샌드위치를 요구했다. 주머는 욕조 안을 빙 둘러보더니, 나를 올려다보며 잔뜩 심각한 목소리로 말했다. "다 팔렸습니다."

내가 깔깔대며 웃었다. "네가 뭐든 있다고 상상할 수 있는 상상 식당에 맥앤드치즈 랍스터 샌드위치가 다 팔리고 없다고?"

주머는 사뭇 진지한 표정이었다. "네, 다 팔렸습니다."

이 놀라운 아이가 내 아이이며, 내가 원하는 만큼 이 아이와 시간을 함께 보낼 수 있다는 사실이 믿기지 않았다. "음, 그럼 추천해주시는 걸로 먹을게요." 내가 장단을 맞춰줬다. 그러자 작고 귀여운 주방장이 상상 속 "라드베리 그린 스무비"를 만들어줬다.

또 다른 호텔 손님이 수영장 구역으로 걸어 들어왔고, 탕에 들어오기 전에 월풀을 켜도 괜찮을지 물었다. "네, 그럼요. 얼마든지 켜세요!" 내가 말했다. 다이얼을 돌리자, 욕조 벽면에서 물이 뿜어져 나왔고, 주미와 나는 보글보글 끓는 가마솥 안에 있었다.

나는 주머에게 조심해서 걸으라는 말부터, 항상 머리는 물 밖에 나와 있어야 하며, 몇 분에 한 번씩은 욕조 가장자리에 앉아서 몸을 식히라는 말까지 이것저것 당부하느라 바빴다.

주머는 계속 말했다. "정말 재미있다!"

나도 동의했다. "정말 재미있네!"

위쪽 탕에 있던 커플이 욕조에서 나와 몸을 털고 의자에 있던 소지품을 챙겼다. 그중 한 사람이 내게 말했다. "딸에게 말하는 당신 목소리가 너무 듣기 좋았다고 꼭 말해주고 싶었어요. 정말 다정한 엄마네요. 딸이 참 복이 많아요. 우리 며느리도 당신한테 한 수 배웠으면 좋겠네요."

나는 내 육아에 관한 친절한 찬사에 기분이 좋아져서 말했다. "아, 감사합니다." 하지만 그 며느리의 상황은 안타깝게 느껴졌다. 육아는 힘든 일이고, 그래서 나는 모든 사람들이 최선을 다하고 있다고 믿고 싶다. 몇 분 뒤에 주머를 탕에서 데리고 나와 몸을 털어주는 동안에도 그 말이 계속 마음 한구석에 걸려 있었다.

수영장 구역을 떠나기 전, 나는 위쪽 온탕에 있는 손님을 돌아봤다. "월풀이 계속 돌아가게 다시 켜드릴까요?"

그 손님은 "네, 부탁드려요" 하고 말한 다음, 다시 편안한 자세로 등을 기대고 눈을 감았다.

"엄마, 뭐 해?" 내가 월풀 다이얼을 돌리자 주머가 물었다.

"월풀을 다시 켜는 거야." 내가 대답했다.

주머는 위쪽 탕 안에서 쉬고 있는 손님을 보며 말했다. "우리 친구가 자고 있네!"

나는 웃으며 고개를 끄덕였다. "응, 우리 친구가 쉬고 있어."

머릿속에서 여러 가지 생각이 맴돌았다. 주머는 모아브에서 만난 처음 보는 사람들을 묘사할 때 간간이 젠더 중립적 호칭과 '친구'나 '사람' 같은 단어를 사용하고 있었다. 나는 모르는 사람이 나를 좋은 부모로 여기고 내게 그 사실을 알려주고 싶어 했다는 사실이 기뻤다. 주머가 이토록 재미있는 꼬마로 자라고 있다는 사실이 뿌듯했고, 주머가 세상을 묘사하는 방식에 감탄했다. 물론 나는 주머가 태어난 날부터 젠더의 지배를 받지 않는 포용적인 관점을 가지도록 매우 신중하게 사회화를 시켜왔고, 드디어 그 보답을 확인하고 있었다. 주머가 말한 것처럼, 나는 '정말 재미있었다'.

우리가 꺄르르 웃고 소리 지르며 복도를 뛰어오는 소리를 들었는지 브렌트가 문을 열며 우리를 맞아줬다. 브렌트는 내가 마음에 걸리는 것이 있으면 늘 금방 눈치채곤 했다. 게다가 나는 확실히 얼굴에 다 드러나는 편이어서 어떤 감정이든 쉽게 티가 난다.

"거기서 무슨 일 있었어?" 브렌트가 주머를 욕실로 데려가 흠뻑 젖은 기저귀를 벗기면서 말했다.

나는 탕에서 만난 커플에 대해 들려주고, 그들이 내가 주머에게 정말 다정하다며 나를 칭찬하면서 자신의 며느리도 한 수 배웠으면 좋겠다고 한 것을 이야기했다. 그 말에 대해 묻고 싶은 질문이 정말 많았다. 나는 그들 며느리의 배우자인 다 큰 자식이 좋은 반려자이자 동등하게 육아에 참여하는 부모인지 알고 싶었다. 며느리가 육아의 덫에 갇혀 있다고 느끼지는 않는지, 또 적당한 시기에 계획을 가지고 아이를 키우게 된 것인지 궁금했다. 그녀는 만족하고 있을까? 지쳤을까? 도움을 받았을까?

나는 육아를 포함한 모든 방면의 가사와 경제활동을 동등하게 분담하는 반려자를 만나게 된 것이 굉장한 행운이라고 생각한다. 우리는 미리 계획을 세워서 주머를 가졌으므로, 주머는 우리가 원해서 낳은 아이다. 우리에게는 적성에 맞는 안정적인 직업과 종일 아이를 돌봐주는 어린이집 같은, 생활을 보다 수월하게 만들어주는 자원이 있다. 우리 결혼생활이 완벽하지는 않을지 몰라도 브렌트와 나는 행복하고 서로를 사랑하고 존중하며, 평등한 관계를 위해 헌신한다. 이 모든 것들이 육아를 보다 순조롭고 즐겁게 만들어준다. 물론 세상에는 형편없는 부모들도 있지만, 그보다는 상황이 형편없는 경우가 더 많다. 나는 그들의 며느리가 '한 수' 배울 필요는 없다고 생각하고 싶다. 어쩌면 그녀에게 필요한 것은 동등한 육아 분담과, 세상이 요구하는 완벽한 엄마라는 압박으로부터의 해방일지도 모른다.

나는 하얀 수영장 타월로 몸을 감싼 채 브렌트와 주머가 앉은 침대 맞은편에 앉았다. "내가 누군지, 내 육아 철학이 뭔지도 전혀 모르는 낯선 사람이 나한테 좋은 엄마라고 말해주니까 기분이 좋더라. 이 사람은 그냥 내가 우리 아이랑 소통하는 모습을 보고, 자신들이 본 것에 대해서 칭찬해주고 싶다고 느낀 거잖아."

브렌트가 말했다. "당신은 굉장히 멋진 엄마이고, 주머는 정말 복받은 아이야."

나는 웃으며 내 손을 내려다봤다. "고마워. 그런 말을 들으면 그냥 좋아. 작년 내내 온라인에서 나에 대해서도, 주머의 실제 삶이 어떤지에 대해서도 전혀 알지 못하는 사람들이 나에 관해 너무 끔찍한 말들을 쏟아내면서 주머를 내게서 빼앗아야 한다고 말했잖아. 물론 온라인에도 멋진 칭찬을 해주는 사람들이 있었지만, 현실에서 만난 모르는 사람이 칭찬해주면 왠지 더 인정받은 느낌이라서 좋아. 나는 가짜 특제 맥앤드치즈도 만든다고, 이 사람들아! 내가 바로 올해의 엄마야!"

나는 침대에서 일어나, 주머에게 몸에 묻은 스파 약품을 씻어내고 싶은지 물었다. 주머는 고개를 끄덕이고는, 발가벗은 몸으로 화장실을 향해 성큼성큼 걸어가면서 물었다. "파 약품이 뭐야?" 나는 염소를 설명해주려고 했지만 생각보다 쉽지 않았다.

샤워 부스에 들어간 나는 주머에게 호텔 비누를 건넸다. 비누에는 반원 문양 네 개가 위아래 두 개씩 양각으로 새겨져 있었다.

"이 비누 레고 같다!" 주머가 말했다.

나는 웃음이 터져 나왔다. 브렌트가 가장 싫어하는 것 중 하나가 사람들이 레고를 '레고스'라고 말할 때였다. 왜 그런지 모르겠지만 레고에 S를 붙여서 복수형으로 만드는 것은 브렌트를 돌아버리게 만들었다. 나는 브렌트에게 그가 아이를 제대로 키우고 있다고 알려주기로 다짐했다.

"진짜 그렇지?" 주머가 비누로 자신의 몸 대신 욕실 타일을 문지르며 말했다. 나는 큰 소리로 브렌트를 불러서 주머의 머리에 묻은 샴푸를 헹궈낼 수 있도록 플라스틱 컵을 갖다 달라고 말했다. 브렌트가 주머에게 컵을 건넸다. 나는 샤워기 쪽으로 고개를 젖혀서 머리카락을 적셨다. 아래를 내려다보자, 주머가 플라스틱 컵을 들고 내 음모에서 떨어지는 물줄기를 컵에 받고 있었다.

나는 웃음을 터뜨렸다. "내가 너라면 그 물 안 마실 거야."

그때 주머가 무언가를 가리키듯 검지를 세웠고, 나는 아이가 자신의 눈앞에 있는 내 외음부를 손가락으로 찔러보려고 한다는 것을 눈치챘다. '아…… 훈육할 시간이구나.' 나는 생각했다.

"주미, 아가, 상대방한테 먼저 물어보지 않고 남의 생식기를 찔러보면 안 돼."

주머가 멈칫하더니 양손을 다시 컵으로 가져간 다음, 눈에 떨어지는 물줄기 때문에 눈을 깜박거리며 나를 올려다봤다.

"네 몸은 네 몸이고 내 몸은 내 몸이야. 나도 네가 응가를 했을 때나 목욕시켜줄 때만 네 생식기를 건드릴 거야, 알겠지?"

주머가 고개를 끄덕였다. "응."

바닥에 놓인 비누를 집어서 주머에게 건넸다. "이제 씻을 거지?"

주머가 힘차게 고개를 끄덕였다. "약품 다 씻어낼 거야!"

우리 일상은 이렇게 작은 순간들이 모여 만들어진다. 우리는 아이에게 무언가를 설명할 때, 해부학적 용어 사용을 습관화하면서 우리 몸이 얼마나 근사한지 칭찬하는 동시에, 아이가 신체의 자유과 경계,

동의의 개념에 대한 토대를 세우도록 연령에 맞는 방식으로 이야기해 줄 수 있다. 모아브에 가기 바로 전 주에 주머는 나에게 유방이 있다는 사실을 알게 됐다. 뭐랄까, 내 유방이 확실히 존재감이 없긴 하지만, 주머는 4개월 때 마지막으로 모유를 먹은 이후로 내 유방에 대해 완전히 잊어버린 것 같았다. 그날도 밤에 주머에게 동화책을 읽어주고 있었고, 주머는 내 가슴 위에 누워 있었다. 주머의 머리가 내 브래지어 안쪽에 있는 작고 폭신한 베개에 닿았다. 주머는 벌떡 일어나 앉더니 내 가슴을 쳐다보면서 브래지어와 유방을 꾹 눌렀다.

"이게 뭐야?" 주머가 물었다.

"이건 내 가슴 부위야. 나는 이걸 유방이라고 부르고, 가끔 브래지어도 입어."

주머는 "흠" 하는 소리를 내면서 이 새로운 정보를 받아들였다. "젖꼭지도 있어?"

"당연히 젖꼭지도 있지."

주머는 다시 내 가슴 위에 누우면서 말했다. "나도야." 그리고 『로큰롤 ABC(ABC's of Rock and Roll)』 책을 다시 펼쳐 들고 물었다. "고고스(Go-Gos)가 뭐야?" "U2가 뭐야?" 우리는 알파벳 사이를 헤치며 나아가고 있었다.

월요일 아침, 모아브에서 눈을 뜨자 새하얀 눈이 15센티미터나 쌓여 있었다. 집에 돌아오는 길은 시원섭섭했다. 주머의 부모로서 가장 행복한 주말을 보냈지만, 내일 아침이면 일터로 돌아가야 한다는 사실이 슬펐다. 그저 하루 종일 주머와 끊임없이 놀아주고 탐험하면서 아이가 세상을 보는 방식을 슬쩍 들여다보고 싶었다.

우리는 전날 오후에 아치스 국립공원의 파크애비뉴 등산로를 걸었다. 길가를 따라 가끔씩 돌을 잔뜩 쌓아놓은 돌무덤들이 있었다.

"이 탑은 뭐야?" 첫 번째 돌무덤을 만났을 때, 주머가 물었다.

"이건 돌무덤이라고 하는 거야. 사람들이 뒤에 오는 친구들한테 어디로 가야 하는지 알려주려고 이렇게 돌멩이를 쌓은 거야."

주머가 가까이 있는 돌멩이를 집어서 돌무덤 위에 조심스레 올리며 말했다. "주머가 도와줄까?"

나는 싱긋 웃었고, 브렌트가 말했다. "그래, 귀염둥이, 너도 도와줘."

주머가 태어났을 때부터, 나는 아이가 길을 잃었을 때 찾을 수 있는 작은 이정표들, 올바른 길에 서 있다고 안심시켜줄 만한 익숙한 것으로 토대를 세워왔다. 내가 대부분의 시간을 쏟아 쌓아온 돌무덤들은 다음과 같다. 수용의 탑, 사랑의 탑, 포용의 탑, 열린 마음의 탑, 재미의 탑, 존중의 탑, 연민의 탑, 자신감의 탑, 자기 인식의 탑, 그리고 알다시피 거대한 맥앤드치즈의 탑.

우리 가족은 모아브 자이언츠의 작은 극장 안에 앉아서 공룡에 관한 다큐멘터리를 보고 있었다. 주머의 오른쪽 다리에는 내 손이, 왼쪽 다리에는 브렌트의 손이 올려져 있었다. 주머가 그런 우리 둘의 손을 잡아서 끌어안고, 커다란 3D 안경 너머로 우리를 바라보며 활짝 웃어줬을 때, 맙소사, 사랑의 돌무덤이 달까지 치솟았다.

20장

우리는 여기 있어

매일 밤 침대에 오르기 전, 주머는 책을 두 권 고른다. 브렌트가 한 권, 내가 다른 한 권을 읽어준다. 주머는 책을 고를 때 매우 까다로우며, 누가 무슨 책을 읽어야 하는지 확실하게 정해준다. 나는 침대 위에 놓인 책 두 권을 보고 이렇게 말할 것이다. "와! 좋다! 내가 『피자 데이(Pizza Day)』 읽어줄게!"

그러면 주머는 뚝 부러지는 말투로 이야기한다. "아니야, 엄마. 아빠가 『피자 데이』 읽어. 엄마는 『모두 환영해요(All Are Welcome)』 읽어줘." 그러고 나서 주머는 내가 읽도록 골라둔 책을 내게 건넨다.

주머가 좋아하는 책은 시기별로 달라진다. 주머는 열흘 동안 매일 같은 책을 내게 건넬 것이다. 열한 번째 밤, 내가 지난 일주일하고도

반을 더 읽어서 거의 외우다시피 한 그 책을 꺼내 오면, 주머는 "아니, 엄마. 그 책 아니야. 이제 이 책 읽어줘" 하면서 새로운 책을 건네준다.

주머의 친구 미샤는 주머의 두 번째 생일 선물로 올리버 제퍼스의 책 『우리는 여기 있어: 지구에서 살아가기 위한 참고 사항(Here We Are: Notes for Living on Planet Earth)』을 주었다. 그 당시에는 주머가 그 책에 그다지 흥미가 없었고, 그래서 거의 1년 뒤, 세 살 생일이 되기 20일 전까지, 그 책은 책장에 그대로 꽂혀 있었다. 어느 날 목욕을 한 뒤, 주머는 곧장 책장으로 가더니 그 책을 집어서 내게 건네줬고, 우리는 침대에 올라가 처음으로 그 책을 읽었다.

『우리는 여기 있어』는 사랑스러운 삽화로 가득한 지구 안내서다. 태양계에 관한 간단한 설명이 적힌 페이지와 육지와 바다를 설명하는 페이지들이 있다. 한 페이지에는, 한 아이의 그림과 함께 이런 글이 적혀 있다. '우리 행성에는 인류가 있어. 인류 한 명은 사람이라고 해. 너는 사람이야. 너에게는 한 개의 몸이 있어. 대부분의 조각들은 다시 생기지 않으니까, 잘 돌봐줘야 돼.' 이어지는 두 장의 페이지에는 약 80명의 서로 다른 사람들이 그려져 있고 이렇게 쓰여 있다. '사람들은 많은 모양과 크기, 색깔로 태어나. 우리는 모두 다르게 생기고, 다르게 행동하고, 다른 소리를 내지. 하지만 속지 마, 우리는 모두 사람이니까.'[30]

일주일 동안, 매일 밤 나는 주머가 세계와 그 안의 사람들을 이해하게 되는 과정을 엿보고 싶어서 이 페이지가 나오기만을 기다렸다. 주머는 다른 어떤 장면보다도 이 페이지를 유독 오래 보고 싶어 했다.

"엄마, 사람들 세어보자." 주머는 이렇게 말하곤 했는데, 나는 이 말이 곧 '사람들에 대해서 이야기해보자'는 말을 주머식으로 표현한 것임을 깨닫게 됐다. 나는 다양한 사람들을 손으로 가리키면서 그들의 독특한 점을 묘사해줬다.

"이 사람은 주홍색 풍선을 들고 있네."

"이 친구는 휠체어를 타네."

"이 사람은 벌을 키우는 사람이야."

"이 사람은 우편배달부야."

"이 친구는 스케이트보드가 있네."

"이 친구는 감옥에 갇혀 있어."

"이 부모는 임신 중이야."

"이 사람은 우주 비행사야."

그렇게 등장인물 80명에 대한 설명이 이어졌다.

"저거 유령이야?" 주머가 묻는다.

"저 사람은 부르카(무슬림 여자들이 얼굴을 비롯하여 온몸을 휘감는 데 쓰는 천─옮긴이)를 입고 있어." 내가 말한다. 주머는 부르카를 한 번도 본 적이 없다.

"저건 뭐라고 불러?" 주머가 서부 의상을 입은 아이를 가리키며 묻는다.

나는 '카우걸'의 젠더 중립적 용어를 생각해내려고 빠르게 머리를 굴린다. "저 친구는 목동이야!"

주머가 검은색 옷을 입고 살짝 아래를 내려다보면서 구부정하게 서 있는 사람을 가리키며 묻는다. "이 친구 슬퍼?"

나는 고개를 끄덕인다. "정말 살짝 슬퍼 보이네, 그렇지?"

주머도 고개를 끄덕인다. "응, 슬픈 것 같아." 주머는 엎드려서 한 손으로 턱을 괸 자세로 말한다. "저 친구는 배가 아파서 누가 안아주면 좋겠대."

나는 내 아이가 이렇게 귀엽고 정 많은 사람이 되었다는 사실이 뿌듯해서 웃음이 난다. "우리가 안아줄까?" 내가 묻는다.

주머는 몸을 숙여 책을 끌어안는다. "친구야, 이제 나았지?" 주머가 그림에게 묻는다.

"주머, 이 중에 너랑 비슷한 사람이 있어?"

주머가 다양한 사람들이 그려진 페이지를 훑어보다가 빨간색과 파란색이 들어간 슈퍼히어로 복장을 한 아이를 가리킨다.

"이게 주미야, 슈퍼히어로 주미."

"너는 진짜 슈퍼히어로 주미야!"

나는 아이에게 선물을 주고 싶었다. 젠더가 복잡하고 아름다우며 누구나 스스로 결정할 수 있는 것임을 이해하는 선물을, 그리고 이분법적인 젠더와 그에 수반되는 모든 고정관념으로 인한 구속과 제약, 기대에서 벗어나 자유로워지는 선물을 안겨주고 싶었다. 나 자신에게도 줄 선물이 얼마나 많았을지 생각해보지 못하고 살았다.

육아는 마치 여행 가이드 같다. 부모는 아이들을 멋진 장소로 데려가고 안전하지 않은 곳은 피하게 해주면서 아이들이 세상을 향해하도록 돕는다. 주머가 자신의 관심사를 탐구하면서 스스로의 정체성에 다가갈 수 있도록 경험을 선사해주는 동안, 나는 무심코 나 자신의 정체성과 내가 세상에서 작동하는 방식을 더 자세히 들여다보기 시작했다. 주머는 슈퍼히어로다. 주머의 슈퍼 파워는 소음을 무시하고 사람들을 각자의 개성대로 보는 것이다. 주머는 사람들을 고정관념에서 구해준다.

나는 대부분의 부모들이 아이가 처음으로 '남자'라고 말했던 때를 나만큼 생생하게 기억하지는 못하리라 생각한다. 그날은 주머의 세 번째 생일이 지나고 몇 달 뒤, 5월 17일이었다. 이때까지만 해도 나는 주머가 '엄마'와 '아빠'를 제외하고는 젠더가 정해진 단어를 사용하는 것을 들어본 적이 없었다. 모든 사람은 그저 아이, 어른, 친구, 아니면 사람이었다. 금요일 오후였다. 어린이집에서 주머를 데리고 집으로 돌아가는 차 안이었다. 내가 주머에게 어떤 하루를 보냈는지 묻자, 주머가 말했다. "좋았어. 손수레를 봤어."

나는 백미러로 아이를 봤다. "와, 멋있다. 장난감 손수레였어, 아니면 어른들이 쓰는 커다란 손수레였어?"

"남자 손수레였어."

머릿속이 깨진 레코드판처럼 와장창 금이 갔다. '아, 어쩌지.' 나는 속으로 말했다. '주머는 그냥 남자라고 말했을 뿐이야. 왜 이렇게 이상하게 느껴지지?'

"사람이 손수레를 사용하고 있었어?"

"응, 남자가."

'아이가 그 사람이 남자라는 걸 확실히 하고 있구나.'

"멋있다. 엄마는 '남자'가 주머한테 무슨 뜻인지 궁금한데." 내가 말했다. 그 단어가 아이에게 무엇을 의미하는지에 관해 어떤 통찰을 얻을 수 있을지 알아보기 위해서였다. 물론 나조차도 그 단어가 나에게 무슨 의미인지 완벽하게 묘사할 수는 없었다. 다만 아이의 속마음과 더불어 아이가 젠더를 이해하게 되는 방식을 살짝 엿보고 싶었다.

"그 남자는 제임스야. 제임스는 정원사야."

"제임스는 정원사야? 잘했어. 제임스가 어린이집에 예쁜 꽃을 심고 있었어?"

"응."

나는 틀림없이 아이의 친구나 선생님 중 한 명이 제임스를 가리키면서 '남자'라는 단어를 썼고, 여느 아이들처럼 주머가 그 말을 받아들인 것이라고 생각했다. 주머에게 너무 많은 하위 범주 분류 없이 사람들에 대해 가르쳐줄 수 있었던 시간이 3년이나 주어졌던 것에 감사했다. 물론 젠더가 정해진 단어들은 주머 주위에 항상 도사리고 있었지만, 아이는 세 살이 된 이후까지도 그런 말들을 그리 많이 이해하지는 못했다. 나는 주머 곁에서 젠더에 관해 뉘앙스를 살짝 담아 이야기해왔고, 이제는 주머가 젠더에 관해 내게 이야기를 걸어오고 있었다.

"제임스에게 말 걸어봤니? 제임스는 친절해?"

"응." 주머가 대답한 다음, 창밖을 내다보며 말했다. "그녀(she)는 친절한 남자야."

나는 젠더 프리 육아의 새로운 영역으로 들어서게 되어 들뜨면서도 긴장됐다. 지난 3년 동안 내가 주머에게 젠더 포괄적 방식으로 세상을 해설해주는 데 집중했다면, 이제는 주머가 대화를 이끌고 있었다. 주머에게 젠더 정체성과 젠더 표현, 대명사에 대해 가르쳐주려면 나도 새로운 수준으로 발전해서, 아이가 실시간으로 이해할 수 있도록 도와줘야 했다. 아기가 태어나는 과정이나 애완동물의 죽음처럼 거대하지만 뉘앙스가 담긴 주제에 관해, 간단하면서도 의미를 축소하지 않는 언어를 사용하며 가르쳐줘야 할 때의 고민은 일반적인 육아 경험에 해당한다. 내가 감당할 수 없는 일은 아니었다. 다만 나는 제대로 해야 한다는 압박감을 느꼈다. 나는 주머가 젠더를 이분법적 분류가 아닌 무한한 스펙트럼으로 생각하길 바랐고, 이제야 새로운 방식으로 이러한 교육을 해나갈 수 있게 되었다. 주머가 드디어 사람의 정체성에 뭔가 더 있다는 사실을 이해했기 때문이다. 사람은 젠더 정체성을 지니고 있다.

내 친구 아리 데니스는 '앤티젠더(ante-gender)'라는 용어를 내게 소개해줬다. 앤티젠더란 젠더 '이전의' 것이라는 뜻으로, 예를 들어 앤티룸(anteroom)이라고 하면 내가 방에 들어가기 전에 있는 공간을 가리킨다.³¹ 주머의 삶에서 첫 3년 동안, 주머는 젠더를 필요로 하지 않았다. 적어도 내가 젠더에 대해 가르치고 싶었던 복잡한 방식으로는 이해하지 못했다. 젠더 프리 육아는 주머가 젠더에 관해 질문을 하고 비판적으로 생각할 수 있는 새로운 공간으로 들어설 준비가 될 때까지, 앤티젠더의 공간에 존재하게 해줬다.

앤티젠더의 몇 년 동안, 나는 주머에게 일반적인 인류로서의 사람들에 대해 가르쳐줬다. 이제 우리가 새로운 시기로 들어서는 만큼, 나는 주머에게 인간들은 수없이 다양한 방식으로 자신의 정체성을 파악할 수 있으므로, 추측하기보다는 물어보는 것이 좋다고 가르칠 것이다. 나는 주머의 손을 잡고 이 앤티젠더의 공간을 떠나는 중이다. 마치 처음 살았던 집을 생각하듯 애정 어린 눈으로 뒤를 돌아보면서도, 설레는 마음으로 다음 모험을 기다리고 있다.

때때로 주머는 브렌트와 나를 이름으로 부르는데, 이는 언제나 나를 미소 짓게 만든다. 처음으로 우리 이름을 불렀던 것은 주머가 두 살이었을 때, 디즈니월드에서였다. 우리는 정글 크루즈 앞에 줄 서 있었다. 브렌트가 주머를 안고 있었다. 그날 밤이 끝나가고 있었다. 우리는 모두 피곤한 상태로 줄을 구분하는 로프 사이에 말없이 서 있었다.

갑자기 주머가 "브렌트"라고 말하고는 브렌트의 가슴을 만졌다. 그런 다음, 고개를 돌려서 나를 가리키며 말했다. "카일." 브렌트와 나는 눈길을 주고받았다. 놀라서 입이 떡 벌어졌다. 주머는 로프 반대편에 있는 한 커플을 쳐다보고 있었다. 주머는 손을 자신의 가슴에 올리더니 "미미" 하고 말했다. (이는 Z와 R을 발음하지 못했을 때 자신의 이름을 이야기하던 귀여운 방식이었다.) 그러고는 방금 자신이 가족을 소개해준 로프 반대편 커플을 손으로 가리킨 다음, 참을성 있게 기다렸다.

"나는 에스터야. 이 사람은 디에고야. 만나서 반가워." 줄이 움직였고, 우리 그룹은 반대쪽으로 들어갔다. 주머는 브렌트에게 머리를 파묻었고 내 눈에는 눈물이 살짝 맺혔다. 주머는 사람들과 교류하고 사람들을 알아가길 원하며, 사람에게 끌리고 있었다.

주머에게서 내 이름을 처음 들은 지 몇 달 뒤, 우리는 집에서 숨바

꼭질을 하고 있었다.

"엄마, 숨어." 주머는 벽을 보고 서서 손으로 눈을 가리고 있었으므로 내가 뛰어가서 다용도실에 숨는 모습을 보지 못했다. 주머가 숫자를 셌다. "하나, 둘, 셋, 여덟, 일곱, 열넷. 이제 찾는다!"

주머는 우리가 자신을 찾아다닐 때 썼던 말을 흉내 내며 집 안을 돌아다녔다. "엄마, 화분 속에 있어?" "아니." "엄마, 소파 밑에 있어?" "아니." 다용도실에 가까워졌을 때, 주머가 소리쳤다. "카일! 어디 있어?"

젠더 프리 육아에는 초대형 거울이 딸려 있어서, 나는 나 자신의 젠더와 정면으로 마주하며 질문하도록 강요받는다. 나 자신에게 이렇게 묻게 된다. "카일! 어디 있어?" 나는 지난 3년 동안, 나 자신의 젠더 정체성과 표현에 대해, 주머의 부모가 되기 전 30년 동안 했던 것보다 훨씬 더 많이 검토했다. 주머에게 이분법적 젠더의 사슬에서 자유로운 환경을 만들어주려고 노력했던 것처럼, 나는 스스로를 풀어헤쳐서 내 젠더의 어떤 부분이 진짜이며, 또 어떤 부분이 나에게 미리 규정된 것인지 알아내려고 노력하고 있다. 지금 이 시점에서 구분 짓는 것이 가능하긴 할까?

나는 내 정체성의 모든 요소를 끄집어내서 꼼꼼하게 들여다본 다음, 내 마음에 드는 것은 남기고, 나에게 억지로 강요됐던 것은 버리려고 애쓰는 중이다. 태어날 때부터 전통적인 규범에 따라 여성으로 정해진 것을 극복하는 중이다. 나는 내 몸을 사랑한다. 하지만 내 몸 때문에 특정한 젠더 역할에 배정됐다는 사실을 사랑하지는 않는다. 나는 몸단장과 화장, 옷차림, 그리고 어릴 적부터 감당하기 힘들 정도로 주입된 미의 기준들에 관련된 내 버릇들을 자세히 살펴보고 있다. 나는 머리카락은 짧고 겨드랑이 털은 긴 것이 편안하다. 하지만 내가 기억하는 한 계속 미국에서 주류로 여겨지는 미의 기준에 순응하며 살아왔으므로, 그러한 편안함을 발견하기까지 꽤 오랜 시간이 걸렸다.

마치 이상적인 여성성을 나열한 긴 목록이 내 앞에 놓여 있고, 나는 열심히 목록을 재검토하면서 그중 몇 가지는 마음에 들고 다른 것은 마음에 들지 않는데, 그 어떤 것도 불편하게 느끼지 않는 것과 같다. 나는 매니큐어를 매우 좋아한다. 나는 하이힐을 신지 않아도 된다. 나는 운동을 잘할 때와 혼자일 때가 좋다. 나는 결혼과 육아가 나를 완성해주거나 내 운명을 채워줄 것 같지 않다. 내 용도에는 굉장히 다양한 측면들이 존재한다. 나는 내 성격과 행동 양식의 모든 부분을 파악하는 중이며, 다양한 상황에서 내 어떤 부분이 진실하게 느껴지고 어떤 부분이 연기처럼 느껴지는지 지켜보면서, 젠더에 따른 내 행동들을 알아내려고 애쓰고 있다. 나는 자신감과 성취감이 강하며, 변명을 좋아하지 않는다. 나는 또한 상냥하고 세심한 사람이며, 큰 소리로 웃고 배우는 것을 좋아한다. 30대 초반이 돼서야 나는 1986년에 배정받은 여자 상자 밖으로 기어 나오는 중이다. 나는 새로운 꼬리표와 대명사를 시도해보면서 젠더 영역을 떠돌아다니고 있다. 굳이 다른 상자를 찾기보다는 그저 카일로서 존재할 자리를 찾고 싶다.

주머에게 젠더에서 자유로운 어린 시절을 선물함으로써, 우리는 아이가 내 어린 시절의 관점과는 완전히 다른 눈으로 세상을 바라보게 했다. 주머가 삶을 살아가는 내내 이러한 관점을 지켜가면서 다른 이들과 공유할 수 있길 희망한다. 나는 우리의 세상이 어떤 모습이 될 수 있을까 상상해본다. 젠더의 다양성이 축복받고, 젠더에 따른 억압과 폭력이 존재하지 않는 세상을 그려본다. 나는 주머와 같은 아이들이 앞으로 우리의 슈퍼히어로가 될 것이라고 생각한다. 우리가 아이들에게 어떤 사람이 되라고 말하는 대신, 오히려 아이들이 우리에게 어떤 사람이 되어야 할지 가르쳐줘야 할지도 모른다. 우리는 그저 그들에게 길을 비켜줘야 한다.

임신 중이었을 때, 양가 부모님과 형제자매들이 주머와 의미 있는 교류를 할 수 있길 바랐던 기억이 난다. 나는 가족들이 실수로 주머에게 젠더에 따른 호칭을 사용할까 봐 너무 걱정하는 것은 아닐지, 내 기분을 상하게 할까 봐 너무 긴장하지는 않을지, 그래서 우리와 거리를 두지는 않을지 두려웠다. 감사하게도 나의 이러한 두려움은 현실이 되지 않았다. 우리 가족은 한데 모여서 우리의 젠더 프리 육아를 지지해줬고, 주머와도 각자 자신만의 특별한 관계를 형성했다.

엄마는 엄마의 할머니와 함께 만들곤 했던 피스타치오 케이크 만드는 방법을 주머에게 가르쳐줬다. 온라인에서 악플러들이 우리를 따라다니며 나를 나쁜 부모로 몰아세웠을 때, 엄마가 끼어들어서 애정 넘치는 반박 글을 썼다. 나는 엄마가 모르는 사람에게 젠더 중립적 호칭을 사용하는 것을 듣는다. 우리 관계는 내가 부모가 되기 전보다 훨씬 더 돈독해지고 있다.

아빠는 내가 주머를 낳고 병원에서 퇴원하던 날, 차로 솔트레이크시티까지 와서 우리 가족 중 갓 태어난 내 아가를 처음 안아본 사람이 됐다. 우리가 세인트조지에 가면 아빠는 브렌트와 내가 데이트를 나갈 수 있게 주머를 돌봐준다. 주머와 할아버지는 함께 뜨거운 욕조에 몸을 담그고 아이스크림도 먹는다. 내가 주머를 찾으러 가보면 주머는 안락의자에 앉아서 HGTV로 집 리모델링 프로그램을 보고 있는 우리 아빠의 팔꿈치를 꼭 끌어안고 있다.

오리건주에 사시는 우리 할머니 댁에서 주말을 보낸 뒤, 아빠와 나는 유타로 돌아오는 비행기를 타러 포틀랜드 공항으로 향하고 있었다. 나는 브렌트와 집에 있는, 이제 두 살 반이 된 주머를 생각하다가 아빠에게 물었다. "젠더 프리 육아를 하겠다는 내 결정 때문에 힘들었어요?" 나는 잠시 생각에 잠긴 아빠의 모습을 지켜봤다. 그러자 아빠는 나를 돌아보고 고개를 저으며 짤막하게 말했다. "아니." 그리고 다시 해안고속도로로 눈길을 돌렸다.

나의 새엄마 에이프릴은 늘 여기가 원래 자기 자리라는 듯이 바닥에 앉아서 주머가 원하는 만큼 함께 놀아준다. 에이프릴은 자진해서 자신의 가족에게 젠더 프리 육아의 의미를 가르치는 등, 믿기 어려울 만큼 우리를 옹호해주기도 했다. 지난 추수감사절에 가족 농장에 놀러 갔을 때, 나는 몇 년 동안 보지 못했던 에이프릴의 가족들을 만났다. 그들은 모두 나와 주머에게 인사를 건네며 어떻게 지냈느냐고 물었고, 주머가 얼마나 잘 크고 있는지 언급하며 매우 따뜻하고 다정하게 대해줬다.

에이프릴의 열두 살짜리 조카딸 셸비가 주머에게 다가와 말했다.

"주머, 말 구경하러 갈래?" 그런 다음, 셸비는 나를 올려다보며 말했다. "아이가 제 말을 타보게 해도 될까요?"

나는 셸비가 젠더 중립적 호칭을 자연스럽게 사용하며 처음 만난 주머에게 너무나 상냥하게 대해주는 모습에 마음이 녹아내렸다. 내가 고개를 끄덕였다. "그럼, 좋지. 주머, 셸비 말을 타보고 싶니?"

주머는 폴짝폴짝 뛰면서 잔뜩 들뜬 목소리로 말했다. "응!" 그리고 셸비와 다른 쌍둥이 사촌들과 함께 문밖으로 달려 나갔다. 나는 그들을 따라가서 주머를 들어 올려 에코의 등에 태워줬고, 셸비가 에코를 끌고 마구간 주위를 도는 동안 주머를 잡아줬다. 임신한 동안에는 부모님에게 이야기하기가 무섭고 알 수 없는 미래의 일들이 두렵다는 생각에 사로잡혀서, 이런 상황을 상상조차 하지 못했다. 알 수 없는 일이란 바로 이런 것이었다. 수용과 긍정.

브렌트의 부모님은 첫 번째 손주를 무척 아낀다. 그들은 호주에서 카드와 선물을 보내며 매년 주머를 만날 날만을 손꼽아 기다린다. 그들은 솔트레이크의 우리 집에 놀러 와서 깨어 있는 일분일초를 모두 주머와 함께 보냈다. 우리가 캔버라로 그들을 만나러 가면 그들은 주머에게 어떤 토마토가 잘 익었는지 가르쳐주고, 주머가 발가벗은 채로 신나게 물장구칠 수 있도록 플라스틱 풀장에 물을 가득 채워주면서 정원에서 주머와 놀아준다. 주머는 할머니가 가족을 위해 저녁 식사를 준비하는 것을 돕고, 그러고 나면 내가 처음으로 주머의 태동을 느꼈던 바로 그 소파에 파묻혀서, 할머니와 함께 주머의 사진으로 가득한 앨범을 훑어본다. 주머와 주머의 할아버지는 서로를 놀라게 하는 '잡았다' 게임을 한다. 주머가 할아버지 뒤로 살금살금 다가가 뒤에 있는 의자에서 뛰어내리면서 으르렁거리는 소리를 내면, 할아버지는 깜짝 놀라는 척 연기를 하고, 그러면 주머는 자지러질 듯이 깔깔대고 웃으면서 말한다. "잡아따!"

주머는 여덟 명의 고모, 이모, 삼촌들 한 명 한 명과 특별한 관계를 맺고 있다. 브렌트와 나의 형제자매들은 우리가 데이트하러 나갈 수 있도록 주머와 놀아주고, 대화를 유도하기 위해 주머의 관심사에 주의를 기울인다. 대화 주제는 자전거 타기, 거품 목욕, 코코아, 미끄럼틀 두 번 타기, 비눗방울 놀이, 야외용 분필로 그림을 그리고 싶다는 이야기 등 다양하다. 매우 자유로운 성향부터 신념이 확고하고 다소 보수적인 성향까지 각자 다양한 우리 형제자매들은 한결같이 우리의 젠더 프리 육아 방식을 지지해주고 주머를 사랑해준다.

나는 젠더 프리 육아가 가족과 나와의 돈독한 관계에 상처를 입힐까 봐 굉장히 불안해했다. 하지만 나중에 돌아보니 젠더 프리 육아는 오히려 우리 관계를 더욱 강하게 다지는 데 도움이 됐다. 나는 부모님이 주머에게 고정관념을 주입하지 않도록 노력해야 한다고 생각하는 이유에 대해 어색한 대화를 나눌 필요가 없다. 부모님은 이미 주머에게 장난감이나 옷을 사줄 때, 그리고 주머를 대할 때 어떻게 젠더 프리 정신을 녹여낼 수 있을지 의식적으로 고민하고 있기 때문이다.

우리 가족이 주머에게 젠더 중립적 호칭과 모든 종류의 수식어를 사용하며 주머를 보살피고 사랑하는 데 전념하는 모습은 내 심장을 노래하게 한다. 나만큼 운이 따라주지 않은 친구들도 있다. 어떤 친구들은 젠더 프리 육아를 하겠다는 결정과 협조할 의지가 없는 가족들의 태도 때문에 모든 가족들과 연락이 끊겼거나, 가족과의 관계에 깊이 상처를 입기도 했다. 내가 아는 어떤 조부모는 아이 옷을 숨겨뒀다가 젠더 프리 손주가 놀러오면 아이가 고른 옷을 벗기고, 고정관념에 따른 아이의 성별에 관련된 옷으로 갈아입힌다.

또 다른 친구들의 가족은 단지 젠더를 정해주지 않았다는 이유로, 손주가 학대를 당하고 있다면서 아동보호서비스에 전화를 걸었다. 한 친구는 젠더 프리 아이와 함께 상점에 갔다가 몇 달 동안 못 만났던 여동생을 마주쳤다. 그녀는 공공연하게 내 친구의 젠더 프리 육아 결정을 거부하고 무례한 태도를 보이면서, 계속해서 젠더에 따른 호칭 및 수식어와 단어를 사용했다. 모든 사람이 나와 브렌트처럼 수월하게 해내고 있는 것은 아니다. 이 또한 내가 공개적으로 이러한 육아 방식을 옹호해야 한다고 절실히 느끼는 이유이기도 하다. 젠더 프리 육아를 하고 있는 다른 많은 사람들이 이에 대해 터놓고 이야기하기 위한 안전과 지지, 자원을 충분히 가지고 있지 않기 때문이다.

우리는 가족에게 젠더 프리 육아를 갑자기 알렸고, 나는 그들의 즉각적인 수용에 대해 언젠가 고맙다고 표현할 방법을 찾을 수 있길 바란다. 우리 가족은 우리의 육아 계획을 지지해주고, 젠더 프리 육아를 이해하며 이에 동참하기로 결정했다. 또한 젠더 프리 육아의 감정적 부담을 함께 떠안아줬고, 자진해서 자신의 다른 가족들과 직장 동료, 이웃, 친구들을 교육해서 우리가 부담을 끌어안지 않도록 만들어줬다. 우리 가족 구성원들은 모두 젠더 중립적 호칭 사용에 있어 국가 대표다. 하지만 그보다 더 중요한 것은 우리 가족이 단 한 번도 주머를 고정관념에 따라 대우하지 않았으며, 주머의 기회를 제한하거나 주머가 무언가에 관심을 보인다고 해서 면박을 준 적이 없다는 점이다. 주머는 할아버지와 할머니, 고모, 이모, 삼촌, 사촌들로부터 사랑과 애정을 담뿍 받고 있다. 내 생각에 주머 코트니-마이어스는 가족 복 하나는 제대로 타고났다.

21장

예쁜 공주님 상어 왕자님

젠더 프리 육아의 초창기 몇 년은 보호막 속에 있었다. 사실상 우리 아이의 삶의 모든 순간은 브렌트와 나와 함께 있거나, 아니면 다른 성인 가족들의 보호 아래 있었다. 그것도 아니면 내가 전적으로 신뢰하는, 젠더 프리 육아가 우리에게 의미하는 바를 이해하고 의식적으로 고정관념이나 젠더에 따른 각본에 의지하지 않으면서 주머와 소통하는 선생님과 있었다. 이제 나날이 주머가 커가는 가운데, 주머를 보호해주고 막아주던 보호막이 갈수록 얇아지고 있다. 나는 주머의 자존감을 길러주고자 할 수 있는 모든 것을 다 했으니 주머에게 포용적 관점을 심어줬다고 믿어야 하며, 아이들이 굉장히 빠르게 큰다는 사실을 받아들이고 보호막이 터지도록 허용해야만 한다.

주머의 세 번째 생일로부터 11일 후, 자정 직전에 우리는 로스앤젤레스에서 피지 항공의 항공기에 탑승했다. 우리는 가족 휴가를 위해 비티레부섬으로 향했다. 나는 이 여행이 우리에게 이정표가 되리라고 생각했다. 주머는 이제 더 이상 우리의 작은 아가가 아니었다. 주머는 스스로도 인정하는 큰 어린이였다. 긴 비행과 운전 끝에, 앞으로 6일 동안 머물게 될 리조트에 도착했다.

"불라(Bula. 피지어로 '안녕'을 뜻하는 인사말—옮긴이)!"

"불라, 공주님."

"불라, 꽃미남!"

"불라!"

한 리조트 직원을 지나칠 때마다, 그 직원은 우리에게 "불라"라고 인사했다. 그 피지인 직원은 무척 따뜻하고 활기찼으며, 특히 아이들에게 더 그랬다. 우리가 어디를 가든 일부러 주머에게 아는 척을 하며 머리를 쓰다듬어줬고, 몰래 간식을 챙겨주거나 간지럼을 태우기도 하고, 몸을 숙여 주머에게 질문을 던지기도 했다. 아마 그 직원은 주머의 젠더를 추측하고 이분법적인 젠더 규정에 따라 소통했을 것이다.

어떤 사람이 주머를 여자아이로 대하고 나서, 바로 그다음 사람이 주머를 남자아이로 대하는 모습은 대단히 흥미로웠다. "이름이 뭐예요, 예쁜 공주님?" 레스토랑 주인이 물었다.

"저는 주머예요! 세 살이에요!" 주머가 대답했다.

우리는 아침 식사를 위해 자리에 앉았다가 스무디 바가 있는 쪽으로 걸어갔는데, 카운터 뒤에 있던 사람이 주머에게 작은 유리잔에 담긴 파파야 스무디를 건네주며 말했다. "이거 마시면 더 빨리 헤엄칠 수 있을 거야, 상어 왕자님."

주머는 스무디를 들고 말했다. "감사합니다." 우리는 테이블로 돌아왔고, 나는 스크램블드에그를 한 스푼 가득 떠서 주머에게 권했다. 주머는 스무디를 더 달라고 했다.

나는 고개를 저었다. "계란 몇 번 먹고 나면 스무디 더 줄게." 나는 브렌트를 보며 말했다. "예쁜 공주님 상어 왕자님을 내버려뒀다가는 스무디를 100잔도 넘게 마실 거야."

여행 내내 주머가 직원과 다른 손님들, 아이들과 소통하는 동안, 브렌트와 나는 틈틈이 휴식을 취했다. 주머는 세 살이었다. 아이는 사교성이 있었다. 우리는 주머에게 일종의 독립심을 키워주고 싶었다. 주머가 한 아이에게 다가가자, 그 아이는 주머가 몇 분 동안 수영장에서 바비 인형을 가지고 놀 수 있게 해줬다. 주머가 다른 아이에게 다가가자, 그 아이는 「퍼피 구조대」에 나온 소방관 강아지인 마셜 장난감을 한동안 가지고 놀게 해줬다. 주머는 다른 아이들과 함께 자신의 알록달록한 다이빙 스틱(물속에 던지면 천천히 바닥에 가라앉는 장난감―옮긴이)을 다른 아이나 우리가 직접 들어가서 꺼내줘야 하는 수심이 깊은 곳으로 던지면서 놀았다. 나는 어른들이 주머를 볼 때 젠더를 확신하지 못해서 고개를 갸웃거리는 모습을 종종 봤다. 주머의 길게 자란 금발은 연분홍색 밀짚모자 아래서부터 허리까지 내려왔다. 주머는 파란색과 분홍색이 들어간 선글라스를 쓰고, 청록색 래시가드 위에 큰부리새 무늬 반바지를 입고, 앞면에 상어가 그려진 퍼들점퍼 구명조끼(벨트를 이용해 양팔과 가슴에 착용하는 유아용 구명조끼—옮긴이)를 착용했으며, 보라색 샌들을 신고 있었다. 모든 물건 하나하나가 주머가 직접 고른 것이었다. 어떤 어른은 "딸이 정말 귀엽네요"라고 하고, 또 다른 어른은 "아들이 참 예의 바르네요"라고 했다. 브렌트와 나는 그저 웃으며 말했다. "고맙습니다."

여섯 살쯤 돼 보이는 한 아이가 주머를 빤히 쳐다보다가, 결심한 듯 주머와 나에게 다가와서 물었다. "얘는 남자예요, 여자예요?" 주머는 대답 대신 혀로 똑딱똑딱 소리를 몇 번 내더니 내 주위를 첨벙거리며 돌았다. 나는 그런 주머를 보다가 그 호기심 많은 아이를 바라보며 웃는 얼굴로 '미안, 내가 도와줄 수가 없네'라는 의미로 어깨를 으쓱해 보이고는, 주머를 잡으러 헤엄쳐 갔다.

여행을 온 지 며칠 지났을 때, 우리는 티부아 아일랜드로 가는 배에 탔다.

"섬에서 스노클링을 즐길 수 있는 서비스를 제공해드립니다." 한 직원이 우리에게 신청서를 내밀면서 말했다.

나는 브렌트를 쳐다봤다. "스노클링 재미있겠다. 할래? 돌아가면서 주머를 봐주면 되잖아."

바로 그때, 다른 직원이 자신을 소개했다. "안녕하세요. 저는 살로테라고 합니다. 손님들이 섬에서 액티비티를 자유롭게 즐길 수 있도록 아이들을 돌봐드리고 있어요. 아이 이름이 뭔가요?"

"주머예요." 내가 대답했다.

"공주님 나이는 몇 살인가요?" 살로테가 물었다.

"이제 막 세 살이 됐어요." 내가 답했다.

주머는 검은색과 흰색이 들어간 줄무늬 셔츠에 카키색 반바지, 카키색 모자, 보라색 샌들을 착용하고 있었다. 나는 대부분의 직원들이 그날 투어 고객 중 가장 어린 아이인 주머를 지칭할 때, 주로 여성형 호칭을 사용하는 것을 들었다.

"고마워요, 살로테. 저희가 잠시라도 스노클링을 하려면 아무래도 당신 말대로 도움을 받아야 할 것 같아요."

배에 타고 있던 다른 손님이 주머에게 관심을 보였다. 손님이 주머에게 물었다. "나랑 사진 한 장 같이 찍어줄래, 귀여운 공주님?"

주머는 쌍안경을 가지고 노느라 바빠서 그 손님이든 누구든, 다른 사람을 상대하고 싶어 하지 않았다. 쌍안경을 통해, 직원들이 꺼내 놓은 작은 케이크를 막 발견한 참이었다. 그러나 그 여성은 끈질겼다. "너 너무 예쁘다! 정말 예쁜 공주님이야. 사탕 먹을래?" 그 말은 주머의 관심을 끌었고, 주머는 마침내 여성을 돌아봤다. 그리고 나를 보며 허락을 구했다.

"주머, 사탕 딱 한 개만 먹어야 돼."

주머가 여성한테 걸어가자, 그녀는 주머에게 박하사탕을 한 개 줬다. 주머는 속았다는 표정으로 박하사탕을 쳐다봤다. 나는 주머가 무슨 생각을 하는지 보였다. '이건 사탕이 아니야.'

"어쩜 이렇게 예쁜 공주님이 있을까. 머리에 꽃 한 송이 달아볼래? 더 예뻐질 텐데." 그녀가 주머에게 물었다.

나는 조용히 눈을 굴렸다. 주머가 고개를 저으며 말했다. "아니요,

괜찮아요."

섬에 가까워지자, 나는 주머를 안아 들고 티부아의 풍경을 보러 함께 배 앞쪽으로 향했다. 그곳은 6분 정도 걸으면 한 바퀴를 다 돌 수 있을 만큼 작은 섬이었고, 야자수로 빽빽이 뒤덮여 있었으며, 백사장과 산호초, 청록색 바닷물로 에워싸여 있었다. 배를 정박시키는 부두가 바다로 길게 뻗어 나와 있었고, 직원들이 점심 식사를 준비하는 작은 건물 주변에는 발리볼 네트와 해먹이 설치돼 있었다.

우리는 배에서 내려, 그날 하루 동안 대여해둔 작은 오두막집으로 향했다. 수영복으로 갈아입고 창백한 피부에 선크림을 바른 다음, 모험을 하러 해변으로 향했다. 나는 살로테를 찾아가 브렌트와 내가 30분 동안 스노클링을 할 수 있도록 주머를 돌봐줄 수 있는지 물어봤다.

"그럼요! 당연히 도와드려야죠. 저희는 모래밭에서 놀면 돼요." 그녀가 말했다. 나는 그녀가 주머를 내려다보면서 미묘하게 고개를 옆으로 갸우뚱하는 모습을 봤다. 그녀는 분명 주머의 옷차림(하얀 밀짚모자, 청록색 래시가드, 파란색 큰부리새 반바지)을 보면서 주머가 여자아이라는 이전의 가설을 재고해보고 있는 듯했다.

"주머도 모래밭 좋아해요. 아이가 재미있어할 거예요." 나는 주머의 손을 잡고 모래밭으로 데려갔다. 주머는 모래밭에 자리를 잡고, 주홍색 플라스틱 삽을 한 손에 들고, 다른 손으로 빈 물병에 모래를 채워 넣기 시작했다.

나는 주머에게 말했다. "엄마랑 아빠는 잠깐 물속에 들어갈 거야. 살로테랑 같이 있어, 알겠지? 금방 올게!" 브렌트와 나는 해변으로 걸어가서 고글과 스노클, 오리발을 손에 들고 부두로 나갔다.

잠시 (바다를 무서워하는 나는 살짝 과호흡이 올 뻔했지만) 스노클링을 즐긴
다음, 우리는 점심 식사가 준비됐음을 알리는 종소리를 들었다.

"나는 이제 주머를 데리러 갈게." 내가 브렌트에게 말했다.

"알겠어, 나도 금방 그리로 갈게! 사진 몇 장만 찍으려고." 브렌트
가 말했다.

나는 스노클링 장비를 반납하고 모래밭으로 걸어갔다. 주머는 살
로테와 작은 테이블 앞에 앉아 있었고, 그들 앞에는 음식으로 가득 찬
종이 접시가 놓여 있었다.

"주머가 이 음식을 다 골랐어요." 작은 아동용 의자에 앉아 있던 살
로테가 웃으며 말했다.

"귀엽네요. 아이가 먹는 걸 좋아해요. 주머, 이제 큰 식탁으로 가서
엄마랑 아빠랑 같이 먹을래?" 주머가 감자 샐러드로 범벅이 된 얼굴로
웃으며 고개를 끄덕였다. 나는 주머의 접시를 들고 말했다. "가자, 귀
염둥이." 주머는 의자에서 일어나면서, 건물 안에 있는 브렌트를 발견
하고 그에게로 뛰어갔다.

"주머는 딸이에요, 아들이에요?" 살로테가 함께 점심 뷔페 쪽으로
걸어가면서 물었다.

"사실 우리는 젠더 프리 육아라는 걸 하고 있어요. 우리는 주머가
태어났을 때 젠더를 정해주지 않았어요. 그냥 아이로 지내도록 놔두면
서 스스로 젠더 정체성을 결정할 자유를 주려고요."

살로테는 내 말이 무슨 뜻인지 생각하면서 다음에 무슨 말을 해야

할지 잘 모르겠는 표정으로 예의 바르게 웃어 보였다.

"피지에도 이런 게 있나요?" 내가 물었다.

살로테는 고개를 저었다. "아니요. 그런 건 못 들어봤어요." 그리고 더 이상 묻지 않았다.

"주머를 잘 돌봐주신 덕분에 우리가 스노클링을 할 수 있었네요. 정말 고마워요, 살로테."

"아니에요. 남은 일정도 즐겁게 보내시길 바라요."

우리는 작은 리프 샤크(reef shark, 몸 전체 길이가 약 1.5미터 내외인 온순한 상어—옮긴이)를 구경하고 나무도 타고, 따뜻한 바닷물에서 플라스틱 쓰레기도 주우며 두세 시간쯤 더 놀다가, 다른 사람들과 함께 나디로 돌아가는 배에 올라탔다.

이번에는 주머에게 팬더가 그려진 연보라색 민소매 원더수트를 입혔다. 주머는 맨발이었고, 머리카락에서는 선크림과 바닷물 냄새가 났다. 주머는 자신의 키와 비슷한 높이의 나무 핸들을 잡고 배를 조종하는 척했다. 직원이 잘라준 신선한 코코넛도 먹었다. 주머가 배 바닥에 앉아서 물을 마시고 있을 때, 아까 주머에게 사탕을 주며 머리에 꽃을 달아주려고 했던 그 손님이 다가왔다.

"헷갈리네." 그녀가 말했다. "너는 여자니, 아니면 남자니?" 그녀가 주머에게 직설적으로 물었다.

주머는 물병에서 얼굴을 떼고 올려다보며 말했다. "나는 주미예요."

"그런데 여자야, 남자야?" 그녀는 다시 한번 물었다.

"나는 세 살이에요." 주머가 대답했다.

"내가 너무 궁금해서 그래! 너는 여자야, 남자야?" 그녀는 우리 세 살짜리 아이에게 징징대듯 말했다.

주머가 그녀를 쳐다봤고, 나는 주머가 "남자?" 하고 말하는 소리를 들었다.

나는 주머의 말을 의문문으로 해석했다. 주머는 그 단어와 그리 친숙하지 않았으므로 무슨 뜻인지 알고 싶어 했다. 그 손님은 주머의 말을 확실한 대답으로 해석했다. 나는 손님의 얼굴에 안도의 기색이 스치는 것을 봤고, 다음 순간에는 약간의 배신감이 섞인 듯 보였다.

"너 남자야? 그럼 내가 아까 공주님이라고 부를 때 왜 아무 말도 안 했어? 내가 잘못 부르고 있었네! 멋진 왕자님인데 말이야!"

주머는 그녀에게서 고개를 돌린 채 물병 뚜껑을 만지작거리느라 바빠 보였다. 이제 그녀의 마음속에 주머는 남자아이로 결론이 났으니, 그녀도 더 이상 주머에게 원하는 것이 없었다. 나는 주머에게 다가가서 몸을 숙였다. "안녕, 귀염둥이. 이제 다 됐어?"

주머가 고개를 끄덕였다. "응, 다 됐어."

우리가 그 물병을 다 가지고 놀았다는 말이었는지, 그 손님을 다 상대했다는 말이었는지는 나도 모른다. 주머는 내게 물병을 건넸고, 내가 일으켜 세우자 팔로 내 다리를 감싸 안았다. 우리는 나무 벤치에 앉아서 한동안 바다를 바라봤다.

"아까는 좀 기분이 이상했어. 우리가 더 일찍 끼어들어서 그 손님한테 뭐라고 했어야 했나?" 리조트로 돌아온 후, 그날 밤 늦게, 나는 브렌트에게 물었다. 주머는 깊이 잠들어 있었다.

브렌트는 침대에 널브러진 옷가지를 치우다 말고 말했다. "이상한 상황이긴 했지. 그래도 나는 우리가 끼어들지 않아도 괜찮았다고 생각해. 아마 주머는 이미 어린이집에서 아이들에게 남자인지 여자인지 묻는 질문을 받고 있을 거야. 그냥 우리가 그런 장면을 실제로 목격한 게 처음이었을 뿐이야."

나는 소파베드에서 엄지를 입에 넣은 채, 장난감 강아지 단테를 겨드랑이에 끼고 잠들어 있는 주머를 바라봤다. '어떻게 저렇게 작은데도 다 큰 아이처럼 느껴질 수 있을까?' 내 아가는 더 이상 진짜 아가가 아니었다. 나는 항상 아이를 대신해서 말해줄 필요가 없었지만, 그렇다고 아이가 나를 필요로 하는 시기가 지난 것도 아니었다. 우리는 과도기에 놓여 있었다. 또 다른 두 삶의 사이에 있었다. 지난 3년 동안, 나는 주머가 수치심이나 압박감 없이 자신의 관심사를 탐구할 수 있는 환경을 만들어줬다. 나는 이 세상이 주머에게 우리 집에서 줬던 것과 같은 무조건적인 사랑과 자유를 줄 것이라고 장담할 수 없으며, 그 사실을 받아들여야만 했다.

다음 날 오후, 주머와 나는 리조트 수영장에 갔다. 수심이 얕은 쪽에서 놀고 있었을 때, 스피커에서 누군가의 목소리가 들려왔다. "수중 에어로빅이 2분 후에 시작될 예정입니다."

"우와! 주미! 엄마랑 수중 에어로빅 해볼래? 물속에서 운동도 하고 춤도 추는 거야." 내가 들뜬 목소리로 물었다.

주머는 고개를 끄덕이며 말했다. "좋아, 엄마."

우리는 다른 손님 몇 명과 에어로빅 강사가 서 있는 쪽으로 헤엄쳐 갔다. 주머는 퍼들점퍼 덕분에 물 위에 계속 떠 있었다. 주머의 작은 다리는 퍼들점퍼 아래에서 오리처럼 물을 차고 있었고, 주머의 팔과 쪼글쪼글하게 불은 손가락은 수면을 스치듯 걷어내고 있었다. 둥 둥 둥 둥 둥, 하고 음악이 시작됐다.

피지인 강사가 우리를 포함해 성인 다섯 명과 해맑게 웃고 있는 어린아이 한 명의 관객 앞에서 다양한 동작을 선보였다. 우리는 1990년대 댄스곡에 맞춰 하늘로 팔을 뻗고, 공중에 주먹을 휘두르고, 물속에서 발을 찼다. 주머와 나는 서로를 보고 우스꽝스러운 표정을 지으며 웃음을 터뜨렸다.

잠시 동안 시간이 멈춘 듯했고, 나는 모든 것을 받아들이려고 노력했다. 우리가 어떻게 여기까지 왔는지 실감이 안 났다. 3년 전, 나는 주머를 임신한 채로 수영장에 있었고, 우리 삶이 어떻게 될지 몰라 두려워했다. 이제 나는 생기 넘치고 자기 인식을 하며 긍정의 기운을 내뿜는 주머와 함께 수영장 안에 있었다.

나는 2016년으로 시간 여행을 떠나서, 물 위에 뜬 채로 거꾸로 들어선 아이를 뒤집으려고 안간힘을 쓰며, 앞으로 펼쳐질 일들을 말없이 걱정하고 있는 임신한 나 자신을 만날 수 있다면 좋겠다고 생각했다. 나는 이렇게 말해줄 것이다. "맞아, 네가 걱정하는 일들 중에 몇 가지는 실제로 일어나기도 하지만, 그걸 극복하고 나면 너는 더 강해질 거고, 네가 선택한 길을 더욱 확신하게 될 거야." 나는 그녀의 머리카락을 쓰다듬으며 말할 것이다. "좋은 생각을 더 많이 해봐. 이 아이는 네가 만나게 될 사람 중에 가장 특별한 인간이고, 이 아이의 부모가 된다는 건 상상 이상으로 행복한 일일 테니까." 나는 모든 두려움에도 불구하고 젠더 프리 육아를 하기로 결정한 그녀에게 고맙다고 말해줄 것이다. 왜냐하면 그 결정은 육아에 있어 그녀가 내린 최고의 결정이기 때문이다.

• 에필로그 •

나는 우리의 미래가 어떻게 될지 모른다. 어떤 면에서는 젠더 프리 육아의 첫 3년이 가장 힘든 시기였을 것이다. 나는 자신감을 키워야만 했다. 너무 많은 질문에 대한 대답을 고민해야 했다. 이 길이 옳은 것이라는 신념을 가지고, 모르는 사람들이 옳지 않다고 확신할 때에도 내 신념을 지켜야 했다. 매일매일 주머가 커갈수록 우리 삶은 조금씩 더 수월해졌다. 하지만 언제나 이런 식으로 흘러가리라 기대하지 않는다. 어쩌면 주머가 엄마 없는 세상에서 시간을 더 많이 보내며 주머에 대한 내 영향력이 주머의 친구와 선생님, 모르는 사람들, 문화, 그리고 미디어의 영향력과 경쟁하게 될 다음 3년이 정말 가장 힘든 시기가 될지도 모른다.

주머는 세 살하고도 반이 됐고, 아직 스스로의 젠더를 파악하지 않았거나, 적어도 우리에게 말해주지 않았다. 내 생각에 주머의 의사소통 능력과 질문 능력이 친구들이 젠더 정체성, 표현, 호칭을 분명하게 밝히는 것과 비슷하게 발달함에 따라, 내년쯤에는 우리가 그 다리를 건너게 될 것 같다. 나는 주머에게 나중에 더 크면 자신이 여자, 남자, 논바이너리라고 생각하거나, 다른 젠더 용어가 가장 잘 어울리게 될 수도 있다고 말한다. 나는 주머에게 젠더는 자기 자신이 결정하고 정의 내리는 데 달려 있다고 알려준다. 우리는 주머가 젠더와 성에는 이분법보다 더 많은 의미가 담겨 있음을 이해하도록 도와준다. 주머가 젠더에 관해 비판적이고 창의적으로 생각하게 도와주고, 주머 자신만의 진화를 지지해주려고 노력 중이다.

나는 주머에게 사람들의 몸과 감정, 사적인 공간을 존중하는 방법을 가르치며, 상대방에게도 같은 것을 기대해야 한다고 당부한다. 친구들과 더 깊은 관계를 맺는 방법, 즉 친구들을 특별하게 만들어주는 특성과 관심사를 알아봄으로써 친구들이 무엇에 흥미를 느끼는지 파악하는 방법을 가르치고 있다. 갈등을 조정하는 방법을 가르치면서, 절대 때리거나 밀치면 안 되고, 친구들끼리는 서로를 다치게 해선 안 된다고 말해주고 있다. 남들과 나누는 법을 가르치는 동시에, 자신의 자율권과 소유권을 주장하는 방법도 가르쳐주고 있다. 주머를 포함한 모든 사람은 안전할 권리가 있으며, 폭력을 경험하면 안 된다고, 따라서 만약 안전하지 않다고 느껴지면 나나 다른 어른에게 알리라고 가르치고 있다. 주머는 자신이 사랑과 끝없는 포옹을 받을 자격이 있음을 알고 있지만, 또한 자신이 원치 않으면 포옹이나 입맞춤을 하지 않아도 되고, 다른 사람 역시 그렇게 하면 안 된다는 것도 알고 있다. 나는 주머에게 큰 소리로 노래하고, 입고 싶은 옷을 입고, 활기차고 멋진 삶을 살아가도록 가르치고 있다.

이러한 수업은 일관적이면서도 가장 기초적이었다. 이제 주머가 성장하고 있는 만큼 이런 가르침도 더욱 발전하게 될 것이다. 내가 아이의 삶에 심어주려고 노력해왔던 이 원칙들이 가부장제와 백인우월주의, 계급주의, 장애인차별주의를 해체하기 위한 도구임을 주머가 이해하길 바란다. 다양성을 찬미하고 포용력을 지니고 따뜻한 마음으로 받아들이기 위한 도구. 동의와 자율성을 정상화하기 위한 도구. 제도적인 불평등과 억압에 맞서기 위한 도구. 주머가 안전하다고 느끼며, 철저한 자기 표현과 사랑을 행할 권리가 있다고 느끼길 바란다. 자신의 정체성을 발견하고 진정으로 그 안에서 살기 위해 필요한 자신감과 지지를 얻고, 또 다른 사람들도 그렇게 지지해주길 바란다.

젠더 프리 육아 친구들 중 주머보다 큰 아이들을 둔 이들을 보면, 많은 아이들이 네 살쯤부터 자신을 하나의 젠더와 특정한 대명사와 동일시하기 시작하는 듯하다. 내 친구 조에의 첫째 아이 애스터는 네 살 생일 무렵에 "남성형 대명사가 잘 맞는다"고 말했다. 여섯 살인 애스터는 남성형 대명사가 여전히 잘 맞는다고 말한다. 애스터는 화려한 팅커벨과 해리 포터 코스튬을 좋아한다. 애스터는 주변 아이들이 남자아이가 되는 방식은 한 가지가 아니라는 사실을 이해하도록 돕는다. 그는 자신을 '벤더 보이(bender boy, 자신에게 기대되는 젠더 역할을 무너뜨리고 자의적으로 바꾸는 사람을 가리켜 '젠더 벤더'라고 한다—옮긴이)'라고 부른다. 나는 여전히 애스터의 생식기에 관해 아무것도 모른다. 내가 상관할 바도 아니고, 그의 정체성과 표현을 존중하는 데 필요한 정보도 아니기 때문이다.

애스터의 동생들인 오리올과 이바도 젠더 프리 육아 방식으로 양육되고 있다. 네 살 오리올은 분홍색과 프릴과 반짝이가 달린 물건을 선호하며, 자신의 부모에게 자신을 젠더 중립적 호칭으로 불러달라고 말한다. 오리올은 자신이 원피스를 입고 있으면 아무도 자신에게 똑똑하다는 말을 해주지 않고 그저 예쁘다고만 한다는 사실을 알아차렸다. 이 아이들은 자신의 세상에 존재하는 고정관념을 인식하고, 스스로가 누구인지에 대해 자신감을 느끼는 동시에, 어느 유형의 상자에도 갇히기를 거부하며 반격해나간다.

젠더 중립적 호칭으로 불리고 젠더를 탐구할 자유를 누리며 자란 아이들은 모든 종류의 정체성과 표현을 지니도록 성장한다. 그들은 모두 자신에게 가장 잘 맞는 호칭을 찾아낸다. 어떤 아이는 여성형, 어떤 아이는 남성형, 어떤 아이는 젠더 중립적 호칭을 사용하며, 그 외의 아이들은 여러 가지를 섞어서 쓰고 싶어 한다. 또 어떤 아이들은 자기 자신만을 위한 새로운 이름을 고른다. 대부분의 아이들이 그저 한 사람으로 인정받길 바란다. 애스터 한 사람, 오리올 한 사람, 헤이즐 한 사람, 스카우트 한 사람, 소저너 와일드파이어 한 사람, 아이오 한 사람, 주머 코요테 한 사람. 다섯 살부터 일곱 살 사이의 아이들을 둔 친구들 이야기를 들어보면 아이들은 젠더를 더욱 복잡하고 포용적인 관점으로 이해하는 방향으로 자라고 있다. 이 아이들은 자신의 정체성을 확신하고 다른 사람들을 지지한다.

애스터는 자신의 다섯 번째 생일날, 「미녀와 야수」에 나온 것 같은 노란색 벨 드레스를 사달라고 부탁했고 그의 조부모가 이를 아이에게 사줬다. 퍼레이드에 놀러 갔을 때, 몇몇 남자아이들이 애스터를 가리키며 말했다. "남자아이는 드레스 입으면 안 돼."

애스터는 손으로 치맛자락을 붙잡고 웃으면서 말했다. "나는 뭐든지 내 마음대로 입어도 돼!" 남자아이들이 멈칫했다. 물론 남자아이도 드레스를 입어도 된다. 모든 아이들은 자신이 편안하다고 느낀다면 무엇이든 입어도 된다. 부모로서 우리가 해야 할 일은 아이들이 다양성을 짓누르는 대신 찬미하도록 도와주는 것이다.

지난번에 주머가 나에게 결혼했냐고 물었다. "응, 귀염둥이, 나는 아빠 브렌트랑 결혼했지."

주머는 입구 근처에 있는 기다란 의자에 앉아서 신발을 신고 있다가, 갑자기 멈추더니 물었다. "결혼할 때 공주님 드레스 입었어?" 아마도 놀이터에서 결혼식 놀이를 했거나, 선생님이 결혼식에 가는 이야기를 듣고 주머의 호기심이 발동한 모양이었다.

"아니, 엄마는 공주님 드레스 안 입었어. 공주님 드레스는 내 스타일이 아니거든. 나는 남색 점프슈트를 입었어. 사진 보여줄까?" 나는 휴대전화를 꺼내어 사진첩에서 결혼식 날 찍은 사진 한 장을 찾은 다음, 주머에게 휴대전화를 건네줬다. 주머는 내 휴대전화를 들고 엄마, 아빠의 사진을 들여다봤다.

내가 말했다. "누구든 결혼할 때 자기가 입고 싶은 옷을 입으면 돼. 그리고 결혼도 누구든 자신이 원하는 사람과 하면 된단다." 주머는 결혼 평등에 대한 연설을 듣는 데에는 관심이 없었다. 주머는 벤치에서 폴짝 뛰어내리더니 말했다. "가자, 엄마, 오늘 어린이집에 물 미끄럼틀 있어." 나는 당분간은 이런 식이리라고 생각하면서 웃음 지었다. 아이들이 학교나 텔레비전에서 듣게 되는 젠더 규범들을 무너뜨릴 수 있는 아주 작은 기회들이 간혹 찾아온다.

나는 주머가 이 아름다운 보호막 속에서만 영원히 존재하지 않으리라는 사실을 알고 있다. "잠깐, 아니야, 너는 그거 하면 안 돼"라고 말하는 사람 없이, 자신이 입고 싶은 옷을 입고, 놀고 싶은 상대와 놀고, 하고 싶은 대로 행동할 수 있는 보호막. 주머에게 어떤 사람들은 차이를 두려워한다는 사실을 가르쳐주는 일이 얼마나 어려울지, 마음의 준비를 하려고 노력 중이다. 어떤 사람들은 고정관념에 맞지 않는 다른 사람들에게 무례하게 대하기도 하며, 어떤 사람들은 남을 상처 입히기도 한다는 사실을 언젠가는 알려줘야 한다.

나는 주머의 근심 걱정 없는 자신감을 지켜주고 싶다. 주머에게서 "나 이제 이런 옷 입으면 안 돼" 같은 말이나, 자신이 좋아하는 장난감을 버리면서 "나는 이런 것 가지고 놀면 안 돼" 같은 말을 듣게 되는 날이 올까 봐 두렵다. 나는 젠더 이분법이 잘못된 것이지, 주머가 잘못된 것이 아님을 이해하도록 도와줄 것이다.

앞으로 다가올 3년 동안, 매일같이 튀어나오는 고정관념과 미묘한 차별, 불평등을 때려잡기 위한 두더지 게임이 가장 치열하게 이뤄질 것이라고 생각한다. 하지만 이번 라운드에서 주머는 내 뒤에만 서 있지 않을 것이다. 나는 주머가 함께 참여하길 바란다.

주머의 네 살 생일이 가까워지는 가운데, 브렌트와 나는 주머가 유치원 생활을 시작할 학군과 예상 초등학교들을 알아보고 있다. 우리는 주머가 잘 자라고 잘 배울 수 있는 곳, 포용과 수용의 가치를 소중히 생각하고 모든 아이들을 지지하는 곳을 찾고 싶다. 주머의 정체성과 상관없이, 주머가 젠더 불평등을 포함한 세상의 문제점들을 해결하려고 노력하는 어른과 가족들에게 둘러싸여 살아가길 바란다.

우리는 앞으로도 하루하루 조금씩 이 모험을 해나갈 것이다. 주머는 아마도 생애 첫 3년 동안 있었던 일은 잘 기억하지 못할 것이다. 나도 아주 어린 시절의 기억은 별로 많지 않다. 나는 주머가 더 성장했을 때, 이 책을 골라서 처음부터 끝까지 읽어보길 소망한다. 주머가 우리 가족의 초창기 이야기를 마음에 들어 하길 바라며, 우리가 그런 결정을 내리고 그런 희생을 한 이유를 이해하길 소망한다. 주머가 이 책을 일종의 러브레터로 읽어주길 바란다. 그리고 이것은 그저 시작일 뿐이다.

· 감사의 말 ·

이 책이 나오도록 도와줬을 뿐 아니라, 이 책을 쓰게 되기까지의 모든 일이 있게 해준 매우 특별한 사람들이 있습니다.

우리 부모님 르네 레닉, 칼린과 에이프릴 마이어스에게. 저를 잘 키워주셔서 감사해요. 삶을 헤쳐나갈 자율권을 주시고, 제가 부모님이 예상치 못한 영역과 상황에 있을 때에도 의심하거나 창피 주지 않으셨던 것, 모두 고맙게 생각해요. 이 세상에서 제 길을 찾아갈 자유를 주시고, 지금도 주고 계신 점에 끝없이 감사할 뿐이에요. 이 젠더 프리 육아 모험에 함께 동참해주시고 주머에게 색다른 어린 시절을 선사해주셔서 감사해요. 엄마, 아빠 같은 조부모를 만난 게 얼마나 굉장한 행운인지 주머에게 알려주고 싶어요. 엄마, 아빠가 주머에게 주시는 사랑은 너무나도 선명하게 퍼져나가면서 모든 것을 긍정적인 따스함으로 물들이고 있어요. 그 사랑을 꽁꽁 감춰둘 수 있다면 그렇게 하겠지만, 이 세상에는 이런 종류의 사랑이 더 필요해요.

존과 엘리자베스 코트니-프로스트에게. 브렌트를 이토록 친절하고, 정 많고, 섬세하고, 정직하고, 재능 넘치는 사람으로 키워주셔서 감사하다는 말씀을 꼭 드리고 싶어요. 어머님, 아버님은 두 분 다 정말 멋진 분들이고, 저는 두 분을 가족이라고 부를 수 있어서 행복해요. 저를 두 분의 인생에 받아들여주시고 이처럼 큰 사랑을 주셔서 정말 감사합니다. 어머님, 아버님은 주머에게 최고의 할머니, 할아버지예요. 두 분이 브렌트와 저의 젠더 프리 육아 결정을 믿고 지지해주셔서 얼마나 감사할 따름인지. 이런 제 마음을 어떻게 말로 표현할 수 있을까요.

제이피스, 미켄지, 스토리, 디코바니, 할리, 태너, 네이선, 킴벌리에게. 브렌트와 나에게는 최고의 형제자매가 되어주고, 주머에게는 가장 멋진 이모, 고모, 삼촌들이 되어줘서 고마워요. 우리 세 식구를 망설임 없이 지지해주고 주머를 키우는 방식에 기여하고자 노력해준 점, 모두 고맙게 생각해요. 너무나 큰 감정 노동을 분담해주고, 의문을 제기하는 사람들과 수없이 대화해주고, 브렌트와 내가 데이트할 수 있게 주머와 놀아주고, 무엇보다 작은 조카둥이와 특별한 관계를 형성해줘서 고마워요. 고맙고, 고맙고, 또 고마워요.

가족계획학과의 모든 동료들에게. 내 인생의 가장 멋진 순간을 함께해줘서 고마워요. 여러분의 격려와 인내가 없었다면 이 책을 쓰지 못했을 거예요. 내 친구가 되어주고, 일과 삶의 균형을 찾도록 도와주고, 나와 우리 가족을 사랑해줘서 고마워요.

훌륭한 선배와 선생님들도 있습니다. 제 안의 잠재력을 발견해주고, 제가 그 잠재력을 스스로 들여다보고 다른 이들과 나누도록 독려해주신 딕시주립대학, 리버사이드커뮤니티칼리지, 유타대학교의 교수님들께 감사드립니다. 제가 받은 교육은 혁신적이었으며, 특히 유타대학교의 젠더 연구와 사회학 과정에 고마운 마음을 전합니다. 그 과정은 제 마음의 장벽을 완전히 깨뜨려 열어줬고, 새롭고 더 발전적인 방식으로 제 관점의 조각들을 하나로 합치는 데 큰 도움이 됐습니다.

우리 인스타그램 계정 @raisingzoomer를 통해 온라인에서 알게 된 커뮤니티에도 고마운 마음을 전합니다. 세계 각지의 사람들에게서 이토록 큰 지지를 받는다는 게 얼마나 특별한 일인지 말로 다 표현이 안 되네요. 여러분은 저의 다정한 스승이자 사랑하는 친구들입니다.

페어런팅 데이바이스 페이스북 그룹의 모든 친구들에게. 이렇게 특별한 커뮤니티를 만들어줘서 고마워요. 주머가 태어났을 때 너무나 외로웠는데, 그런 나에게 커뮤니티를 소개해준 리아 제이컵스에게 영원히 감사한 마음입니다. 이 운동이 얼마나 발전해왔는지 생각하면 무척 신기하고 감동적이에요. 여러분 모두가 우리 아이들을 위해 더욱 포용적인 세상을 만들고자 쏟아부은 감정 노동과 사랑 덕분입니다.

내 이야기의 대부분은 전통적인 토착민의 땅 위에서 일어났습니다. 자신들의 땅을 빼앗긴 토착민들에게 경의를 표하고 싶습니다. 마리코파 부족의 땅은 내가 태어난 곳입니다. 칼라푸야족, 파이우트족, 나바호족의 땅은 내가 자란 곳입니다. 나나왈족과 가디갈족의 땅은 내 배우자 브렌트가 태어나고 자랐으며, 우리가 만난 곳입니다. 쇼쇼니족, 고슈트족, 파이우트족, 유트족의 땅은 우리가 살고 있으며 우리 아이를 키우는 곳입니다.

알렉스 모리스, 당신의 글을 통해 내 이야기를 세상에 알려줘서 고마워요.

크리스티 기에라 올포트, 나를 질 솔로웨이에게 소개해줘서 고마워요. 그리고 질, 내 메시지를 확장시키고자 해줘서 고마워요. 토플 가족의 일원으로서 가부장제를 무너뜨리는 데 기여하게 되어 정말 뿌듯해요.

내 편집자, 카먼 존슨에게. 당신은 전설이고 영웅이며 마술사예요. 이 원고를 모든 편집본을 거쳐 여기까지 이끌어주고, 훨씬 좋은 글로 만들어줘서 고마워요. 당신의 독려로 나 자신을 더 깊이 파헤쳐보는 동시에, 당신을 알아가는 과정이 즐거웠어요. 알렉스 카피탄, 사려 깊은 피드백과 제안 고마워요. 당신은 진정으로 혁명적인 교열자예요. 필립 파스쿠초, 완벽한 책 표지 고마워요.

첼시, 우리가 눈망울 초롱초롱한 학부생으로 처음 만난 날부터 지금까지, 이토록 멋진 친구가 되어줘서 고마워. 네 우정이 내게 힘이 돼.

브렌트, 어디서부터 말해야 할까? 나와 함께 삶을 창조하고, 내 육아 아이디어에 열린 마음으로 동참해주고, 우리 놀라운 아이에게 누구보다 헌신적이고 애정 어린 아빠가 되어줘서 고마워. 내게 진정한 동반자 정신이 어떤 건지 보여줘서 고마워. 이 삶이라는 것 전부를 당신과 함께해서 행복해. 자, 이제 당신 입은 어디 있지?

주머 코요테, 이 책은 너에게 주는 선물이야. 전부 다 널 위한 거야.

·참고문헌·

프롤로그

1. 킴벌리 크렌쇼, 「교차성의 위기(The Urgency of Intersectionality)」(테드 강연, 2016년 12월 7일 업로드)

2. 니키 그래프, 애나 브라운, 패튼 아일린, 「좁혀지고 있지만 끊임없이 지속되는 성별 간 임금 격차(The Narrowing, but Persistent, Gender Gap in Pay)」, 퓨 리서치 센터, 워싱턴 DC, 팩트 탱크, 2019년 3월 22일

3. 「성별 간 임금 격차는 미국의 아이들로부터 시작된다(Gender Pay Gap Starts with Kids in America)」, 비지키드, 2018년 6월 29일

4. 킴 파커, 니키 그래프, 루스 이길니크, 「Z세대는 주요 사회, 정치적 이슈에 관한 한, 밀레니얼세대와 상당히 비슷하다(Generation Z Looks a Lot Like Millennials on Key Social and Political Issues)」, 퓨 리서치 센터, 워싱턴 DC, 사회 트렌드, 2019년 1월 17일

5. 마르기트 타비츠, 에프렌 O. 페레즈, 「언어는 젠더와 LGBT 평등에 대한 대중의 견해에 영향을 미친다(Language Influences Mass Opinion toward Gender and LGBT Equality)」, 미국국립과학원회보 116호 34번 (2019년 8월): 16781-86

6. 엘리자베스 A. 매코널, 미셸 A. 버킷, 브라이언 무스탄스키, 「가족의 중요성: 레즈비언과 게이, 바이섹슈얼, 트랜스젠더 청년들 사이의 사회적 지지와 정신 건강 궤도(Families matter: Social Support and Mental Health Trajectories among Lesbian, Gay, Bisexual, and Transgender Youth)」, 청소년건강저널 59호 6번 (2016년 12월): 675-80

2장

7. H. 딘 개럿 「가장 끔찍한 세 가지 죄(The Three Most Abominable sins)」, 『모르몬경: 앨마서』 개정판에서 발췌, 몬티 S. 나이먼, 찰스 D. 테이트 주니어(프로보, 유타주: 종교연

구센터, 브리검영대학교, 1992년)

8. 저먼 로페스, 「유타주는 교사가 교실에서 동성애자에 관해 이야기하지 못하게 금지한 법을 방금 폐지했다(Utah Just Repealed a Law That Banned Teachers from Talking about Gay People in Classrooms)」, 복스, 2017년 3월 21일

3장

9. 수전 B. 소렌슨 「부상 사망률의 젠더 불평등: 일관적이고, 지속적이며, 생각보다 큰(Gender Disparities in Injury Mortality: Consistent, Persistent, and Larger Than You'd Think)」, 미국 공공보건 학회지 101호 (부록1) (2011년 12월): S353–58

10. 홀리 헤데가드, 샐리 C. 커틴, 마거릿 워너, 「미국의 자살률이 계속 증가하고 있다(Suicide Rates in the United States Continue to Increase)」, 미국 보건복지부 질병통제예방센터, 국가보건통계청, NCHS 데이터보고서 309번 (2018년 6월)

11. 헬렌 슈마허, 「자살로 사망하는 남성이 여성보다 많은 이유(Why More Men Than Women Die by Suicide)」, BBC, 2019년 3월 18일

12. 클로드 M. 스틸 『고정관념은 세상을 어떻게 위협하는가: 정체성 비상사태(Whistling Vivaldi: How Stereotypes Affect Us and What We Can Do)』(뉴욕, 노턴, 2011년)

13. 린 비앤, 세라제인 레슬리, 안드레이 심피언, 「지적 능력에 관한 젠더 고정관념은 일찍부터 나타나 아동의 적성에 영향을 미친다(Gender Stereotypes about Intellectual Ability Emerge Early and Influence Children's Interests)」, 『사이언스』 355호, 6323번 (2017년 1월 27일): 389—91

14. 데보라 J. 배긴스, 「성별 간 임금 격차에 관한 단순한 진실(The Simple Truth about the Gender Pay Gap)」, 『AAUW』, 2018년 가을

15. 캐럴린 드 로렌츠, 「새로 보고된 바에 따르면, 성별 간 임금 격차는 어린이 용돈부터 시작되는 듯하다(The Gender Pay Gap Might Start with Children's Allowances, a New Report Suggests)」, 버슬, 2018년 7월 10일

16. 리사 셀린 데이비스 『톰보이: 대담하게 달라지고자 하는 소녀들의 놀라운 역사와 미래(Tomboy: The Surprising History and Future of Girls Who Dare to Be Different)』(뉴욕, 아셰트)

4장

17. 셸리 코렐, 스테판 버나드, 인 백, 「일자리 구하기: 엄마가 되면 불이익이 있을까?(Getting a Job: Is There a Motherhood Penalty?)」, 『미국 사회학 저널』 112호, 5번 (2007년 3월): 1297-338

7장

18. 자나 스투델스카, 「임신 마지막 날들: 중간 지대(The Last Days of Pregnancy: A Place of In—Between)」, 『머더링』, 2012년 4월 10일

9장

19. 「모유 수유 정보: 트랜스젠더와 논바이너리 부모(Breastfeeding Info: Transgender and Non—Binary Parents)」, 라 레체 리그 인터내셔널

13장

20. 랜스 올레드, 「당신의 일부다처제는 무엇입니까?(What Is Your Polygamy?)」(테드엑스 솔트레이크시티, 테드엑스 강연, 2016년 10월 7일 게시)

21. 파이퍼 크리스천, 「이야기로 지구를 지켜주세요(Tell a Story, Protect the Planet)」(테드엑스 솔트레이크시티, 테드엑스 강연, 2016년 10월 7일 게시)

22. 카일 마이어스, 「젠더 평등을 원하나요? 그럼 창의적으로 해봅시다(Want Gender Equality? Let's Get Creative)」(테드엑스 솔트레이크시티, 테드엑스 강연, 2016년 10월 7일 게시)

15장

23. 알렉스 모리스, 「젠더 프리!(It's a Theyby!)」, 『뉴욕』, 2018년 4월

24. 에이미 패컴, 「젠더 프리 육아: 엄마가 아이의 성별을 밝히지 않는 이유를 설명하다(Gender Creative Parenting: A Mum Explains Why She's Not Disclosing Her Child's Sex)」,

허프포스트 UK, 2018년 4월 10일

25.「'데이바이스': 아이들이 자신의 젠더를 결정하게 하기('Theybies': Letting Children Decide Their Gender)」, 버드 리시킨과 함께, 2018년 7월 24일 녹음

26.「당신의 턱수염을 없애라(Get Your Chin Hair Out)」,『마마미아 아웃 라우드』, 2018년 4월 10일

27.「카일 마이어스는 아이가 자신의 젠더를 결정하게 한다(Kyl Myers Is Letting Her Child Decide Their Gender)」, 미아 프리드먼과 함께한 노 필터, 2018년 8월 26일

16장

28. 카일 마이어스,「젠더 프리 헤어스타일(Gender Creative Hair)」

17장

29. 에밀리 R. 몬차인, 캐런 E. 아돌프, 캐서린 S. 태미스르몬다,「아기의 기는 능력에 대한 엄마의 기대 속에 숨겨진 젠더 편견(Gender Bias in Mothers' Expectations about Infant Crawling)」,『실험아동심리학저널』77호, 4번 (2000년 12월): 304—16

20장

30. 올리버 제퍼스,『우리는 여기 있어: 지구에서 살아가기 위한 참고 사항(Here We Are: Notes for Living on Planet Earth)』(필로멜 북스, 2017년)

31. 네이마 윈스턴,「'당신이 틀렸어요': 스패로와 헤이즐은 다양한 성인 부모에 의해 '젠더 프리'로 양육되고 있다(You Got It Wrong': Sparrow and Hazel Are Being Raised by Multi—Adult Parents as 'Theybies)」,『마마미아』, 2019년 5월 19일

젠더 프리 GENDER FREE 아이에게 세상의 절반 이상을 열어주는 법

초판 1쇄 인쇄 2021년 4월 1일 **초판 1쇄 발행** 2021년 4월 8일

지은이 카일 마이어스
옮긴이 권은정
펴낸이 이승현

스토리 독자 팀장 김소연
책임편집 김소연
공동편집 곽선희 김해지 이은정 최지인
디자인 함지현

펴낸곳 ㈜위즈덤하우스 **출판등록** 2000년 5월 23일 제13-1071호
주소 경기도 고양시 일산동구 정발산로 43-20 센트럴프라자 6층
전화 031)936-4000 **팩스** 031)903-3893 **홈페이지** www.wisdomhouse.co.kr

ⓒ 카일 마이어스, 2021

ISBN 979-11-91425-34-5 03300